汉字之光：照亮中华文明

（社科类 978-7-5725-0641-3）

是中原文明的核心，也是中华文脉的源头。这是一本阐述汉字对中华文明进程和
互鉴贡献的优秀传统读物。

华文明的载体，也是民族文化的组成部分，照亮了中华文明的方向，促进了中华
也影响了世界文明的融合。河南是甲骨文发源地，是汉字的故乡，具有丰富的
和悠久的汉字研究传统。

原的文字资料和文化事项为主，通过展示汉字产生、发展、传播的轨迹，分析汉
功用，阐述其对。

方面的内容：一是汉字起源探秘；二是甲骨文专题；三是汉字家族"全家福"；
造与使用；五是讨论生活中的汉字话题；六是汉字的传播。

★

中华文明进程和对世界文明互鉴贡献。

生、发展、传播的轨迹，分析汉字的内涵和功用。

汉字从何来？汉字行天下，汉字怎传播？汉字载文明，知古又通今。汉字统
家亲。

年度"豫版好书"，被"学习强国"平台摘编文章 5 篇。

000 册。

非独家）已输出至中国台湾地区。

运富

教授，郑州大学特聘教授、文学院院长，教育部"长江学者"特聘教授，国家
传承传播与教育研究中心主任，《汉字汉语研究》主编。已出版《甲骨春秋》
。

中华文脉
SINIC CONTEXT

从中原到中国

王战营 / 主编

汉字之光

照亮中华文明

李运富　主编

中原出版传媒集团
中原传媒股份公司

河南科学技术出版社

图书在版编目（CIP）数据

汉字之光：照亮中华文明 / 李运富主编 . — 郑州：
河南科学技术出版社，2022.2
（中华文脉：从中原到中国）
ISBN 978-7-5725-0641-3

Ⅰ . ①汉… Ⅱ . ①李… Ⅲ . ①汉字 – 文化研究 Ⅳ .
① H12

中国版本图书馆 CIP 数据核字 (2021) 第 255638 号

出版发行：河南科学技术出版社
地　　址：郑州市郑东新区祥盛街 27 号 邮编：450016
电　　话：（0371）65788613　65788685
网　　址：www.hnstp.cn

出 版 人：张　勇
责任编辑：吴贯一
责任校对：徐小刚　孟凡晓
封面设计：张　伟
内文设计：张德琛
责任印制：张艳芳
印　　刷：河南博雅彩印有限公司
经　　销：全国新华书店
开　　本：720 mm×1020 mm　1/16　**印张：**18.5　**字数：**272 千字
版　　次：2022 年 2 月第 1 版　　2022 年 2 月第 1 次印刷
定　　价：68.00 元

如发现印、装质量问题，影响阅读，请与出版社联系调换。

前　言

　　汉字是中华文明的载体,也是中华文明的组成部分。汉字的产生与发展,带着智慧之光,照亮了中华文明的前进方向,促进了中华文明的发展,也影响了世界文明的融合。党和国家非常重视甲骨文等古文字的文化价值和传承意义,习近平总书记指出:"新形势下,要确保甲骨文等古文字研究有人做、有传承。希望广大研究人员坚定文化自信,发扬老一辈学人的家国情怀和优良学风,深入研究甲骨文的历史思想和文化价值,促进文明交流互鉴,为推动中华文明发展和人类社会进步作出新的更大的贡献。"

　　河南是甲骨文发源地,是汉字的故乡。河南具有丰富的古文字材料和悠久的汉字研究传统。汉字文明是中原文明的核心,也是中华文脉的源头。文源于斯,文物、文字、文献、文学、文化,根植中原;学成于斯,学校、学术、学识、学养、学风,浸染天下。河南有责任响应习近平总书记号召,积极开展汉字文明传承,打造汉字文明品牌,凸显汉字文明主题。

　　本书以中原的文字资料和文化事项为主,通过展示汉字产生、发展、传播的轨迹,分析汉字的内涵和功用,阐述其对中华文明进程和对世界文明互鉴的贡献。全书包括六个方面的内容:一是讲述远古的神秘符号及有关汉字由来的美丽传说;二是讲述甲骨文惊艳"现身"的故事,让读者认识甲骨文,进而欣赏商代社会的生活画卷;三是汉字"全家福",展现汉字成员的不同面貌和共性特征；四是汉字的构造与使用，解析构形，认知古人的思维智慧，描述职用，体验汉字承载的文明；五是生活中的汉字话题，希望汉字传承能与现实接轨，解答汉字在繁简、网络、姓名方面的应用困惑；六是汉字传播，分别展现汉字传播到少数民族地区、传播到周边国家、传播到"一带一路"沿线国家和地区的过程及其影响。最后的结语概括揭示汉字文明的本质特征及其对中华文明的光照之功。

本书兼顾学术性与通俗性，尽量以通俗化的方式呈现学术内容，期能雅俗共赏。写作上大体每章由故事或问题引起，选择性阐述若干知识亮点，并将汉字知识与中华文明传承发展相联系。内部构成具有逻辑性，形式表现具有灵活性。希望该书能生动展现汉字具有的生命力、创造力、表现力、凝聚力、艺术力和影响力，能帮助读者通过汉字体味中华民族的精神品格和文化自信，从而为传承发展汉字文明和中华文明作出贡献。

本书作为"中华文脉——从中原到中国"丛书的一种，也是"古文字与中华文明传承发展工程"项目（G2827）的成果之一。由"古文字与中华文明传承发展工程"协同攻关创新平台、郑州大学汉字文明研究中心组织编写。主编李运富教授提出内容框架、基本观点、编写要求和统改全稿。具体章节的初稿作者是：第一章，周妮；第二章，闫潇；第三章，任健行；第四章，王瑜；第五章，纪凌云；第六章，韦良玉；前言、结语，李运富。书稿撰写中参考利用了大量的有关论著和网络资源，出于普及性读物的通常体例，本书没有像学术著作那样随文详加脚注。在此谨向所有对本书有所贡献的原著作者和图像作者表示衷心感谢。出版方的编辑对选题策划和书稿修改等做了大量工作，谢谢大家的精诚合作！

李运富

2021 年 12 月

目　录

第一章
汉字起源探秘

一、美丽传说

先讲个故事吧。

也许是 8000 年前，也许更久远。有那么一天，阳光特别明媚，晒得人浑身舒坦。风掠过草尖顺便带来各种花香。大朵大朵的白云，在天空中慢悠悠地挪动。

那个牧羊的少年，大约十四五岁的年纪，我们可以叫他羕（yǎng）。羕就这样沐浴着阳光，他好像闻不到花香，也感知不到山风在拂动他额前的黑发。他正痴痴地看着面前的岩石。

平整光滑的石壁上，有一只动物的轮廓。那是一只四蹄兽，头不大，腿脚细长。此刻还看不出来那到底是什么动物。羕的创作还未完成。

漫长的冬季结束，族人从避寒的山洞中走出来，羕就开始了他的创作。他使用的工具是一块打磨好的黑石。这片延绵的山脉里多得是这样的石头，通体发黑，太阳下会有金色光泽，特别坚硬，不易崩碎。族人的石斧、石刀都用它打制。羕现在使用的这一块花了他一个冬季的时间，才打磨成了上大下尖的锥形。工具必须称手，因为这可是个精细工作。

好在，羕的时间有那么多。去年夏天的一场羊瘟使他的羊群数量锐减，加上两次野狼的偷袭和冬季食物匮乏时族人宰杀，他要照顾的羊现在只剩下三只。于是有了大把富余时间，可供他慢慢打磨他的作品。黑石一点点磨去石壁表面的介质，灰白的内部岩体显露出来。羕回想他在山顶石壁上见过的太阳神的神迹。那是一块巨大的岩石，岩石上有一个凿刻的大圆圈，圆圈上连接着很多条向四周发散的线条，中间像人的面部（图 1-1）。传说，最早的几位祖先从远方迁徙到这片土地时，曾得到太阳神的眷顾。为了永远地照拂族人，神明在山顶留下了那个神迹。这神迹也成了羕所在部族的图腾。

图1-1 贺兰山的太阳神岩画

　　神迹所在的山顶是族人的禁地，平时是不能踏足的。一年前的礼祭仪式，羖和其他几个男孩被父母带去图腾前参加祭祀，第一次看到神迹。从那以后，那块石头仿佛有一种魔力，总在召唤他靠近。终于有一天，羖独自登上山顶，站在了那块岩石前。他端详着那个圆圈，有点激动地想象着威严的太阳神从岩石中现身。

　　羖连着去了三天，没有发生任何事情。他心里却酝酿出一个大计划。他要创造出一种符号来跟太阳神对话！他不会唱念咒歌，也没有巫师所用的龟甲神器。这些都只属于老族母，所以跟太阳神沟通的权利也只属于族母。

但是现在，羖构想出一种人神间交流的新途径。羖有把握，他的心愿一定能让太阳神"看见"。

羖的心愿就是保护好仅剩的那三只羊。羊是他朝夕相处的伙伴，照顾羊群是羖第一次承担部落工作。第一次承担工作就失败，这是哪个男子汉都无法接受的。"万能的太阳神啊，请您保佑我的羊吧！"羖一边磨刻一边虔诚地祈祷。石壁上慢慢呈现出一对弯弯的兽角。如果此前人们还会混淆这动物的种属，此刻应该不会再有任何误会了。这分明就是羊啊！

快到夏天的时候，羖完成了这项工程。岩石上除了三只"羊"，还有一个像"神头"的符号（图1-2）。"神头"位于"羊"的上方，仿佛是来自天上，以神的视角看顾着下方的羊。羖欣赏着自己的作品，心中充满喜悦和希望：明天清晨的第一缕阳光照射在这块石头上，那时，太阳神就会看到我的心意，他一定会保护我的羊！

图1-2　羖的神灵护羊图符——摹绘大麦地岩画

其实，那一刻，受到庇佑的又何止那几只羊，羖自己一定也不曾想到，当他在石壁上留下他的祈愿时，文明的光已渐次射透亿万年的蒙昧，人类将进入一个全新的时代。

这个故事是根据发现的早期岩画虚构的，模拟远古时代表意性符号被创造出来的一个情景片段。生活在21世纪的我们，早已习惯了文字的存在。我们通过文字间接吸收前人的经验，使用文字表情达意，借助文字完成跨越时空的交流。可以说，文字是文明的基石，也是现代人生活不可或缺的一部分。

对于炎黄子孙来说，汉字承载着五千年的中华文明，是融入我们血液的共同基因。中国是四大文明古国中唯一一个文化始终延续、不曾断绝的泱泱大国。这很大程度上应该归功于汉字强大的生命力和神奇的魅力。那么，汉字从何而来，它是怎样产生的？那石破天惊的一刻有着怎样的传奇呢？不仅我们在追问，我们的先人也从未停止过探索和研究。下面，就让我们一起看看千百年来关于文字起源的种种传说吧。

1. 结绳以记事

"古者无文字，其有约誓之事，事大大结其绳，事小小结其绳，结之多少，随物众寡；各执以相考，亦足以相治也。"这是孔颖达在《周易正义》里关于结绳记事的记载。

在 21 世纪的今天，日常生活中我们还能接触到一些美丽的绳结作品，比如中国结、如意结、同心结、金刚结。人们编织它们，并用它们传递情谊。萧衍在《有所思》中写道："腰中双绮带，梦为同心结。"就表达了一种刻骨的相思之情。

但在前文字时代，绳结恐怕没有这么浪漫。它是作为一种辅助记忆的工具被发明出来的，实用性远远大于艺术性。因为材料易腐，我们现在不太容易看到史料遗物。但在绳子上打结，靠结头的大小和结数的多少来记事，在 20 世纪还被一些民族和部落使用，可供我们参照了解。

如西藏的僜人，会把打结的绳子作为请柬发送给受邀的亲友，绳子上打有几个结，就表示宴会定在几日后举行。收到绳子的人，每过一天割去一个结，等全部绳结都被割完，便动身赴宴。又如佤族记录债务也用结绳。有人见过佤族一条绳上结着大小不同的结，上端的三个大结表示借款三元，中间的一个大结一个小结表示半年的利息是一元半，下端的三个大结表示借出已有三个半年。

实际上，世界上很多不同地区的人民都发现了绳结在辅助记事时的妙用。远在太平洋另一端的秘鲁人，在印加文化时期就发明了"吉毯（pǔ）"来记事（图 1-3）。吉毯由一根主绳组成，上面悬挂着一系列不同颜色的棉线，棉线上面有若干个结。结的位置和类型表示的是基于十进制的数字。历史、宗教、统计等各种信息都可以由这些数字编码记录。曾经，这一套编码记录方法由专门的学校对专人进行培训。可惜，现在这些知识已经失传。

图1-3　吉普

　　类似用实物记事的方法还有契刻。宋朝戴侗《六书故·六书通释》中说，人类在文字发明之前曾用结绳记事，而后，又有了在竹子、木头上凿刻以记事的方法。这样的记事工具叫作"契"。根据所使用的材料，有木契、竹契、骨契、玉契等。具体说来就是在木、竹、骨、玉条的边缘凿刻出缺口，根据缺口的数目和刻画方式来记事和表意。

2. 八卦以化文

　　我们对八卦并不陌生，最通俗的理解是将它与算命占卜联系起来。但这样狭义的理解，大大委屈了这一套蕴含着博大精深文化的神秘符号。实际上，八卦是我们祖先对宇宙运转、万物生灭、社会人生等进行深入哲学思考后智慧的结晶。

相传，八卦是由伏羲所作。伏羲是我国最早的有文献记载的创世神，位居三皇之列，也是中华神话中人类的始祖（图1-4）。东汉的文字学家许慎认为，先有伏羲制八卦，然后神农氏创结绳，进而仓颉造书契（文字）。也就是说，在文字发明之前，人们是用八卦和结绳来记录事件和表达思想的。

图1-4　传说中伏羲人首蛇身

许慎所著《说文解字》是中国第一部成系统的文字学著作，所以许慎的说法和观点影响很大。《说文解字》之后，伏羲画出八卦、文字发源于八卦的观点，就广为世人接受。到了唐代，这种说法被确定为科举考试的标准答案，成为官方标准。宋代以后，有人将八卦的"卦画"跟文字形体进行比对，直接把八卦符号看作文字形体的来源。如宋人郑樵说，"天"取形于乾卦☰，"地"取形于坤卦☷，"水"取形于坎卦☵，"火"取形于离卦☲。但郑樵举的"天地水火"等字例用的是秦汉时的小篆字形，还要把卦画竖起来并且变形，才能跟小篆形体勉强近似。如下：

乾　☰　　　天

坤　☷　　　（地）

坎　☵　　　水

离　☲　　　火

而且可以牵强比附的还仅限这么几个，其他卦画形体跟小篆形体根本联系不上，更别说早期的甲骨文和金文了。所以我们认为八卦跟汉字的构形系统没有关系。再说，根据出土的文献材料，较早的"卦象"是由数字组成的，后来对这些"数字卦"进一步抽象归纳，把单数叫作"阳"，用一长横表示，双数表示"阴"，用两短横表示，这才出现了阴阳组合的"卦画"。那就是说，在"卦画"产生之前，文字（数字）就已经存在，后起的卦画怎么可能成为文字的先祖呢？

当然，比之于"结绳"和"木（竹、骨、玉）刻"，"卦画"已是一种平面记事符号，且每个卦符都具有特定的象征意义，可以代表一个封闭体系内的固定信息。但它们过于抽象简单，与笔画丰富、构形优美的汉字在视觉上难有共同之处，在功能上难有替换之用，八卦不能记录具体的语句，不能在八卦系统之外表示别的意义，所以八卦只是象征性符号而不是文字符号。

3. 河图载锦绣

图 1-5 是一幅信息量很大的图画。右侧上为河图下为洛书，左侧分别是关于河图洛书的两个传说。

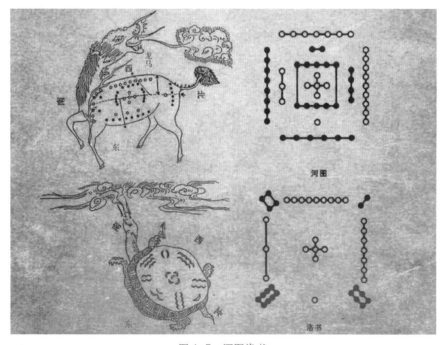

图 1-5　河图洛书

今天的我们对河图洛书略感陌生，但在儒学体系里它们曾是极为重要的典故，是连皇帝都要学习的经典。宋人夏竦在《皇帝听讲尚书彻太清楼锡宴》中记述："洛书初罢讲，汉苑特开筵。"河图洛书到底有什么玄妙呢？文天祥《赠萧巽斋》诗云："八卦与五行，皆自河图出。"何梦桂《次山房韵》诗也说："天教龙马现河图，尽把先天授伏羲。"由此看来，八卦五行都出自河图洛书。其实，还不止于此，这两幅神秘的图案据说蕴含着宇宙星象、术数易理的微言大义，文字、玄学、算学、图谱、典籍皆寓于其中。我们还是先来听听传说故事吧。

图 1-5 左上是"龙马负图"的故事。相传伏羲教导人民各种劳动技能，大大促进了生产力的发展，人们的生活质量得到了极大的改善，丰衣足食，安居乐业。伏羲的丰功伟业感动了天神，降下祥瑞。一天，一只龙首马身的神兽，凌波踏水而来，由黄河进入图河。只见它身披龙鳞，侧生双翼，背上还有图点。伏羲看见了，便将神兽背上的图样描摹下来，创造出八卦。《易·系辞上》关于此事的记载是："河出图，洛出书，圣人则之。"《礼记·礼运》中也能找到这个传说的影子："山出器车，河出马图。"

图 1-5 左下讲述的是"灵龟负书"的传说。这个传说有不同的版本。一说为洛水中的灵龟"丹甲青文"授"书"与仓颉。另一说为大禹治水有功，洛河出现神龟，龟背现 65 个赤文篆字，显示治理国家的九种大法，所以有了《尚书·禹贡》里的"九筹"。

现代人当然不会把这些传说当作科学定论。"天上掉馅饼"的事儿都不会发生，我们又怎么能寄希望"水中出文字"呢？撇开河图洛书的来源不说，"八卦"不是汉字之源，即便由"河图"而生"八卦"，"河图"与汉字也没有承续关系。"九筹"是文献，文献的产生晚于文字，因此，即使"洛书"是"九筹"的来源，也不应该是汉字的来源。

但这些传说就毫无价值吗？辩证地考察这些故事，会发现它们之中也暗含着一些文字产生的线索。

第一，文字（文献）产生的时代多为"治世"，产生的动因是人类希望社会能借由文字（文献）的帮助得到进一步发展。伏羲、黄帝（也有黄龙负图给舜帝或黄帝的传说）、仓颉、舜、禹所处的时代，都是上古社会生产力相对发达、人民安居乐业的时代。随着物质生活的富足，社会生产技术的进步，统治阶层对文字和由文字记载的经验、知识已经有了刚性需求。

第二，文字（文献）呈现的载体多为动物的身体，暗合原始汉字笔画线条来源于自然物象的纹理。图点出现在龙马兽背上，篆字出现在龟壳上，由神兽和常见动物担任人神间的媒介传递文字和文献，故事中的这些设计是颇有深意的。许慎《说文解字·叙》中写道："黄帝之史仓颉，见鸟兽蹄迒之迹，知分理之可相别异也，初造书契。"《路史》记载：仓帝"俯察龟文鸟羽、山川、掌指而创文字形"。这跟传说中伏羲描摹龙马兽背上图点的情节十分契合。从一个侧面佐证了象形造字法为原始文字产生的重要来源。

第三，"河图""洛书"所言之"河洛"，地处中原，以洛阳为中心，正是汉字发源和成熟的区域。传说中龙马兽出没的图河，发源于今洛阳市孟津区朝阳镇卦沟村的一条沟壑，在北邙山中流淌 10 多公里后汇入黄河。图河流域远古时代即有先民定居。洛河，古称雒水，流经陕西省东南部和河南省西部。在河南省境内长 300 多公里，西周时期洛阳附近就修筑有洛河水利工程。洛河与黄河在河南巩义附近交汇。这里古称"河洛"，是华夏文明发祥地，历史上是否有"河图""洛书"降世于此不可考，但汉字发源于这里却是学界公认的。最早成熟的汉字甲骨文也诞生于这里。

第四，文字（系统）的诞生，并非某一个人所创，但需有才干者加工整理才能完善。而整理推行者一定是有权势有地位之人。在这些传说里，不论是伏羲、仓颉，抑或黄帝、舜、禹，都是帝王圣贤，他们不是单凭一己之力创造出河图洛书的。除了得到上界的恩赐，天授神物外，他们都需通过自己的聪明才智，并且利用自己的权势地位，才能组织对文字的加工整理和推行，从而使文字形成系统并产生文献。

通过以上分析，我们会惊喜地发现，在民间传说光怪陆离的故事情节背后，有一些逻辑和细节是可以帮助我们发现历史真相的。

4. 圣人造书契

上一小节的传说故事让我们了解到，在古人的思维里，"圣人"对推动文字产生起到了至关重要的作用，即所谓"后世圣人易之以书契"（"书契"代指文字）。仓颉就是造字的圣人代表，"仓颉造字"的故事自战国以来流传很广，影响也很大。

据传，仓颉是黄帝的史官。他天赋异禀，刚出生就会写字，还生有四只眼睛（图 1-6），特别善于观察。仓颉抬头观察天上日月星辰，低头观察身边鸟兽鱼虫，觉察到万事万物形态上的差别，意识到不一样的纹理可以起到区分辨别事物的作用。于是，他画出事物的样子，象形的汉字就此被创造出来。从此，文字的力量被人类掌握，民智被开

图 1-6 仓颉四目造像

启。天地间的神灵鬼怪恐惧万分，以至于天上下起了粟米，鬼怪在夜里哭泣。仓颉有四目而创造文字，以及文字被发明出来后惊天地泣鬼神的这些志怪之说，在《荀子》《吕氏春秋》《韩非子》《淮南子》等古籍中均有提及，当然这不过是以魔幻和夸张的文学手法突出强调仓颉善观察和文字所蕴含的巨大力量，不必当真。但通过对史料的整理和对遗迹的考证，我们相信历史上确有仓颉其人。

仓颉造字的遗迹，目前全国约有八处。有趣的是，其中六处号称是他的墓冢所在。河南境内有三处，分别是南乐、开封和虞城。此外，还有陕西的白水和山东的寿光、东阿。相对而言，河南的三处和陕西白水墓均始建于汉代，去古不远，可信度较高。

河南南乐县的仓颉祠始建于东汉，祠内有仓颉墓冢和古残碑一块，上刻有"仓颉生于斯葬于斯，乃邑人之光也"。这座古祠，历经千年风雨，多

次被毁，又屡屡重建。人们对它似乎有着一种莫名的敬重和深情。北宋名臣寇准曾专程来此拜谒，并题字："盘古斯文地，开天圣人家。" 20 世纪 60 年代，仓颉祠遭到破坏，仓颉墓也被挖开。墓中出土的大部分文物经鉴定竟是龙山和仰韶时期的器物。由此，世人更倾向于相信河南南乐为"字圣"的生卒地。

（1）从结绳记事到书契

从单纯靠头脑记忆，到借用实物辅助记忆，是文明进程中人类迈出的第一步。但这种形式并不完美。绳结等实物形态变化不够丰富，无法跟语言一一对应，记事笼统、模糊，也不能表达复杂的思想。比如，一条绳子上的三个大绳结是代表三头猪，还是三天，又或者是三次？只有当时参与结绳的人清楚，如果岁月足够久，模糊了人们的记忆，可能连当事人也遗忘了。加之实物的保存与携带也不够方便，人们开始希望能有另一种功能更强大、形式更便捷的事物来取代它。"书契"应运而生。在"结绳记事"的漫长时代里，人类已经学会并习惯使用假定性的符号代表具体事物。而将这些实物的线条，转变为书写刻画的线条，使三维的实物符号转变为二维的"书契"符号，是一个全新的、革命性的转变。传说中仓颉完成了这个革命。

（2）书契是这样被创造出来的

杜撰仓颉生有四目，大概是为了佐证他异于常人的观察能力。因为具备这种能力，所以能更精准地把握观察对象的特征和轮廓，从而"依类象形""画成其物"，创造出第一批汉字。事实上，汉字的"笔画"正是师法于天地，"形体"来源客观事物，"构字"的方法为象形。大量出土资料也证明，甲骨文和先于甲骨文的起源阶段基础汉字，多是描摹自然事物的象形字。这不论从造字动机还是从实践的难易度来讲，都是符合逻辑的。

（3）书契是仓颉的原创吗

我们崇拜和感激仓颉，却并不认可文字是由他一人所创的说法。一个文字体系，从萌芽到完善，需要经历漫长的发展过程。根据目前考古发掘的资料，中国文字的起源远远早于殷墟甲骨文。我们相信历史上确有仓颉其人，并担任黄帝的史官。但我们也确信文字在他之前已经出现，且已经流传使用了很多年。出土汉字材料还显示，越是时代久远，不同地域的原始文字差别越大。这是因为中国文字的起源，源头不止一个。因此，某一个人独创汉字是根本不可能的。

仓颉之所以得到后世的尊敬和爱戴，被尊为"圣人"，是人们感念他的才智和努力，让人们从"结绳为治"的时代迈入了"书契时代"。不要小瞧了这一步，跨出这一步，人类用了数千年！

但文字作为一种交流工具，掌握使用的人越多，流通普及的地域越广，才越有价值。黄帝时代，就是文字发展的一个关键期。生产力的发展和社会交往的增多，对文字沟通记录的功能要求更高，急需有人对汉字造字方法进行统一、形体结构加以规范，推动原始汉字向成熟汉字体系发展。这个任务大概率落在了身为史官的仓颉和他的同事身上。"仓颉们"不负使命，完成对原始汉字的搜集、整理、加工，并总结研发出合理有效的造字方法，使汉字扩源增流。因此，"仓颉们"虽不能担"创书契"之名，但他们有意识地主动参与到汉字的整理创造中，规范、完善了汉字体系，功莫大焉！

文明的火种已被点燃，中华千年文脉从此不绝流淌！

二、远古的神秘符号

接着前面羖的故事。

过了不知多少年，羖牧羊的那片山谷，溪流已经干涸，郁郁的草场变成半荒漠。一丛丛的骆驼草，在风中摇曳，那块留下羖美好祈愿的大石头已被黄沙淹没，不知踪影。

从这片山谷往南，一千多公里外的一片平原上却是一番人畜兴旺的景象。这是一天中的傍晚，通常是整个部落最欢快祥和的时候。尤其是在这样温暖的初秋，平日里，再过一会儿，村社中心的圆场将燃起篝火，人们会围坐一圈，歌舞欢笑。

但是，今天那里不会有篝火，族里的人们都聚集在一间小小的圆形土屋前。这家的女儿，刚刚离开人世。她叫什么名字，因何而死，死时是什么年纪，这些都不重要。我们只知道，静静躺着的姑娘，带走了一个年轻男子的心，年轻男子且叫作"甸（táo）"吧。屋里，是号啕痛哭的家人；门外，是面容悲戚的族人。甸不在现场，听到姑娘的死讯，他就转身离开了这里。

他一路奔跑。陶窑，在村社的西头。满脸湿漉漉的，已分不清是汗水还是泪水，甸终于站在了窑室外的平场上。这里摆放着一大片正在晾晒的陶坯，他毫不费劲就找到了那只尊。泥坯已经干透了，器形完美。怎么能不美呢？他把他全部的爱慕和热情都倾注在这只尊上：陶泥是他反复清洗过的，淘去杂质，再加入磨得极细的蚌粉；制作尖长的尊底时他想着她那玲珑的腰身；修整尊口时他仿佛看到她乌亮的眼睛。他千万次地想象她收到这份礼物时的惊喜。他想，那时候他一定会提醒她看看尊壁上刻画的五峰山，那是他第一次跟她约会的地方。山上有繁盛的花草和潺潺的溪流，但这些都不便细细刻画出来，五个突耸的山峰是刻骨铭心的，就让它代表我们爱过的那座山吧。想象里，她一定会为他这个主意欢呼，那乌亮的眼睛会笑成弯弯的月牙……

泪水再次奔涌而出。不能再回忆了，再晚时间就来不及了。甸跑进窑室，把那只尊小心翼翼地放在窑床上。转身去火室点火前，甸停了下来。思考了一会儿，他拿起尊走出窑室。今晚是月圆之夜，月光白晃晃地铺在地上。甸掏出随身携带的骨刀，在尊壁五峰山的上方又开始磨刻起来，他要增加两个符号，一个太阳，一个月亮。（图1-7）已经干化的泥坯又硬又脆，甸凝神静气，万分仔细，一刀，一刀，再一刀……

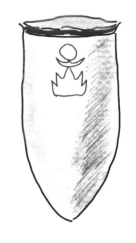

图1-7 甸制作的陶尊——摹绘大汶口陶尊

火点燃了，窑室的温度在升高。天亮前，这只陶尊会烧制完成。除了甸，没有任何一个人来得及观赏它。作为一件生离死别的礼物，匐会亲手将它安置在姑娘身边，随她进入永恒的黑暗。

也许，千万年后，会有人挖开周围的层层泥土，让它重返人间。如果擦拭干净尊壁的泥沙，人们会惊喜地看到，那上面刻画着一组奇怪的符号。古文字学家也许会把这些符号释读出来，例如有人认为这三个符号表示"日出于山"，也有人说这是一个字，应释为"炅"（热）或"旦"。于是大家纷纷宣布再一次发现早于甲骨文的文字性符号。但没有人会知道，很久很久以前的那个夜晚，一个心碎的男子，在送给情人的陶尊上刻写"日""月""山"，是为了纪念他们在五峰山下的约会，并向逝去的她倾诉自己从此以后的思念和忧伤。

当然，这个故事也是根据发现的符号虚构出来的，想回溯远古陶器上表意符号的一个创制场景。

成熟文字系统的形成不是单个人的创作，也不是一个阶段一次性就可以完成的任务。如果宏观地俯览早期的文字性符号的产生，那感觉就像我们抬头仰望夜空中的繁星。黑暗中，星光的闪烁是那样的任意、随机。而某一时刻、某一地点的某一个人，为了记录和表达创造出某一个符号，这在文字诞生的早期是难以预测和找寻规律的。但是，当第一个智慧人有意识地在另一个实物表面做下标记，并用这个标记记录下他的所思所想，他头脑中的信息就具备了超越时空的生命力。我们感谢先人们这福至心灵的瞬间，感谢他们把"话"留在石头上，留在陶器上，留在骨头上。让我们有机会穿越数千年去感知他们的情绪和思想，也让远古的智慧和文明得以被后世窥见。就让我们一起找寻这些来自远古的神秘符号吧！

1. 来自洪荒的信息

（1）大麦地"岩画"

贺兰山脉，古名"卑移山""乞伏山"，唐代起普遍称为"贺兰山"（图1-8）。它位于宁夏西北部与内蒙古交界地带，东北—西南走向，是我国西北地区重要的自然地理分界线。远古时期，西戎、羌族等游牧民族的祖先发祥于此，并在这里生息繁衍。黄河从贺兰山脉的南部流过，千百年来，游牧文化和农耕文化在这里交汇碰撞，互补吸收。因为抗金名将岳飞在《满江红》中吟出"驾长车，踏破贺兰山缺"的词句，贺兰山从此闻名于世。实际上，贺兰山除了是著名的古战场，它延绵的山脉中还留藏着许多远古人类的文明信息。

图 1-8　空中俯瞰贺兰山脉

在贺兰山脉的南部北缘，有一片东西走向的群山。由于它的南侧是宁卫平原，被称为宁卫北山，黄河由此转折而伴贺兰山北行。大麦地，就是宁卫北山深处的一片荒漠。虽然，古代这里曾经山岭葱茏，草丰水美，是一片理想的游牧之地。但随着气候环境的改变，如今这里已是山岗裸露，岩石遍布。

然而，就是在这人迹罕至的地方，却发现了大量的岩画（图 1-9）。大麦地核心区域，面积约 6 平方公里，岩画分布在几乎每一条东西向岩脉的石壁上。经鉴定，这些岩画的创作时期跨度极大，从距今七八千年直到距今一两千年，数百代先人都曾在这里留下过他们思想的痕迹。

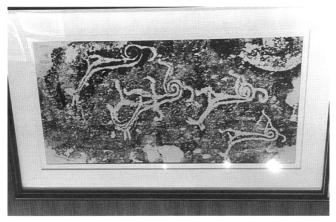

图 1-9 大麦地岩画

2003 年至 2004 年，相关科研人员深入大麦地，考察百余天，收集岩画考古线图 3172 组，展现个体形象 8453 个，有 1500 个符号介乎图画和文字之间。这次集中科考的成果惊艳了世人。大麦地堪称"人类早期的艺术长廊"，先民们将狩猎畜牧、战争舞蹈、牛羊虎狼、日月星辰、手足蹄印、男根女阴以及各类抽象的图案符号凿刻于石壁之上，琳琅满目，蔚为壮观。

对于古文字学家而言，更令人兴奋的是发现了一些具有释读可能性的原始文字性图形符号。例如，在多处岩画中，发现圆头长身的表示"蛇"的符号（图 1-10、图 1-11），构形与甲骨文中表示"蛇"的"它"字相似。

图 1-10　"蛇"符之一

图 1-11　"蛇"符之二

图 1-12 是一幅多符号组合岩画。中间头朝下者为蛇，顶端还有蛇信，左侧为一人形，突出其两足及足趾。右侧为脚印。左右符号均喻示人的出行，中间有"蛇"。应该是表示此行的凶险。

如图 1-12 这样多个符号组合表意的岩画在大麦地还有不少。

图 1-12　"蛇"符之三

图 1-13 被命名为"天象"。即便不具备古文字学知识，人们也很容易将左下和右下的图形联想为张开双臂跪拜上天的人形和仰视天象的犬形。上方的螺旋形比较抽象，但根据它与"人形"和"犬形"的位置关系，不难推测出它为"天上"之物。是龙？是风？是云？没错，从形体而言它比较接近甲骨文的"☰"（云）字。在这里可以把它理解为一种特殊的天象，可能是乌云遮天蔽日，也可能是龙卷风。

图 1-13　"天象"

因此，"犬"形上方那一团，被释读为一个因为受到惊吓，匍匐于地将头埋于两手间做畏惧祈祷状的人。四个或抽象或具象的图形（符号）有机地组合在一起，以会意的方式表达一个完整的意思。

图 1-14 的三个图形都很抽象，符号的性质更加明显。左上方的文字性图形符号被释读为弓箭，代表武力、战争。以此理解作为整幅岩画的切入点，我们会同意这个记录是关于氏族为争夺土地、人口、牲畜而进行的战争。那么将剩下的两个文字性图形符号理解为左下方一人向右侧高大威武之人行跪拜之礼，整幅画表达"臣服"之意，就是很符合逻辑的了。

图 1-14　"臣服"

图 1-15 是非常有趣的一幅岩画。右上侧的羊，象形性很强，释读无疑义。羊的左侧是人面，也得到了专家们比较一致的认同。分歧出现在对中部 S 形符号的理解上。这个符号太过抽象，有人将 S 释为表示"蛇"的符号，也有人认为该符号与下方的"一"字形符号一样，没有实际意义。持第一种观点的人，认为创作者要表达对蛇的警觉和警惕，将此图释读为"防蛇"。持第二

图 1-15　"防蛇"
或"田园"或"地址"

种观点的人，将四个符号组合，又有两种不同的解读：或认为这是描述了一个宁静的田园生活场景，将此图释为"田园"；或认为这是表示人与羊要到达的地方，释该图为"地址"。

进行到这里，亲爱的读者，你是不是开始疑惑了呢？连专家都无法释读出唯一的答案，表意性如此模糊，怎么能把它们界定为文字性图形符号呢？不要着急。还记得本章开篇故事里羖所创作的"祈福佑羊"岩画吗？我们假设有幸旁观了羖的整个创作过程，了解他的创作思路，才可以明确每个符号的所指，以及这简单原始的符号背后作者真实的意愿。和"祈福佑羊"类似，大麦地岩画中的文字性图形符号是文字启蒙阶段的直观呈现。它离

成熟文字还有数千年的进化之路，我们不能用今天释读汉字的方法来要求它。但我们能明显看出，这个时期，以"依类象形""画成其物"的方式创造出的二维图像，已经开始有了分化：一头，走向了更具有艺术表现力的图画；另一头，则日趋抽象，向着更注重表意的"文字"发展。

大麦地岩画用二维符号表示概念，记录事件，也许我们现在还无法完全还原这来自洪荒的信息，但这已经是它存在的伟大意义。在汉字的发展史上，它的出现填补了重要的空白。让我们耐心等待，等待更新的研究成果出现，假以时日，它极可能为解释中国文字的起源添上浓墨重彩的一笔。

（2）具茨山"天书"

相比贺兰山，具茨山似乎并没有那么高的知名度。但在历史上，它曾经是一座来头更大的"圣山"。具茨山，和中岳嵩山都属于伏牛山系，位于河南省境内，今禹州、新郑、新密交界处，延绵40余公里。具茨山山势雄奇，于千里平原上拔地而起，仿佛有通天之势。据《庄子》《水经注》《汉书》《山海经》等大量古文献的记载，黄帝曾多次到访这里。

山中现存黄帝文化遗迹数十处，如黄帝拜华盖童子处、轩辕庙、风后祠、黄帝推策台、黄帝问道广成子处、黄帝屯兵洞、黄帝避暑洞等。当地民众至今仍保留每年农历三月三登山朝圣、寻根拜祖的传统习俗。从历史记载和民间传说来看，远古时代的具茨山，曾是黄帝及其族群举行重要活动的场所。

20世纪80年代，大量远古的岩画在具茨山被发现（图1-16、图1-17）。那些繁芜古籍的记录，那些口口相传的神话，似乎都有了可佐证的实物。沉寂千年的具茨山，再次成为人们关注的焦点。一批又一批学者、民间考古爱好者纷纷造访具茨山。人们发现，除了岩画遗迹，这里还有许多大型的不规则独石、叠石、石棚等巨石遗迹，以及石城堡等石建筑遗迹。遗迹不语，但它们的存在，已经向世人彰示这片土地曾经产生过巨大文明。这些遗迹携带着多少洪荒时代的文化信息？破解这些信息将揭示多少惊天的秘密？人们先将探索的目光投注到岩画上。

与大麦地不同，具茨山的岩画具象的内容很少，多为具有意向特征的符号。这些符号往往凿刻在视野开阔的山腰或山脊那些占据着最抢眼、最醒目的位置，面冲天穹的巨石上，仿佛读者的视角是从天际俯瞰。正因为如此，具茨山岩画也被称为"天书"。

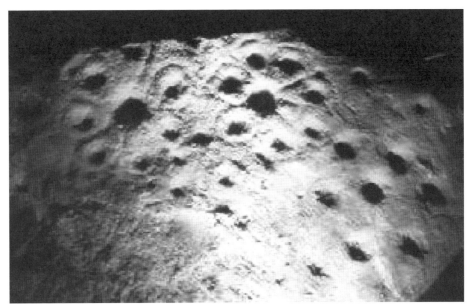

图 1-16　具茨山梅花状岩画

图 1-17　具茨山复合型岩画

　　人们试图从各个角度破译"天书"。或认为描绘天象星宿，或断言与周易八卦有关，或推测是记录天文历法，或相信是汉字起源……人类的"探秘"是从已知摸索着一步步走向未知的过程。关于具茨山岩画，我们"已知"如下。

岩画的形态及类型

　　凹穴型：具茨山岩画主要是以圆形凹穴为基础的抽象构图。它们有时单个凿刻在独立的岩石上，有时成双成排出现，有时以中间一个较大的凹穴为圆心，与周边 5~12 个凹穴共同构成环形梅花状。单独凿刻的较深，成双或成排组出现的深度一般在 2~3 厘米。双排凹穴以 12 个居多，但也并非一成不变。在一些面积较大的岩石上，这些凹穴呈点阵排列。

　　网格型：主要有 4×4、5×5、6×6 的网格图案等，另外还有菱形、米字格等。

　　其他不典型类型：沟槽、字符（量极少）、人物（仅发现一处）。

岩画的造法及创作时间

　　具茨山岩画，早期作品多采用直接敲凿及研磨的方式，创作时期应在距今 6000 年以前；晚期作品多为金属刻凿及打凿而成，大约距今 3000 年。

岩画的数量及分布

　　具茨山岩画数量巨大，经多次科考调查，发现岩画近 3000 幅，岩画个体近万个。它们分布面积广，不光在 400~600 平方公里的山中有分布，在具茨山的辐射区域，如方城、叶县等多地也发现有类似的岩画。

　　现在，我们渴望得到解答的"未知"是：我们的祖先创造这些岩画的目的是什么？具茨山"天书"记录或者表达的是什么？到底是谁创造了它们？

岩画的性质及用途

　　要破解远古的奥秘，也许我们应该摆脱现代人的思维模式，尽量去接近和理解我们身处洪荒的先祖。尽可能地还原那个时空，在历史的思想和语境中寻找线索。

　　在那个时代，神话思考指导着人们生活生产的方方面面。

　　"圣山"之上，选择最显著位置进行耗时耗力的长期创作显然不可能是信手涂鸦。这样浩大的工程也超出了单个人的承受力。只有经过组织和计划，或者是某种程度的约定俗成，才可能在范围并不算狭小的区域完成这些类型较单一、形态也比较一致的岩画创作。而那时，能集全氏族或全部落之力开展的活动，除了战争，应该就是祭祀了。

有专家考证山名之来由。论证"具"为"供奉、享献"之义，"茨"为"明堂、清庙"之义。两字连用表示"在茅茨神庙祭祀天地"的活动。具茨山正是因此得名。如今虽然茅茨神庙已不复存在，但叠石、石棚等巨石遗迹还在。古代帝王郊祀称封禅，也有立大石于高山的习俗。《史记·封禅书》记录汉武帝封禅泰山："东上泰山……乃令人上石，立之泰山巅。"可佐证具茨山确为远古先民的"祭祀之山"。

祭祀，是人与神的交流，交流的媒介可以是实物，像"香""烟"；可以是语言，像"祷告""咒语"；也可以是符号，像"符咒"，还有本书开篇所述故事里的"祈福佑羊"岩画。具茨山上的"天书"很可能就是这样一种特殊的符号。为祭祀天地而创作，是人类写给神祇的文字。洪荒岁月，我们的祖先，虔诚地把他们的敬畏、赞颂和祈愿凿刻在石头上，隆重地呈现给上天。

岩画的创造者与使用者

在那个单纯的年代，有一类担任人神或人鬼之间沟通角色的人，他们专司氏族的祭祀、占卜、祈祷等活动，我们称他们为"巫师"或者"祭司"。特殊的工作内容，使巫师们产生了比氏族中其他人更强烈的、对能实现"记事"和"人神交流"的符号需求。需求有多大，创造力就有多强。巫师和史官是文字的主要使用者和整理者，这是目前史学界和文字学界的共识，也是被世界范围内多种文明证实过的事实。或者，我们可以再进一步推测，巫师也是某些文字或者符号的发明者。比如，具茨山"天书"。

（3）"天书"与汉字的关系

虽然因为形体上差异巨大，我们很难看出具茨山岩画和现代汉字之间的关系。如果一定要找到一点关联，似乎这些点阵（圆形凹穴）排列跟河图洛书有些类似。然而如前文所述，我们也并不认为河图洛书是汉字的起源。那么，"天书"跟汉字之间会有怎样的联系呢？

根据上文推断，"天书"是远古时代生活在具茨山的某个部落（极有可能是黄帝部落）的巫师们发明的用于祭祀和巫术的特殊符号。这套符号系统曾经流传过一段时间，在某一个群体内起到过记录、表意、释读的功用。由于表意范围狭小（不超出巫师工作范畴），受众单一（使用者仅为巫师，读者是虚无缥缈的神明），最终消亡，不再有人使用它，也不再有人能读懂它。但经过沧海桑田，承载它的巨石还屹立人间，讲述着它与汉字无缘的缘分。

亲爱的读者，当我们的探秘之旅进行到这里，你的脑海里会不会出现这样的一幅画面——现代汉字系统的形成，仿佛是涓涓细流汇合成一条"主流"？这些细流来自不同民族、不同地域，有些细流被"主流"吸收，丰沛了"主流"的流量，有些细流因为种种原因没能汇入"主流"，中途干涸。前者如来自游牧民族区域的大麦地文字性符号，后者如具茨山"天书"。而这，正是我中华文明的魅力所在，源远流长，海纳百川，博大典雅！

2. 把"话"留在骨头上

下面这张照片拍摄于河南省舞阳县北舞渡镇西南 1.5 公里的贾湖村，以前它一直是个名不见经传的小村庄（图 1-18）。据河南省文物考古研究所编

图 1-18　贾湖遗址

著的《舞阳贾湖》一书介绍（本节中有关贾湖的图片也大都取自该书），这里地势平缓，因为有沙河、泥河、灰河等众多水系流经，气候湿润，土壤丰腴。居住在这里的人们，跟中原大地上任何一个农人一样，依时耕种，秋收冬藏。他们在土地里种下小麦、玉米，一代又一代，从来没想过在这平静的田野之下，埋藏着不为人知的辉煌文明。

20世纪60年代初，人们在贾湖村东的沟坎和井壁发现了一些陶片、人骨和红烧土，经考证，确定为新石器时代遗物。

随后20多年里，相关部门先后七次组织科考队伍对贾湖进行考古发掘。20世纪80年代，一批带有刻画符号的龟甲、陶器、石制饰品（图1-19）等相继出土，舞阳贾湖从一个寂寂无名的小村庄成为世界知名的新石器时代文化遗址所在地。

图1-19　贾湖出土的陶器、石制饰品和骨镖

随着探索的深入，人们发现这扇尘封已久的大门后竟有那样一个神奇而灿烂的世界。在距今8000多年前的中华腹地，这里诞生了世界上最早的七音阶乐器——骨笛（图1-20），生产了迄今为止发现的最早的酒。生活在贾湖的先祖们制造了精美的骨器、造型各异的陶器，龟甲在那时就已经被用于跟巫术和建筑相关的活动。他们在甲骨之上刻下符号，这符号跟5000

多年后商朝王室记录在龟甲兽骨之上的文字非常相似。

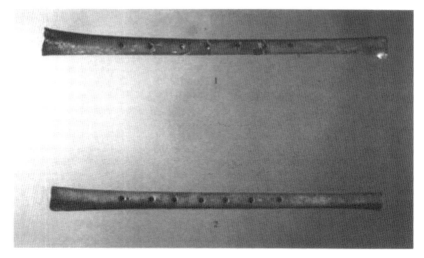

图 1-20　骨笛

　　图 1-21 是贾湖甲骨契刻符号的两幅实物照片，虽然历经数千年，刻痕依旧清晰，人们能轻易辨认出前者为"日"形，后者为眼睛形状，酷似甲骨文的"目"字。类似的符号贾湖一共发现了 21 例，刻于 17 件龟甲、陶器、骨器和石器上。在一个柄形石器上甚至刻有一行符号。图 1-22 选择了其中保存较完好的 9 例。虽然符号的数量不多，但足以令学术界震惊。这些刻符为人们破解甲骨文的身世之谜带来了新的线索。

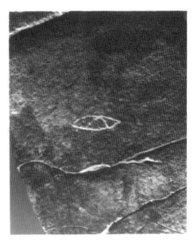

图 1-21　贾湖甲骨契刻

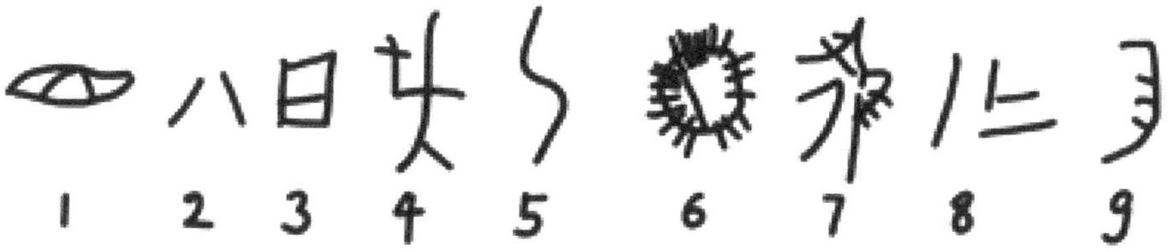

图 1-22 贾湖刻符

在清末，当凿刻着甲骨文的龟甲兽骨大量从河南安阳小屯村被挖掘出来，人们发现这来自 3000 年前的文字已经相当成熟。惊喜之余，世人也不禁疑惑，这象征着东方古老文明的文字仿佛横空出世，它以文献的面目呈现于我们眼前，有如天赐神造。而它又从何处来呢？在它之前难道就没有一个产生、发展的过程？

贾湖甲骨契刻符号的现身，给了人们很大的想象空间。虽然在时间上贾湖刻符与殷墟甲骨文相去四五千年，但二者在空间上相隔很近。两处发掘地都位于河南省境内，只有 300 多公里的距离，无疑是有利于文明的留存和传播的。对比两种符号，相似之处也显而易见：二者都被刻写于龟甲兽骨之上，二者在构形上均已高度抽象，二者的笔画走势、框架结构都一脉相承。

按捺不住兴奋，部分学者开始着手释读贾湖刻符。有人比对甲骨文，有人依据古彝文，大部分字都被释读出来。并且，在各自的理论体系中，各自的推论也都能自圆其说。那么，汉字的历史真能提前到 8000 年前，一举超越当今世界公认的最古老的中东楔形文字吗？反对的声音也有，还有部分学者认为只有具备固定的形、音、义，并且上下成文方可被认定为文字，而贾湖刻符显然不符合以上要求。

如此看来，贾湖刻符又该如何定性呢？贾湖先人在甲骨上一刀一刀刻画下这些符号，是有怎样的"话"要讲呢？

幸好，贾湖遗址经过专家们多次发掘和探索，已经形成了科学而全面的科考研究材料，可以帮助我们粗略还原 8000 年前贾湖聚落的生活场景，从而梳理出一些有价值的线索。

据考证，8000年前贾湖聚落生活的环境跟今天差别不大。同样温暖潮湿的气候和同样肥沃的土地以及丰沛的水源，给贾湖人带来了多样性的植物类食品和丰富的动物类食品。优越的地理条件，让这个族群在此地稳定而祥和地繁衍生息了1500年。雄厚的物质基础，为人们的精神文化生活和阶层的分化提供了保障。

从出土史料可知贾湖聚落文化的总体发展水平相当高。贾湖出土了多款骨笛，包括最先进的能吹奏出完备的七声音阶的八孔笛。音乐是表现复杂抽象思维的一种形式，这证明贾湖人的音乐水平已经远远超越他们所在的时代。

除了在音乐领域领先世界数千年，贾湖聚落已经出现了早期的宗教形态。贾湖人崇拜龟灵，他们随葬用龟，祭祀用龟，奠基也用龟。龟壳内多放置数量不等颜色各异的小石头（图1-23）。这很有可能是巫师专用的龟甲器，作为响器，在仪式舞蹈和驱鬼治病时使用。

图1-23　装有小石子的龟甲

而这些作为随葬品的龟甲所陪伴的墓主人往往身份非同一般。在编号为 M344 的墓穴中，有着数量远超于他人的随葬品。其中有 8 个装有石子的龟甲器（有一个龟甲上有刻符），两支七孔骨笛，还有被推测用于巫术法器的叉形器。可见墓主人身份特殊，极有可能是部落首领或者巫师。

以上，我们从物质生活基础、精神生活形态、智商能力水平、阶层职业划分等角度对贾湖聚落大致进行了分析。应该可以得出结论，智慧的贾湖人具备创造具有记事和表意功能的文字性符号的能力。如"来自洪荒的信息"所述，远古先民中的巫师阶层也有创造文字性符号系统的需求。

那么，是不是就可以断言殷墟甲骨文是由贾湖契刻符号发展而来的呢？我们觉得在得到更新、更直接的史料佐证前，下这样的结论还为时过早。贾湖契刻符号，从构字形态上和笔势笔画组合等方面已经非常成熟，和甲骨文也有非常高的相似度。但是目前还缺乏一条清晰的脉络将这跨越四五千年的两种符号联系起来。没有史料告诉我们贾湖契刻的命运走向。作为一套符号系统，它是随着部分贾湖人的迁徙流传影响到下一个文化类型，由某一个族群继承发展了，还是在千余年后，随着贾湖聚落的覆灭而消亡了？

也许，在未来，考古发现会提供新的证据，将贾湖契刻符号与甲骨文串连起来，让我们能真正解读出 8000 年前祖先在"骨头"上给我们的留言，参详出汉字发展的前世今生。

也许，因为种种原因，这一小支超前的文明确实湮没在浩瀚的历史里，失去了传承。我们可能永远也弄不清那些符号的确切含义。但这留在骨头上的"话"也正说明，文明的进程不是一蹴而就的，但文明的走向终归是朝着进步的方向。虽然有些先进的文明会半路夭亡，但新起来者，还会执拗地选择正确的方向。

关于贾湖契刻符号，我们不必急于求证其中某一字，经考释为后世甲骨文某一字。万事万物之间的联系，除了寻求点与点之间的直接相关，也可以放在一个更大的时空背景下的综合场景中考量。

因此，也许这样的表述会更恰当：距今 8000 年前，舞阳贾湖先民在龟甲陶器等介质上契刻下文字性符号，这是迄今为止发掘所得最早的甲骨文字雏形。

我们自豪于中华文明绚丽的曙光早在 8000 年前就照耀在中原大地上，我们骄傲于智慧的祖先在那样久远的年代已经有能力把"话"留在骨头上！

3. 陶器上的"符号"

（1）"符号"展示

这些是什么？它们似乎是图画，但又过于抽象；它们应该蕴含有某些特定的意义，但我们却很难理解。是后现代艺术？儿童画？还是热带雨林中原始部落人群使用的特殊符号？接近正确答案了。

这些是华夏先民几千年前刻画在陶器上的符号，简称为"陶符"。虽然上图中这几个符号被排成一行呈现在你眼前，实际上它们并非诞生在同一个时空，它们之间有的相距千里，有的远隔千年。

陶器的产生是人类发展历程中非常重要的一步，它是人们利用大自然的材料按照自己的意愿制造出的崭新作品。中国陶器的诞生可以追溯到 1 万多年前的旧石器时代。在漫长的岁月里，陶器的广泛使用，除了提供生活的便利外，也深刻地影响了人类的精神文化。反过来看，人类社会不同时期的文化特征，也在陶器上留下了烙印。陶器的用途、造型、工艺、装饰等，都蕴含着它所在的那个文化形态大量的文明的信息，可供人们探索、分析，一窥究竟。而作为以传递制作者意图为目的而出现的陶符是它们中最深奥，也最为直接，承载信息量最大的文明记号。

我们先直观感受一下这些"陶符"在陶器上的样子（图 1–24、图 1–25）。

被发现的距今时代最久远的那枚陶符，形如太阳（图 1–24），8000 年前它被某个贾湖先民刻在卷沿陶罐上。与贾湖陶符同时代的，还有甘肃秦安大地湾一期的陶器彩绘符号，距今 7000 多年。这些符号被绘制在钵形器和部分陶片的内壁上，有十多种不同纹样，可大致分为两类：一类是类似水波和植物生长形的纹样，另一类是以直线和曲线相交的形状。符号出现在陶器较为隐蔽的位置，绘制它们的意图应该不是为了装饰。那么，目的是什么呢？标记？说明？在可留存的实物表面制造相对抽象和固定的符号传达意图，已经接近文字的性质了。

图 1-24　贾湖卷沿陶罐上的太阳形刻符

图 1-25　大地湾一期陶符

　　而这，只是一个开端。从现有的考古资料来看，在甲骨文出现前的几千年里，记录在陶器上的符号，是最具备文字属性的，同时是延续时间最长、涉及空间最广的史料信息。我国多处原始文化遗址发现陶符，从舞阳贾湖遗址到江西吴城遗址（距今 3300 年），跨越了四五千年的时间。破解汉字起源之谜的线索，一个个从地下被发现。这些神秘的符号究竟是什么模样呢？让我们选择最具代表性的几种来感受一下吧。

仰韶文化陶符

　　仰韶文化所处时代距今 7000~5000 年，有同一文化类型的多处遗址。仰韶文化陶符在陕西、甘肃、河南等 10 余处遗址都有发现。这类符号有着相当固定的刻写习惯，也是一器一符，刻于钵形器外口沿的黑宽带纹上，大多数是在入窑烧成之前所刻（图 1-26）。仰韶文化陶符象形的意味较少，以直线穿插排列成抽象符号者居多，同一符号重复出现的频率较高。它们中有些符号形体已经与商周古文中某些字形很相似（图 1-27）。

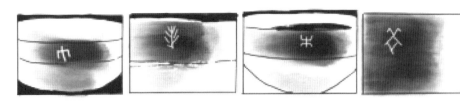

图 1-26　仰韶陶符图例

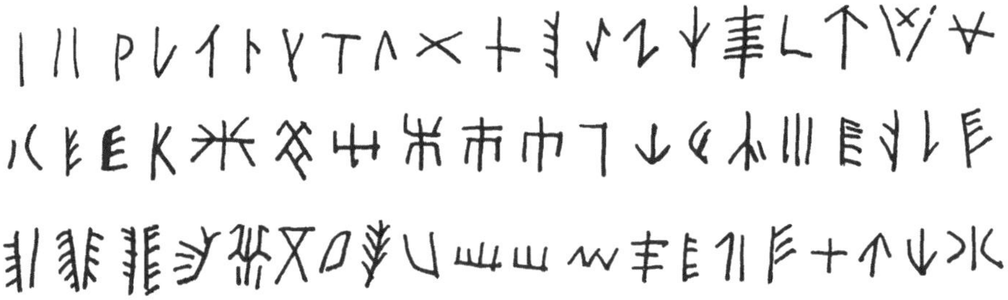

图 1-27　仰韶文化陶器符号

良渚文化陶符

　　在浙江、上海、江苏等地出土的良渚文化陶器刻符有 5000 年的历史。这批陶符多为器物烧成之后用尖削状硬器刻出。与之前一器一符的形式有所不同，良渚陶符多次出现排行连刻的例子，比如图 1-28 中方框内的 5 个符号就是横向排成一行被刻在一个灰黑灌耳壶的圈足内。此外，还有 2 个符号、4 个符号、8 个符号连刻的例子。这是很值得注意的情况，因为这意味着这些陶符已经出现了接近文献性质的功用。

图 1-28　良渚文化陶器符号

龙山文化陶符

自 20 世纪 20 年代以来，人们在山东、河南、陕西等地具有龙山文化内涵的遗址采集陶符近 20 种（图 1-29）。龙山文化陶符距今 4000 多年，在呈现形式和符号构形上与仰韶文化陶符有明显的接续关系，同时，又有了新的发展。如在河南登封王城岗遗址发现的刻画于一片泥质黑陶器残片上的符号（图 1-30），属于古汉字系统中一个基本构形的符号，已经跟甲骨文的"共"字有非常高的相似度。"共"字初文，在笔画走势和构件组合形式上的复杂程度，已经超越直线、曲线简单相交的构形法。我们有理由相信，该符号的出现是陶符确实与汉字起源有密切关系的明证。

图 1-29　龙山文化陶符

图 1-30　登封王城岗遗址陶符摹本、拓本

二里头文化陶符

二里头文化是夏文化和早商文化的标志，从公元前 21 世纪至公元前 17 世纪，是我国文明历史的早期。这类文化形态主要分布在河南的中西部和山西南部一带。二里头文化陶符（图 1-31）构形的规律性较史前符号已经有明显进步，部分符号跟商代甲骨文近同。

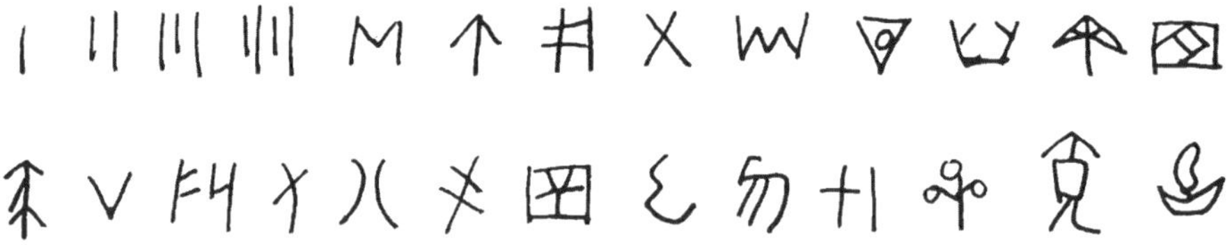

图 1-31　二里头文化陶符

（2）"符号"认知

了解完这四种比较有代表性的陶符，亲爱的读者，你有什么感受呢？可曾找到汉字萌发演化的蛛丝马迹？数千年的岁月，广袤的空间，迥异的文化背景，当这些极富想象力和生命力的符号一一呈现于我们眼前，看似琳琅满目，然而真要从中探寻出甲骨文之前汉字发生发展的头绪，却不是那么容易。毕竟，它们零星而分散，彼此间缺环甚多。但是，这些产生于甲骨文之前的符号，是目前为数不多的研究汉字来源的第一手资料。线索虽然隐隐约约，但它一定在那儿，我们可以试着拨开迷雾，做一次"符号侦探"。

陶器符号的共性

第一，这些陶符大多是一器一符（也有一个陶器上多个符号的，比较少见）。陶器算不上是优良的文字载体，质地易碎，也不方便储存和携带。所以我们看不到长篇记录在陶器上的文字是很正常的。同一批烧制出来的陶器样子都差不多，如果在使用中要加以区别的话，还有什么比在上面刻画出不同的符号更简单易行的呢？可见，一器一符的陶符，应该是在使用中起标记和区别的作用。

第二，很多陶符都被刻画在某些固定的位置。同一文化遗址出土的陶器陶符所处的位置大都相同。仰韶陶符出现在钵形器外口沿的黑宽带纹上，而二里头陶符则被刻在大口尊口沿内侧。

细心的读者马上能分辨，陶符所处的位置实际上可以分为两大类：一类是位于陶器底部、口沿内侧等隐蔽的位置，一类是位于陶器外侧的显眼位置。所处位置的不同应该是因为符号的用途不同。将符号置于显眼位置，如果不是因为装饰的考量，则多是为了引起人们注意，加强其传递信息的能力。这类符号通常造型更富变化，彼此间区别度更大。我们相信，它们传达的信息应该也相对复杂。将符号置于隐蔽处，也并非真的让该符号不为人知——那样的话，不将其刻画出来不是更好？其原因或者是因为该类符号表意单纯，比如数字类符号。或者所表之意虽然出于制作者本人的意愿传达，对于使用者来说并不重要。参比现代陶瓷上的"符号"，能更直观地说明问题。

"福"字被醒目地铸造在陶缸的腹部，陶缸的制造者是要借此传递"福"作为一个文字符号所代表的"幸福、福气"的意义。四五千年前的甘肃马家窑的古陶器也是相似的形制。当年的制陶工匠绘制这些"符号"是想表达何种意义呢？（图 1-32）

图 1-32 马家窑文化陶器彩绘符号示例

答案我们不得而知，但我们可以确定这个符号的存在是为了传递信息，而这种信息是能被"读者"辨识和理解的。这个符号可能起标记的作用，提示该陶器放置的顺序、方位或者是器内所置物品的种类；也有可能是表达某种概念，跟祭祀、风俗、图腾崇拜有关。

陶器符号对文字产生的影响

探究陶符的用途和功能，需要对它源自的文化形态有全面透彻的了解。作为一个精神世界物化而来的视觉符号，且缺乏上下文的解读支持，如果不将其置于大的文史背景，仅依据古文字学知识对某一个符号与后世某一文字进行厘定释读，是很艰难且不够严谨的。但这不妨碍我们以宏观的视角，来探索一下"陶符"对成熟汉字的影响和贡献。

·造字方式·

许慎《说文解字·叙》中提到的汉字"六书"，前四书是形体的功能分析，这些功能是造字构形的依据，在"陶符"的构形中初见端倪。

有以象形方式构形的：

　：大汶口文化陶符，取象于日月山。

　：甘肃天水西山坪遗址陶符，取象于山。

有以会意方式构形的：

如上文提到过的登封王城岗遗址"共"字形陶符，为左右两手共举中间一物的会意构形。

·构件组合·

陶符出现了部件组合式的构形，类似于成熟文字的合体字。

　：马厂文化陶符

　：双墩文化陶符

·文献呈现·

从良渚文化陶符开始，出现2个符号、4个符号、8个符号连刻的例子，意味着这些陶符已经出现了完整语句，接近文献性质了。更为有趣的是距今4000多年的、出土于江苏和山东的两块陶片（图1-33、图1-34）。

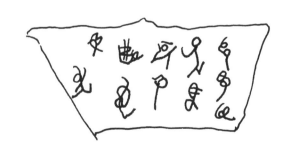

图1-33　江苏高邮龙虬庄陶书　　　　图1-34　山东邹平丁公村陶书

虽然陶片上的符号形如天书，但刻文笔画流畅娴熟，制作者仿佛胸有成竹，一气呵成。二者都是根据残片的形制布局书写而成，从形式上看已经具有文献的书写性质。

综上所述，虽然每一个陶符并非都是文字性符号（相当一部分的陶符都无法释读），但在造字方式、构件组合、笔画走势、文献呈现形式上，陶符为后世文字的创造都提供了极大的借鉴价值。

陶器符号的文化认同

陶符的存在有助于建立一种文化认同感，它们是文明到来或即将到来的标志。

刻绘在陶器上的符号，其功用已经突破了之前仅作为"人神交流"的祭祀的文字性符号。这些符号中的一部分显然是为"人与人之间"的信息传达而存在的。创造者用具象或抽象的视觉符号传递信息，赋予符号可被解读的约定俗成的意义；接受者释读并理解符号所代表的意义。这种双向的行为模式自然而然地普及开来，成为创造文字的基本条件，并为后来更复杂的文字系统的出现奠定了基础。

陶符虽然在各个历史时段都有出现，但要构成一个连贯的汉字形成脉络仍然缺环甚多。一方面是受限于出土史料的丰富程度，另一方面也要认识到陶符所使用到的只是当时文字性符号的极小部分。陶符表达的主题通常很有限，因此它反映的并不是当时文字的全貌。如果结合同时期的其他文字材料互相参照，往往会有更多收获。

比如，产生于二里头文化时期和二里岗文化时期的陶符。这两处文化遗址均在河南省境内，与后来的殷墟文化在空间上相隔不远，在时间上具有延续性，文化遗址有层位叠压关系，发展脉络清晰可见。二里头文化陶符看上去已经很有文字的感觉，部分符号构形跟商代甲骨文很接近。二里头文化之后，河南进入二里岗文化时期。这个文化时期出土的文字性符号非常丰富。在郑州小双桥遗址出土了有毛笔朱书符号的陶片19件，符号共计10余字，可清晰地辨识出形似甲骨文"尹""東""矢""三"等字样。在郑州商城遗址发现的牛骨刻辞是与殷墟甲骨文最有渊源的出土资料。所刻符号已经基本能比对甲骨文释读。其释文内容也与占卜活动密切相关。由此可以推断，甲骨刻辞意识和记录刻辞的符号在这个历史时期已经初步形成。而汉字的溯源也能沿着这条线上溯几百年。同时，汉字系统发轫和成型的地域线索，也进一步清晰——早期汉字体系最有可能是在以河南为中心的中原地区形成的。

一批批陶符的出土曾给文字学家破解汉字"身世之谜"带来很大的希望，但当我们尝试着完成一次符号"侦探"，却发现未知远远超越我们已有的认知。但是，不用失望。汉字是文明之光，人类对于光明的好奇和向往永不停歇，我们采撷这些远古符号带来的点点光芒，希望有一天能聚星火为银河，还原汉字文明起源生发的脉络。

三、字从何处来

还是以故事开头。

光线越来越暗，看不清楚了，侦揉揉发涩的眼睛，放下手中的铜匕和一块占卜过的龟甲。不错，正好刻完当天的占卜结果。真是多事之秋。三个多月不曾下过一场雨，眼看麦子都要干死在地里；王派去南疆征伐的军队连连传来战事不利的消息；四王子不知得了什么病，眼睛肿得只剩一条缝；王后又要生产了……王愁得恨不能把大巫拴在身边，随时占卜，以期得到神灵的启示。大巫也发愁，他年事已高，视力愈发不济，记性也大不如前。占卜不多的日子还好说，像现在这样一天占卜很多次，问卜内容各不相关，大巫就感觉力不从心了。

幸好有侦，这孩子年龄虽不大却极其聪慧。王最初把他赏赐给大巫，是让他帮着整治处理龟甲。侦很快就学会了这项技能，经他整治过的甲骨厚薄均匀，平滑光润，烧灼后呈现的兆纹非常清晰。大巫喜欢他，常常把他带在身旁，兴致好的时候会教教他如何辨识兆纹。

侦学一些便会一些，帮大巫承担的工作就多一些。时间长了，大巫越来越离不开他。比如，最近这些天，一天问卜七八回，决策不下的时候，王往往还要回顾前几次的占卜结果。大巫可是犯了难。龟甲一大堆，哪块对应哪件事，又是哪一天占卜的都要甄别半天，有时对着一片卜骨瞪视良久却怎么也想不起当时的问题。每当这个时候，侦就会悄声地走到大巫身后，给他一些提示。

这一天，王又派人急召大巫，侦背上占卜的工具，跟着大巫一路小跑到了王的殿室。王的脸色很不好看，他挥挥手免去了大巫和侦的参拜，沉声说：

"好久没下雨了。癸酉那天占卜说祭祀云神求雨需要五头牛，已经准备好了。今天再占卜一下四子的眼疾有没有大碍吧。"

大巫愣了一下，嗫嚅道："回禀王上，癸酉日占卜祭祀云神是要用豕和羊的……"

"不可能，那天你明明说神示需要牛五头。"

"王上一定是听错了，是五头猪五只羊。"

"大巫果然是年纪大了，又把占卜的结果记混了吧。"王冷冷地说。

大巫还想说什么，看看王的眼神，又把话咽回去了。

"行了，开始占卜吧。"王疲乏地闭上眼睛。

"癸酉日占卜显示祭祀云神求雨需要用五豕和五羊……"一个怯生生的声音响起。

王猛地睁开眼睛。说话的是站在角落里的侦。此刻他脸涨得通红，眼睛都不敢抬起来。

"谁叫你撒谎的？你可知祭祀用错牺牲是死罪？"王已然动了怒，狠狠地瞪着侦。

侦浑身发抖，仿佛下一秒就要哭出来了，但他还是坚持说："那日占卜，神示确为豕和羊。"

"来人啊，把他给我拖出去，砍了！"王厉声喝道。

"王上息怒，王上息怒，侦还只是个孩子……"大巫急忙求情，一边又转脸呵斥侦："你定是记错了，还不快向王谢罪！"

侦哭出声来："我，我都刻录下来了……不能出错……祭祀神明，牺牲出错……是大不敬……"一边断断续续地说着，侦一边从包囊里掏出几块占卜过的兽骨。大巫疑惑地接过兽骨。这些兽骨上面除了兆痕和裂纹，还刻满了奇奇怪怪的符号。

大巫将兽骨（图 1-35）呈给王，王皱着眉头看看，把侦叫到跟前："这是什么？"

"回禀王上，"侦努力地控制住情绪，"这是我记录的每次占卜的结果。"

"哦？"王有了些兴趣，他指着其中一个符号问，"这是什么？"

"回禀王上，这个表示雨，有雨点落下来的样子。"

"这又是什么？"

"回禀王上，这表示云，像云卷的样子。"

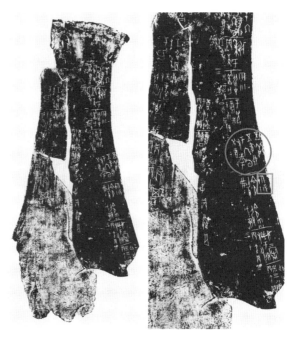

图 1-35　《甲骨文合集》33273 卜骨及局部放大

"哈哈，有点意思！那这里面哪个是表示豕和羊的？"王的兴致高起来。

"回禀王上，这个是豕，这个是羊。这些都是我在每次占卜后马上记录下来的。您看，这条就是癸酉那天的占卜：又燎于六云五豕，卯五羊。"

"这一块上面好像有只眼睛？"王拿起另一块龟甲（图 1-36）问道。

"是的。这表示目，是上次占卜四王子眼疾的。"

"怪不得你能记住每一次占卜的结果。"一旁的大巫恍然大悟。

"是的，我想了很久，只想出这样的法子来帮您……"侦低声说。

"你的名字是侦？"王深深地看向侦。

"回禀王上，是的。"

"侦，我要你把记录占卜结果的方法继续完善。好好跟着大巫学习，将来，

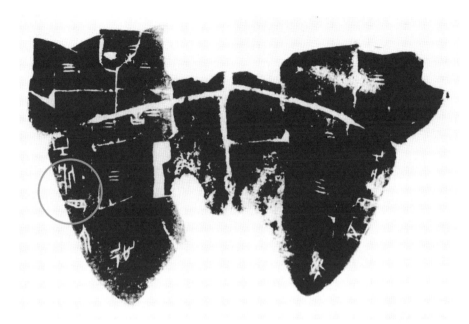

图 1-36　《甲骨文合集》13620 正

下一任大巫就是你！"

…………

30 年过去了，老王已经故去多年，侦早已是新一任大巫。侦的住处，专门有一间屋子存放占卜过的甲骨，每块甲骨上都有那么几个符号。那是侦对记录占卜结果的完善。占卜的结果直接刻录在原甲骨上，更方便对照和回看。侦的助手和孩子们都学会了这种记录方法，他们满意于占卜工作由此更加准确和高效，并没有意识到，他们不知不觉中已经推开了用文献通向文明世界的大门。

这是第三个造字的故事了。虽然故事的情节来自虚构，但根据文献记载和出土史料推断，我们相信类似的场景肯定在历史的长河中出现过。在人类刚刚迈入文明世界的时刻，一个原始文字的诞生，一则简单的文献记录，可能伴随着狂喜、至痛或者惊恐。正是这样高纯度的情感，才会催生表达的欲望，才更容易激发出大脑天才的创意和想象。

随着社会生产力的进步，人类的心智由懵懵懂懂而清晰明朗，越来越丰富的情绪和充分进化的抽象能力、象征性思维能力，使得人们的精神世界快速现代化。而文字性符号的诞生，正是这种现代化思维的产物。这些文字性的符号，就是汉字的前身，当我们要探讨汉字起源时，实际上应该立足于对它们的研究。

在了解了有关汉字起源的传说，接触了岩画、陶符等远古文字性符号后，现在让我们来揭晓谜底，究竟"（汉）字从何处来"？

1. 汉字源头

当我们穿越时空探讨汉字起源的时候，首先应该明确何为汉字，最早的汉字是哪些，它们大约出现在什么时代，它们诞生之初的面貌大概是什么样子。

我们认为，文字是一套基于约定俗成，用于记录信息、辅助交流的可视符号系统。汉字则是表达汉民族（历史上也称为华夏民族）思想和记录汉民族语言的文字。在汉字诞生之初，虽然这些符号已经具备一定的平面形体和构造取意、能不依附实物和场景表示意义或信息，但它们尚未成熟，不具备后期汉字完善的表意功能和构形规律，因此我们称之为文字性符号。

就像万事万物都有一个发生发展的过程，文字性符号的"文字性"也是逐渐增强的。以陶符为例，能明显看到它们中有一类是以现实世界中的实体为描绘对象的，读者能轻松辨别出它们所象之形，我们称之为象形符号。一类是一些几何图形，它们看上去更抽象，不能直接看出它们和客观世界里的事物在外形上的对应关系，这类符号，我们称之为标志性符号。当然，这种分类法也只是相对的，不能排除有一些我们不能辨识的抽象几何符号，在当时是由实物描摹而来的。

以良渚文化陶符为例，图1-37（1）、（2）里的陶符为象形性符号，图1-37（3）、（4）为标志性符号，图1-37（5）的陶罐环绕器身的共有12个符号，其中有象形性符号，也有标志性符号。

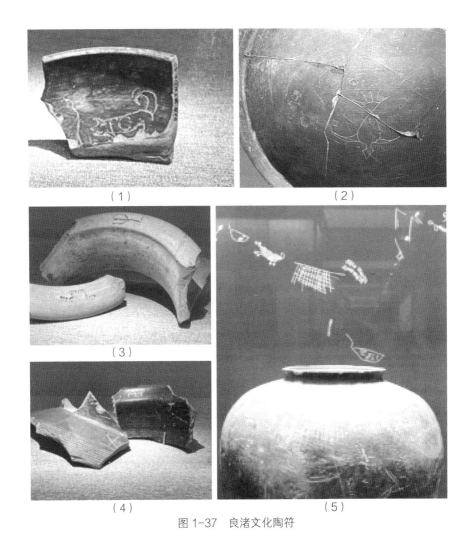

（1）　　　　　　　　　　　　（2）

（3）

（4）　　　　　　　　　　　　（5）

图 1-37　良渚文化陶符

　　那么，这些符号的文字性表现在哪里呢？我们认为，判断一个视觉符号有无文字性的主要标准是它们是否具有社会性的记录交际作用。如果一个符号，创作者用之记录存储意义，而读者能凭借它准确地提取、复原意义，就可以判定这个符号具有文字性。

　　岩画、陶符和甲骨契刻符号中，我们看到不少象形符号在线条的走向和结构排列上已经有相当章法，在后期的甲骨文中可以找到形体结构相似度很高的文字。同时，虽然构形经过抽象，所象的只是物体大略的共相，但读者还是一望可知，具备标识事物的能力。就像在虚拟的故事中出现的

"羊"符号,它一方面有很强的象物性,另一方面也具有高度的抽象和概括性。因为它不肖似某一只特定的羊,而是代指"羊"这个事物,可以是任何一只羊。

　　象形性符号的产生和解读一目了然,在传递意义方面,有着天然的优势。比较让现代人费解的是标志性符号。它们以直线(也有小部分弧线)刻画为基本构形方法,线与线的交叉、重叠、错置构成符号。最初,人们判断不出它们所象何物,史前遗址中标志性符号的出现,对于传统文字学汉字起源于"依类象形"的理论,看上去是一种冲击。它们的形体来源于哪里? 它们是否能表音? 是否表意? 如果能表意,这个"意义"是什么? 近年来一些专家学者经过研究,提出观点,部分标志性符号是由写实图形抽象而来的。

　　比如,关于甲骨文"五"的字源由来,王宁《汉字学概要》就推测是由鱼形简化演变而成:

　　图1-38中:a是彩陶上的组合鱼饰图案;b是单条鱼饰图案;c省略为只展示两条相对的鱼的头部;最后抽象简化为d,与甲骨文"五"同形。而"五"最初确实有"相交"的意思。

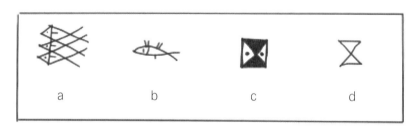

图1-38　鱼形演变成"五"

　　更多的标志性符号我们还没能探究出它们的音义。这些来源于实物,被高度抽象化了的符号,经过约定俗成后,确实在履行它们社会性的交际职能。它们被刻画在陶器上,看似高深莫测,但对于创造它们的人(陶工)和使用者来说,它们一定是有意义的,很有可能也是有读音的。否则,在千百年的岁月里,在不同的文化类型聚落里,它们何以一直被创造、被使用?正是因为它们能以约定俗成的视觉呈现方式,产生社会性的意义交流。这就是这些标志性符号的文字属性,而这种属性正是它们存在的意义。

　　标志性符号的另一个贡献是,它锻炼了人类"文字性思维"的能力。理解并接受符号与意义之间看似随意的联系，这种能力的获得和发展，为后来文字的批量创造和广泛使用奠定了基础。

在文字化日益加强的过程中，象形性符号最终演化为名物字，用来记录某个具体事物的名称，或者事物的性状。后期部落或族群有了社会性的身份标志后，通常会选择象形性符号作为族名或族徽。

一部分由模仿书契和结绳等助记实物而创造的标志性符号成为数字；另一部分被应用在陶器上的标志性符号，刻写在特定器物的特定部位，逐渐成为具有特定象征或标记意义的记事性标记字。

由此，名物字、数字和标记字这三类基础汉字领先一步诞生。它们满足人们对于命名、记数、标记等关于信息记录和社会交流的基本需求。汉字的源头应该就在于此。

当然，我们必须承认，处于源头的这些基础汉字，它们与现代汉字还有着不小的差距：成字字体不稳定，多一画少一画的情况常有发生，构件的位置朝向也未固定；在记录语言的功能上还不完备，不能成组成句地记录语言；没有形成统一的造字规律。在很长一段历史时期内，这些原始文字性符号的数量增长十分缓慢。但不要紧，只要源头活水不断，终有一天能成巨流。

汉字的社会性功能和源头确认下来，汉字的起源可推溯至大麦地文化、贾湖文化时期。从良渚文化陶符多次出现符号连刻的情况开始，汉字逐步形成系统。

2. 汉字源出

了解了源头之初的基础汉字后，我们还可以进一步追问，这个"源"出自哪里？作为一种完全"人造"的事物，到底是什么给了先民灵感，创造出这样神奇而伟大的二维符号，记录文明并且创造文明？

关于汉字的起源众说纷纭：来自结绳，来自八卦，来自河图洛书，或来自圣人创造，不一而足。凡此种种，有一个共同点，即传统中华文明的文字起源观总体倾向于"汉字人造"。因为是"人造"，所以有造字途径可寻。探寻汉字形体源自何处，是还原汉字起源的关键问题之一。

　　很长一段时间，人们认为原始汉字出自原始图画。这很大程度上是受到西方"图画而文字"学说的影响。18世纪，美国学者威廉·瓦尔伯顿在其著作《摩西的神圣使命》一书中首次提出图画文字说。在他看来，墨西哥印第安人使用的助记式图形文字、古埃及人使用的圣书字和中国汉字都起源于图画，其中汉字代表着图画文字向文字发展的最高层次。这种观点到目前为止仍是西方学术界关于文字起源的主流观点，对中国的一些专家学者也产生了影响，如沈兼士提出"文字画"的概念，认为"在文字发明以前，用一种粗笨的图画来表现事物的状态、行动和数量的观念，就叫作文字画"，并由此推导出"图画（文字画）—文字"的汉字起源模式。

　　先有画而后有字，果真是这样吗？还是来看看第一批产生的基础字中数字的情况，也许会给我们一些不一样的思路。甲骨文"一"至"八"的写法多数由筹策脱胎而来（图1-39）。筹策是古时计算用具，以竹子或者木条制成。由筹策摆放出的代表数目的图案，成为汉字数字构形的描摹对象。

图1-39　甲骨文"一"至"八"

可见汉字数字产生的源泉并非图画，而是来源于实物。

　　根据目前的出土史料，我们看到大麦地岩画和贾湖契刻符号，其中既有写实性很强的"图画"，也有非常抽象的文字性符号。它们在同一时空出现，在时间顺序上很难分辨谁早谁晚。

　　加拿大古人类学家、岩画研究专家吉纳维芙·冯·佩金格尔通过对欧洲冰河时期早期（距今约4万到1万年前）岩画遗址中几何图形的研究，找到出现频次较高并贯穿整个冰河时期的32个符号。同样，也是具象符号与抽象符号共存。如此看来，是先有"画"还是先有"字"，考古事实还不能给出确切答案。有意思的是，我国的远古岩画和陶符中有不少跟欧洲冰河时期符号形体高度相似。这种跨越时空的"不约而同"似乎暗示着，人类最早学会操纵工具刻画或写画出线条的时候，有一些构形方式可能来自一种集体无意识。就像我们随意涂鸦时会画出一些波浪线、螺旋线、交叉的直线等。这些基本的构形元素大体都是相似的，只有当它们被组合成更复杂的图形时，才会出现更多不同的形态。

而更多的符号，则是来自对客观事物的描摹。被描摹的可以是静止的物体，也可以是运动中的物体，甚至可以是物体与物体之间的关系。我们认为，人类在掌握了刻画线条和实块图形并以之模仿实物的能力后，早期经常创作出亦书亦画的作品。从外形来看，"依类象形"，具有艺术性质；从功能来看，能实现记录和表意的目的，具有文字性质。这种融二者于一体的"书亦画"，是先民们将三维实物转换成二维视觉符号的创举，它们归根结底都本于物。

在我国，自古有"书画同源"的说法。"书"和"画"在这里是名词，指的是"书写"和"画画"的结果，即"文字"和"画作"，而"源"指客观事物。"书画同源"是讲"书"与"画"一样都是来自对自然物象的描摹。唐人张彦远在《历代名画记》中论及书画的渊源和二者的关系时阐释了这样的观点：造字之初，书画同体未做区分。之后，因为作者的目的有了不同——书写文字的目的在于记录和传递意义，创作画作的目的在于表现形体，"书"和"画"逐渐分途。重在表意的文字，即便"象形"，所象的也是某一事物之"共形"，重点在把握事物的特征和轮廓。因此，"书"的"表形"会变得越来越抽象，但同时也越来越统一。虽然最后难以辨认出最初所象之物，但固定的字体与所表之意之间的联系在约定俗成的共识下，更易为使用者接受。而分流之后的"画"，越来越向着艺术表现的范畴发展，以图形、色彩、构图等美学方法，传达（创作者的）思想，引起（观众的）共情。在艺术的表现手法上，画作追求的是与众不同和独辟蹊径，这恰好与文字的统一性背道而驰。"书"与"画"就此分家。我们也可以这样说，从"书画异流"开始，原始汉字逐步成熟，最终发展为完备的文字系统。

仍然以虚构故事中出现的"羊"为例。我们看到，"羊"的构形在不同的场合是有差别的，汉字史料中至少有 10 种"羊"形，但所有"羊"形都把握住了羊角朝下的特征。虽然"羊"字是通过描摹实物的形体创造出来，但作者的意图不在表现某只具象的羊，而是要将视觉符号与语意结合起来，让它代表"羊"这一事物类别。图 1-40 的羊群则是图画，作者捕捉并绘制了形态各异的"羊"，目的是要展现狩猎过程中各种兽类四散奔腾的鲜活场景，重点不在传达"羊"这种动物的种属概念，而在于再现某几只特定的"羊"在特定场景中的特别状态。

图 1-40　贺兰山岩画

可见，虽然早期书中有画、画中有书的情况比较常见，部分图画抽象简化后形成的符号被文字吸收也是有可能的。但文字的创造动机与图画不一样，人类在创造文字和创作图画时出于不同的目的，这决定了文字不可能来源于图画。

事实上，不同方式表达的背后是不同的思维模式。图画、音乐、舞蹈都可以用来表达意义。用文字表意是表意最充分也最容易普及和为人所掌握的一种。我们相信，在源头汉字被发明和相对普及后，通常情况下，它就成为人们表情达意、记录传达信息的首选。

以不识字的幼儿为例，很多小朋友喜欢边叙述边作画，他们并不讲究画作的精致和艺术感染力，往往会随着所述内容的变化调整绘画内容。因为他们并不是在进行艺术创作，而是在记录和表达。这些孩子一旦掌握了文字，大多数情况下便会舍弃"图说"转而"字述"。毕竟，文字的表意更加准确也更加便捷。我们一起来看看一个识字量尚少的学前班小朋友的作业记录，从中能发现一些有趣的"造字"思维。

图 1-41 中左图是小朋友的作业记录，右图是老师备课本上当天的作业计划。如果对这个小朋友的学习情况不了解，又没有"老师版"作业计划（右图）对照的话，估计我们很难解读出 3 月 9 日作业的具体要求。但这些由象形性符号、标志性符号和成熟文字组成的不能成句表达语义的"文献"就像文字诞生之初的样子吧：①包括数字和名物字在内的一些基础汉字已经第一批被创造出了；②这些零星的符号不能组成完整的句子，没有虚词，甚至动词也很少；③出现了象形性文字符号"指"和标志性文字符号"圈"。当然，如果把"圈"看成象形性文字符号也是可以的。

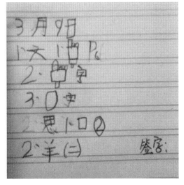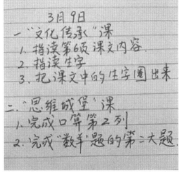

图 1-41　作业记录（左）与作业计划（右）

　　数千年前我们的祖先正处于文明的幼儿期，他们中的一些人发现了二维视觉符号在记录和传递信息方面的巨大潜能，开始尝试创造并使用它们。这个过程是艰难的，是创造—否定—再创造的不断调试。这个过程是漫长的，以千年计的岁月里，人们没有停止过对"造字"和"用字"的尝试。更多的记录在易腐材料上的"实验品"，今人无法再看到。只留下凿在石头上的、画在陶器上的、刻在兽骨上的少量遗迹，向后人展示祖先的智慧和执着。

3. 汉字源创

　　也许你会想知道，这些智慧而执着的祖先是谁呢？这个问题好像有点多余。是羲，是匋，是倩，是许许多多不知名的先民啊！没错，原始汉字来源于客观世界，华夏祖先在劳动和生活中创造出这些划时代的符号。但这些符号并没有共存于同一时空，而且从数量上看，它们也远不足以记录一种完整的语言。真正与语言结合起来，还差一个关键的环节，而推动这个关键环节的是一个（一些）关键人物。

　　从8000年前的贾湖文化存续的时期，到出现系统甲骨文的殷商时代，近5000年的时间里，除了传统的中原地区外，淮河流域的双墩文化、钱塘江流域和太湖流域的良渚文化都出现过数量较多、形体较稳定的文字性符号，但它们却没有进一步发展演化成一套成熟的文字系统。

　　量变和质变发生在距今3600年到3400年的一两百年间，地点是今河南省境内，以洛阳、郑州为中心，方圆三四百公里的区域内。在考古年代的划分上，这段时间属于商文化的中晚期。前面我们已了解到，正是在这一时期的二里岗文化类型，出现了与殷墟甲骨文字形非常接近的陶符、骨刻文字和陶器朱书文字。何崝《中国文字起源研究》（2011）对二里岗文字符号做过统计分类。

　　这个时期的文字性符号在字形上已经相对稳定，造型也与甲骨文很接近，且呈现出一定规律性。但总字数仅为167个，其中单字字形数约为120个。虽然当时实有的文字数量肯定超过这个数目，但考虑到百余年后的甲骨文单字数量达到四五千，我们认为仅靠普通民众随机地、零星地造字，是不可能有如此高效的成果的。比较符合逻辑的解释是，甲骨文是"批量生产"出来的。既然是"批量生产"，那么谁是生产者？他或者他们如何做到"批量生产"？为什么恰恰是在这个时期有了"批量生产"文字的需求？

需求永远是创造的动力。有意识主动创造文字的人，一定是对文字的需求最大的人。我们熟悉的三个主人公，羧、匐和侦，对文字需求最强烈的就是侦。一方面，文字能为他的占卜工作提供最大的便利，另一方面也是因为王命难违。

巫史造字在民间传说和古籍文献中多有记载。直到今天，不少地方还留存有与之相关的历史遗迹。除了我们熟知的黄帝之史官仓颉造字，《周礼·大行人》里记载：王每隔九年，就要命令史官把文字的使用情况了解清楚，命令乐师聆听语音的变化。可见对语言文字进行规范在某些历史时期是国家的一项行政事务。这启发我们从一个新的角度思考汉字的起源。我们也许可以分阶段来考察。第一个阶段是相对漫长的初始时期，这一时期长达数千年，我们称其为"原始积累"时期。积累既包括字符的积累，也包括用二维视觉符号助记和表意这种全新思维方式的积累。文字是约定俗成的符号，这意味着单个人发明的符号，如果得不到一群人的认可和使用，不变成一种集体的思维方式，是不能成为"活"文字的。从酝酿到完善再到在人群中的传播、理解和接受，这是思维方式的积累过程。最开始，可能只是在某一个阶层或者某一类人群中（比如巫师、史官、陶工），文字符号有被这个群体所共同接受的使用规则，产生并流传。但积累到一定程度，这种思维方式就会有更广泛的群众基础。受众的扩大，为汉字起源的第二个阶段"字符爆发"时期，做了先期准备。

伴随人类智力的发展，社会生产力和经济文化水平也日益发展。前者影响人类创造使用文字的能力，后者决定社会对文字的需求。

以良渚古城为例，这个新石器时代的古城，既有完整的城市建筑规划，同时兴建了许多大型水利工程。考古专家估算过古城的建设工程量，宫殿、城墙、外郭城，再加上外围水利工程，总土石方量达 1005 万立方米。根据这个工程量推算，如果参加建设的劳动力为 1 万人，劳动效率为每 3 人 1

天完成1方土的建设量，以每年农闲时间100天参与施工计算，古城的建设工期需要30年。完成这样浩大复杂的工程，如果没有助记符号工具，是难以想象的。而良渚复杂的宗教信仰和社会阶层，也需要文字性符号为媒介在人与神灵间传递信息。这些正是良渚文化文字性符号相对发达的原因。

当历史的车轮行进至商代中晚期，中国古代文明进入一个新时期。大量城市出现，农业、畜牧业、渔猎业都有了很大的发展。商代手工业发达，青铜制造业达到鼎盛，陶器生产已经专门化、行业化。手工业作品为贸易提供了大量商品。商代贸易兴盛，商部族精于贸易——这也正是后世把经营贸易的人称为商人的原因。文献记载，商代已经出现"肆"和"市"，为商品交易的专门场所。"贝"作为货币陪葬的现象，商代遗址和墓穴中屡见不鲜。商王朝的贸易主要由商王室控制，商代晚期，贸易达到空前规模，对文字产生了强烈的需求。

"万物皆有灵"是商人的宗教观。因此他们惯于以占卜的方式来获得神示。大到祭祀、征伐，小到天气、出行，生活中各种大大小小的事情商人都要占卜。对占卜结果的记录，也是推动汉字发展完善的重要因素。

至此，万事俱备。像仓颉一样的巫史们终于登上了历史舞台，他们肩负起"集中造字"的工作。激动人心的"字符爆发"期就此拉开序幕。已经被创造并流传使用的为数不多的一批基础汉字是"仓颉们"不算阔绰的家底，王朝对一套完整文字体系的需求于他们而言既是压力也是动力。当务之急是获得更多的文字符号。巫史们作为与文字接触最多的"专业人士"，凭借经验和智慧，找到了最具创意的造字方法。如果说"依类象形"创造出基础汉字，实现了文字符号零的突破，那么将这个"形"与人类语言之"声"相结合，确立下"形声相益"造字原则，就是导致汉字迅猛发展成熟的主要条件。这一伟大的创举究竟归功于谁，现在已经不得而知。这个人推动了汉字造字方法的完善，却没有在任何介质上留下他的姓名。但无论如何，汉字终于有了"批量生产"的高效方法。之后，辅助性标记法的发明，是汉字造字方法的进一步完善。

许慎在《说文解字·叙》中，对造字的过程记录如下：

"仓颉之初作书,盖依类象形,故谓之文。其后形声相益,即谓之字。文者,物象之本。字者,言孳乳而浸多也。著于竹帛谓之书,书者,如也。"

如果用现代汉语总结,我们将会这样描述汉字的起源:

中华民族的文字发源起始于距今 8000 年前。新石器时代的先祖们通过对实物或实物符号形体的描摹,用象形的构形方式创造出象形性文字符号和标志性文字符号。数千年中,这些原始的文字性符号,在中华大地不同的文化聚落被不断创造出来,帮助先民完成最基本的记录、传递信息的任务。这段时期产生的文字性符号形体不稳定,记录语言的能力也不强,我们可以称之为"原始汉字"。早期,"原始汉字"跟"原始图画"没有特别明显的分界,但在使用过程中,根据创作动机和目的的不同,人们逐渐将二者区分开来,原本"同源"的"书"和"画"就此分家。一批记录和标识功能最明确的汉字,最早有了比较稳定的字形,形义的结合也被固定下来。它们成为第一批相对成熟的基础汉字,包括数字和名物字等。商代中晚期,随着社会生产力和经济文化的发展,社会对文字的需求急剧增加。对已有文字符号进行规范和创造新的字符成为一项国家行政行为。由商朝巫师、史官为主的一群人承接了这份工作,他们发明"形声"(把语言音义转化为可视形体)造字法,使得字符数量在短期内得到爆发式增长。在距今 3500 年前后,在以当时商王城区域为中心的中原地区,汉字体系最终形成。

到这里,摸索文字的时光已流过了 4500 年,炎黄子孙终于完整地拥有了一套能记录自己语言的文字。汉字,这块华夏文化的瑰宝,从这个时候起,便被用来记录灿烂的中华文明,未来,我们还将用它创造更为辉煌的中华文化!

第二章

一片甲骨惊天下

　　甲骨文作为一种古老的文字，距今已 3000 多年，是商代后期 (公元前
14 世纪—前 11 世纪) 珍贵的历史文物。它是我国最早的成系统的文字，也
是世界上最早出现的古文字之一，象征着古老东方独有的文明。之所以叫
甲骨文，是因为这种古老的文字刻写在龟甲和兽骨之上。商代是一个对鬼
神无上尊崇的朝代，商王和贵族经常通过占卜决定国家大事，指导一切活动，
占卜后多是用刀子把所问之事刻在甲骨上，所以有学者又称"甲骨文"为"契
文""卜辞""甲骨刻辞"等。

　　然而，龟甲记录了神秘的预言，却未能参透自己的命运，甲骨文在商
代灭亡后便被深埋于泥土之下，3000 多年的时光，它们在一层层的文明中
埋藏得越来越深，直至清末才以古文字的身份再次惊艳现身。甲骨文的这
次现身，不仅刷新了中国历史，传承着民族文化基因，而且也使 3000 多年
的汉字变化有迹可循。那么，这些神秘而又古老的文字究竟源于何处？是
怎样被发现的？记录了哪些秘密？又是怎样记录这些秘密的？现在就让我
们走进甲骨文的神秘世界，共同探寻这些问题的答案。

一、甲骨文惊艳"现身"

　　商代晚期，商纣王失德，朝臣离心，民怨沸腾。公元前 1046 年，姬发 (周
武王) 率领周族人在商郊牧野与商纣王率领的大军决战。据《尚书·武成》
记载，这次战争中商军"前徒倒戈"，商纣王败逃商都，登上鹿台，披着镶
满宝玉的衣服，点火自焚而死，殷都就此成为一片废墟。商王朝"失国埋卜"，
甲骨文便被深埋于殷都废墟之下，不再为世人所知。在此后的几千年中，
这片土地不断改朝换代，其间虽然也有甲骨被挖出，但比起相伴而出的青
铜、珠玉等古器物，甲骨只被当作没什么价值的东西，被丢弃甚至被破坏。

　　到了清代末年，甲骨与古董商和金石学家结下"情缘"，人们才开始重视从地下挖出的甲骨。自从甲骨文被认定为商代文字后，甲骨的"身价"便开始飞涨。古董商们为了谋利，对甲骨的出土地秘而不宣，于是，探寻甲骨文之"家"的旅程又经历了一场波折。在最终得知甲骨的确切出土地后，政府便开始对甲骨进行大规模的科学挖掘，甲骨文这种古老文字的神秘面纱终于被揭开，失落 3000 多年的古代文明被唤醒，整个世界被震惊。

1. 千年甲骨遇"伯乐"

　　相传，清代末年北京城内有位金石学家叫王懿荣，他患了疟疾，便请太医进行医治。太医诊脉后开了处方，其中一味药是中医常用的"龙骨"。王懿荣家人到中药铺把药购回后，王懿荣打开药包，无意中发现药包中的龙骨上竟有神秘的刻画符号，王懿荣又惊又喜，甲骨文由此被发现。

　　事实上，这个传说是半真半假的。

　　"龙骨"确实是一味良药，中医常用它来治疗疾病。可什么是"龙骨"呢？它真是龙的骨头吗？当然不是。"龙骨"最初是农民在犁地时随土翻出的动物骨骼化石，这些骨头中有很大的肩胛骨，人们认为这不是普通牲畜的骨头，便把它们叫"龙骨"。但当时没人注意刻在上面的"花纹"，并不知这些奇怪骨头的神秘之处，只知"龙骨"可以治病，便纷纷挖掘，并以每斤六文的价格卖给药铺，药铺再将其研磨成粉状或碎块出售。因此，人们在药铺所见的药材"龙骨"，通常是已加工好的粉末、碎块，想通过买药发现甲骨文着实是有些困难的。那么这些刻画在"龙骨"上的古老文字究竟是怎样被发现的呢？

　　原来是 19 世纪末，一批古董商将这些带字的甲骨运到北京、天津等地贩卖，引起了金石学家王懿荣、王襄等人的注意。他们经过研究，认定甲骨上的符号是比大篆、籀文更早的文字，这才有了甲骨文这一古老文字的面世。

　　王懿荣（图 2-1），山东福山（今烟台市福山区）人，清代著名的金石学家，酷爱收藏古董。清光绪二十五年（1899 年），时任国子监祭酒（当时最高教

图 2-1　王懿荣像

育机构的负责人）的王懿荣发现了这些龙骨上刻的"花纹"，常年接触金石文字的他认为这并非随意的刮痕，而更像是一种有序编排的符号。但这些符号代表了什么呢？这引起了王懿荣极大的好奇，他通过对比自己收藏的古文字，初步判定这也是一种古老的文字，而且是一种比篆文和籀文更古老的文字。王懿荣由此成为甲骨学史上第一个鉴定并有意识收藏甲骨的人，被海内外学者尊为"甲骨文之父"。他判定甲骨上的文字是此前从未见过的古老文字，但这些文字到底有多古老？究竟是属于哪个时代？在当时不得而知。

为了获得答案，王懿荣开始大量购买甲骨，进行研究，仅 1899 年一年王懿荣就从古董商那里重金收购了 1500 多片甲骨。与此同时，在天津的王襄和孟定生也开始购买、收藏甲骨。后来，刘鹗、端方等人也收藏了很多甲骨，不少达官贵人和学者也竞相收购甲骨，甲骨文的身价增至"每字酬以价银二两五钱"。就这样，甲骨由入药的"龙骨"一跃成为万众瞩目的文化珍品。

这些刻有神秘文字的甲骨承载着一段文明记忆，而在探究这些遥远记忆的过程中，又有无数人物的悲欢离合成为新的记忆。就在甲骨文发现的第二年，八国联军入侵北京。王懿荣坚持抵抗，无奈寡不敌众，投井殉国，悲壮地结束了生命。王懿荣死后，他的次子王翰甫要变卖家中文物。刘鹗闻讯赶来，买走王懿荣所藏的大部分甲骨，成为第一个取得甲骨文研究成果的人。

刘鹗是江苏丹徒（今镇江）人，清末著名小说家，痴迷于收藏古董，喜好金石、碑帖、字画等。他在收购王懿荣所藏甲骨后，又通过各种途径搜集甲骨，前后共得 5000 多片。光绪二十九年九月（1903 年 10 月），他挑选了 1058 片甲骨拓印，集录成《铁云藏龟》一书（图 2-2）。可为什么叫《铁云藏龟》呢？"铁云"是什么？"龟"又是什么？原来，刘鹗字铁云，而刘鹗把自己收集的甲骨叫"龟版"，这一书名用我们今天的话说就是：刘铁云收藏的"龟版"。《铁云藏龟》是我国第一部甲骨文著作,是当时收集甲骨文最多的一部书,刘鹗成为第一个把甲骨上的文字收录于书并公之于世的人。而且,刘鹗在这本书的自序中提出甲骨文是"殷人刀笔文字",第一次将甲骨文确定为商朝遗物,这一观点在之后的研究中逐渐被证实。

图 2-2　刘鹗像与《铁云藏龟》

甲骨文的发现结束了甲骨的"药材"时期,让甲骨的真正价值得以发掘,也让尘封于历史长河的商周记忆重焕光彩。甲骨文记载的历史可以印证一些传世文献的内容。如,司马迁的《史记》是中国历史上第一部纪传体通史,但史学界曾一度对《史记》所记载的历史的真实性有所怀疑。著名学者王国维在研究甲骨文时,无意间发现甲骨片上记载的商公、商王的排列顺序与《史记·殷本纪》一书的记载基本一致,这证明了《史记》并非"瞎编",其中记载的商代历史虽有错漏,但基本可靠,是一部可以放心使用的史书。王国维这种把传世文献与出土文献互相印证的研究方法(简称"二重证据法")备受推崇,在学术界广为流传。

2. 追踪甲骨文之"家"

清代末年,甲骨已成为价格不菲的珍品,为了囤积居奇、牟取暴利,古董商谎称甲骨是在河南汤阴羑里、朝歌、卫辉等地出土,对其真正的出土地严加保密。受此影响,刘鹗在《铁云藏龟》的自序中也认为甲骨文的出土地为河南汤阴,但也有人怀疑,还有人亲赴汤阴而并未找到甲骨,因而甲骨文出土地在当时是一大谜团。

想要揭开这一谜团，我们就要介绍甲骨学史上另一位有名的学者——罗振玉。

罗振玉，号雪堂，浙江上虞人，是当时的金石学家，擅长考古学、文物鉴定和金石文字。他是继王懿荣、刘鹗之后，又一位在甲骨文搜集和流传方面作了许多贡献的学者。1901 年，刘鹗将甲骨文拓本带到江南，罗振玉在刘鹗家第一次见到这些甲骨文字，惊诧这是"自东汉许慎以来未见之奇宝"，提议让刘鹗编印《铁云藏龟》并为这本书写了序文。此后，罗振玉对甲骨文愈发感兴趣，先后搜购甲骨过万片，并多次派人查询甲骨来源。为了证明甲骨出土地的真伪，他亲自去河南汤阴考察。在甲骨文发现十年后的 1908 年，他终于从一名古董商嘴中得知甲骨真正的出土地——河南安阳小屯村。这个村子到底有何神奇之处？为何能在这里发现如此多的甲骨？原来，安阳是在秦大一统后才更定的名字，而它在更为古老的商代叫做殷，是商朝后期的都城。一切真相大白，隐藏于甲骨背后曾经失落的殷商文明初露端倪。

公元前 14 世纪左右，商朝出现一位杰出的国王——盘庚，他带领臣民开始一次宏大的迁都之旅，西渡黄河来到安阳小屯一带，这就是我们所熟知的"盘庚迁殷"。此次迁都后，殷城的规模不断扩大，宫殿愈发宏伟，殷成为商朝政治、经济中心。商朝政局稳定，逐渐发展强盛，在此共传 8 代 12 王，历时 273 年之久，后人将这段时期称为"殷商"。其间，商代的文化愈发繁荣，占卜文化就是其中重要的一环，崇尚鬼神的殷人在占卜中催生了甲骨文，甲骨文又反过来记录了这段文明。直至公元前 1046 年，武王伐纣，灭掉商朝，曾经繁华的殷都被摧毁，成为一片废墟，一切灰飞烟灭。在春秋战国时期，这里曾因地势平坦被视为理想的诸侯会盟之所，有两位叱咤风云的人物曾在这里盟誓。据《史记·项羽本纪》中记载，项羽在漳水之南大败秦军，秦将章邯请求议盟，项羽便与他约定在"洹水南殷虚上"。此后，这里或被辟为农田，或被征为墓地，在历史的长河之中销声匿迹，再不为人所闻。直到清末，甲骨文出土，作为甲骨的出土地，这个小小村落的名声再次显赫起来（图 2-3 ）。

图 2-3 殷墟遗址

　　得知甲骨的出土地后，罗振玉派人前去小屯调查并收集甲骨，这一过程也让他们更加确定安阳小屯就是甲骨之"家"。1911 年，他派弟弟罗振常等到小屯找当地农民收购甲骨。罗振玉嘱咐他们要"兼收并蓄""骨屑不遗"，尽可能多地收集甲骨。在他们收购甲骨的过程中还发生了不少趣事。据说有位村民家中藏有一片"甲骨之王"待价而沽，这片甲骨长 22.5 厘米，宽 19 厘米，上面刻有百余字，字迹清晰。罗振常等人为了购买这片"甲骨之王"和村民"斗智斗勇"，在不断加价后，这户人家依然不想出售，他们见状便使出一招"欲擒故纵"，假装要离开。最后，这户人家在秘密商讨后，终于决定用他们想买的一块地的价格作为这片甲骨的价格，售出了这片"甲骨之王"（图 2-4 ）。

欲擒故纵，佯装放弃"甲骨之王"　　　　　　全家开会，秘密商讨定其价

图 2-4　智购"甲骨之王"

　　就这样，罗振玉得到了更多的甲骨，并从中选出 3000 多片制成拓本，编成《殷虚书契前编》二十卷。1915 年，罗振玉又亲自去小屯村调查并收购甲骨，通过调查，罗振玉确证了十多个商代晚期的帝王庙号，断定甲骨文是商代晚期王室占卜留下的文物，也开启了用甲骨文资料研究商代历史的先河。此后，他又反复研究，精选甲骨拓片，编印了《殷墟古器物图录》，为甲骨文的搜集、拓印和流传作出了巨大的贡献。罗振玉总共搜集了三万多片甲骨，在他死后，这些甲骨都散佚了，直到新中国成立后才由山东文管会等重新找回。

3. 河南殷墟的甲骨文

　　甲骨文出土地的确定，开启了甲骨文的"私人挖掘时期"，这期间共挖出了甲骨 10 多万片，有不少甲骨被卖到国外。私人挖掘并非科学的考古挖掘，伴随甲骨出土的其他遗物以及甲骨的出土环境等科学信息都遭到破坏。为改变这一现状，从 1928 年开始，中央研究院历史语言研究所（简称"中研院史语所"）利用现代考古技术，在殷墟组织大规模科学发掘工作，为殷商考古学研究开创先河。直到 1937 年抗日战争全面爆发，考古挖掘工作被迫暂停。新中国成立后，挖掘工作得以继续进行，并掀起了甲骨挖掘的又一次高潮。目前所发现殷墟带字甲骨的数量，已有 16 万片之多。接下来我们就跟随考古队，了解殷墟甲骨文发掘过程中不可不知的三次重要发掘。

殷墟重要发掘之一——1936 年 YH127 甲骨坑的发掘

1928 年 10 月到 1937 年 6 月，中研院史语所对殷墟进行了 15 次发掘，取得了辉煌的成绩。这期间总共获得有字甲骨 24922 片。此外，还发现了殷王陵、宫殿宗庙基址等多处重要殷商遗迹，并出土了大批精美铜器、玉器、象牙、白陶等珍贵文物，可谓琳琅满目。

最值得一提的是，在殷墟第十三次发掘时，发现了一座巨型甲骨窖穴——YH127。这个甲骨窖穴位于小屯村北，里面共有 17096 片带字甲骨，占殷墟发掘出土甲骨总量的一半以上，其中完整甲骨将近 300 片，是殷墟甲骨发掘史上发现甲骨最多的一次，堪称奇迹。

河南 6 月份的天气已经十分炎热了，1936 年 6 月 20 日这天，就在考古队决定结束这次挖掘，并进行收尾工作时，突然发现一整坑甲骨。圆形坑上还有一个蜷缩的人架，躯体大部分压在龟甲之上，只有头和上躯在甲骨坑以外。这些甲骨究竟是出于什么目的而集中存放的呢？是商代的档案库，还是不为人知的集中埋藏？甲骨的整窖埋藏引起考古学家们的巨大兴趣，他们对这一发现惊喜不已，很快这一消息也引起社会各界的轰动。

学者们经过研究，认为商代人有"龟藏则不灵"一说，用于占卜的龟甲不能长期使用，所以进行集中埋藏的原因，很可能是有意抛弃，而甲骨坑上的人架则很可能就是整治这些甲骨的巫师。在这个坑内，人们有很多全新的发现，如，发现了带有毛笔书写字迹的甲骨以及涂朱、涂墨的甲骨。甲骨文中就有"笔"字和"册"字，分别写作 𦘒 和 𠕋，很显然，甲骨文中的"笔"字像手持毛笔书写的样子，"册"字则像用线串起来的一排竹简。《尚书》中也曾记载："惟殷先人，有典有册。"据此可以推测，在殷商时代就已有毛笔和简册了，但由于竹简易腐烂，年代又太过久远，至今都没有发现商代竹简。这次甲骨坑内集中出土的几版墨书甲骨，证明了这一推测的正确性，也便于学者对当时的毛笔书写情况进行观察研究。至于涂朱、涂墨，是指殷人在甲骨上刻字后还涂以朱或墨的特殊现象，但究竟为何如此，至今未有满意的答案。

殷墟重要发掘之二——1973 年小屯南地甲骨的发掘

新中国成立后，为防止珍贵文物的盗挖和外流，国家颁布了一系列政策法令，并拨款专门用于考古发掘和文物保护工作。1950 年，中国科学院专门设立考古研究所，并派考古发掘团前往安阳，开展大规模科学发掘工作，中断了 13 年的殷墟考古工作得以继续进行。

其中，小屯南地甲骨的发掘是二十世纪七十年代最值得一提的发掘，也是甲骨发掘中的又一次重大发现。1972 年 12 月，农民张元五在小屯村南的公路边取土时偶然发现了甲骨，便交给安阳考古工作队，于是考古队在 1973 年前往小屯村南，先后进行了两次发掘，共发现甲骨 5041 片，其中有字的甲骨多达 4589 片。这是继 YH127 坑甲骨大发现之后第二次大批发现的甲骨，也是新中国成立后在安阳殷墟发现甲骨最多的一次。这批甲骨记录的内容十分丰富，很多现象是以往甲骨文所未见的，更可贵的是，它们都有明确的地层关系，为甲骨的分期断代提供了宝贵证据。小屯南地甲骨的发掘被评为新中国成立后"考古十大发现"之一。

殷墟重要发掘之三——1991 年 H3 甲骨坑的发掘

在 1986 年到 2004 年中，中国社会科学院考古研究所安阳工作队在殷墟小屯村中村南进行多次发掘。在这期间，甲骨发掘又迎来了继 YH127 坑、小屯南地甲骨之后的第三次重大发现——H3 甲骨窖穴的发掘。

1991 年 10 月，中国社会科学院考古研究所安阳工作队在殷墟花园庄东地惊喜地发现了一座甲骨坑，它就是 H3 甲骨窖穴。这是一个长方形窖穴，里面共有甲骨 1583 片，其中有字甲骨 689 片。考古队借鉴之前的处理方法，将整坑甲骨连土挖掘，装在箱子中，运回考古工作站进行室内清理。在这个坑内，甲骨摆放层次分明，共分四层。据推测，这个坑可能是专门为了埋藏甲骨而挖，属于有意埋藏的甲骨窖穴。此外，这批甲骨涉及的内容丰富，其中刻有刻辞且刻辞较全的就有 300 多版，还有很多大版龟甲，上面的刻字规范，工整秀丽。

殷墟甲骨的发掘工作可谓收获满满，3000 多年前古老文字的"封印"被一层层剥落，重新焕发出夺目的光彩。这一次次甲骨发掘工作推动甲骨文的研究不断深入，促成了甲骨学这门新学科的创立和发展。

甲骨文作为我国最早的有系统的文字，是中华民族优秀的文化艺术瑰宝。小小的一片甲骨，翻动了中国的历史，唤醒了曾失落3000多年的古代文明，蕴含着丰富的历史文化信息，使得中华民族的文脉得以进一步生发、延展。正如习近平总书记所说："中国字是中国文化传承的标志。殷墟甲骨文距离现在3000多年，3000多年来，汉字结构没有变，这种传承是真正的中华基因。"甲骨文是中华民族古老的文化基因，甲骨文的发现有利于研究商代历史、了解中国文化，具有非常重要的价值。

二、认识甲骨文

《礼记》中记载："殷人尊神，率民以事神，先鬼而后礼。"占卜贯通于商代整个社会，极度崇尚鬼神的商人，希望通过占卜的方式，达到人神之间的沟通，而用甲骨占卜并刻卜辞，则是商朝王室和贵族的特权。甲骨文是殷人刻写在龟甲和兽骨上的占卜记录，是在商王及贵族与鬼神互通的"信件"上留下的古老契刻，透露着先民造字的玄妙。具有两维空间的方块汉字，将古人所拥有的智慧发挥得淋漓尽致，永久地传承着中华文明的记忆。

谜一样的商代都城，谜一样的龟甲文字，它们为谁而刻？又由谁而刻？这些刻满文字的甲骨究竟该如何破译？甲骨文作为迄今为止中国最早的文字系统，是一种单纯的象形文字，还是兼有其他构造？是一字一音，还是只能意会不能言传？这一个个谜团需要我们一步步解开。

1. 整甲治骨，制人神之媒介

从商代遗留下的物质文化看，商代是一个鬼神观念很强的时代，商王要通过占卜来指导一切活动，商代王室占卜的仪式自然也非常隆重。占卜的仪式中，有专门管理占卜的人，所有用来占卜的甲骨都要事先经过严格而神秘的处理，对甲骨进行特殊加工制作的这一过程也叫"甲骨卜前的整治"，是占卜的准备阶段。商王和贵族用来占卜的龟甲和兽骨，主要是龟腹甲和牛肩胛骨，也有少量龟背甲及羊、鹿、猪等的肩胛骨。此外，商代甲骨中还存在少数不具占卜性质，只是记录某件事情的记事刻辞，这些刻辞偶见于人头骨、牛头骨、鹿头骨、虎肋骨、象骨等。

　　整治的过程包括取材、削锯与刮磨、制作凿钻等工序。经过整治的甲骨才能进行下一步施灼、呈兆等占卜工作。整治过的甲骨不一定全用于占卜，用于占卜的才是我们通常所说的"卜甲""卜骨"；而经过整治但未用于占卜的甲骨，只能称为"骨料"。据古籍记载和殷墟出土的实物推测，殷人整治甲骨大致有如下三个步骤：

取材

　　收取龟、骨等占卜用材料，剔肉留骨，清洗干净。

　　占卜用的甲骨材料，除安阳当地所产之外，还有各地进献的。据《周礼》记载，占卜用龟多在秋天由南方进贡而来。在取材的过程中设有专门的"龟人"，负责取龟、杀龟。《周礼·春官》记录龟人的职责是"取龟用秋时，攻龟用春时"。"取龟"就是抓龟，因为万物秋成，这时的龟最

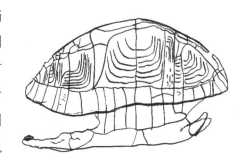

图 2-5　龟甲空壳

适于占卜之用；"攻龟"就是杀龟，春天将龟杀死，将乌龟的头、脚、内脏、血肉剔除干净，使之成为龟甲空壳（图 2-5）。《周礼·春官》又有"上春衅龟，祭祀先卜"的记载，其中的"衅"是杀牲用血祭之，即在"攻龟"之前还要举行祭祀仪式，祭祀以后，才可以把龟杀死。最后，由专人把这些空龟壳贮藏起来，以备再进行削锯、刮磨等工序。

　　在殷墟科学发掘过程中就曾发现储藏龟料的地方，里面有大小不一的数百只腹背完整的龟甲，这些应该就是在春天"攻龟"后留下的骨料。至于牛胛骨原料，在考古发掘中也发现了专门的存贮场所。这些都可以说明当时整治甲骨中收取龟、骨材料并进行清理是重要的一步，并有专门场所集中收藏这些清理干净的骨料。

削锯与刮磨

清理后的龟甲和兽骨还要削锯、刮磨，使之平整，便于钻凿和刻辞。

龟壳的削锯首先是从背甲与腹甲的连接处（即"甲桥"）锯开，修整外缘，使之成平整的片状。占卜多用龟腹甲，但有时也用背甲，背甲较大的，则需从中脊锯开，使之一分为二。在第13次殷墟科学发掘时，发现一种"改制背甲"（图2-6），是在剖开龟背甲后，又锯去中脊凸凹较大的部分和首尾两端，形成鞋底形，有的中间还有圆孔，其作用是便于穿绳保存。削锯后再通过刮磨使龟甲平直，刮磨时先要刮去龟甲表面的鳞片，并将下面留有的裂纹刮平，以便于见兆和刻辞；然后再刮磨龟甲正反面不平的地方，使之厚薄均匀，表面平滑光润。锯磨好的卜甲各部分都有术语，甲与甲接合处叫"齿纹"，龟版的碎裂，往往都在有齿纹的地方。龟腹甲中间的一条纹路叫"千里路"，两边各分左右，龟腹甲以齿纹为界各部位的名称如图2-7。

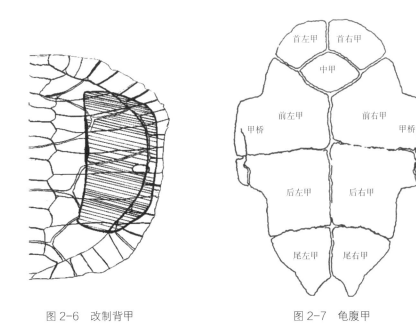

图2-6　改制背甲　　　　　　　　　　　　图2-7　龟腹甲

殷人所用卜骨，大多数是牛肩胛骨，它的结构比较简单，主要分骨臼（关节窝）、茎块、骨脊、骨面四部分。在削锯过程中要锯去茎块，削平骨脊，软骨及骨内所含的脂肪也要脱去。然后将骨臼部分锯去一半或1/3，再将突出的臼角向下向外切去，成为90°角的缺口。最后将骨脊削平，刮磨平滑。这样处理后的肩胛骨就像一把扇子，所以也俗称"扇子骨"。我们通常将无骨脊的一面称为正面，有骨脊并施以凿、钻的一面称为反面；胛骨正面右边切去臼角的是右胛骨，反之为左胛骨。卜骨各部位名称如图2-8。

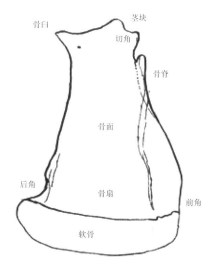

图2-8　兽肩胛骨

制作凿钻

在甲骨背面进行凿钻，以便占卜烧灼甲骨时在正面呈现兆纹。

制作凿钻是为了占卜时在钻处灼烧，呈现兆纹，而兆纹是判断吉凶的根据。钻，是指在甲骨背面钻出圆形的凹槽。凿，是指在钻孔的一侧凿出枣核形或长方形的凹槽。（图2-9）《荀子·王制》称："钻龟陈卦。"《韩非子·饰邪》说："凿龟数策。"这些都说明，在占卜前，还要对龟壳进行凿、钻处理。学者们研究发现甲骨进行烧灼之处一定是先凿后钻，只凿不钻和只钻不凿的都很少。

图2-9　甲骨凿钻

凿、钻一般以龟甲反面的"千里路"为轴，左右对称地错落分布（图2-10），先凿后钻，整齐有序，均不穿透正面。先凿一枣核形，两尖头连接刻成一直线；

再在凿旁施一圆钻，钻底较平。通常腹甲的钻凿是相对的，即左右两半，钻、凿数目相等，左边的钻凿一般是凿在左，钻在右，右边相反，但也有少数钻、凿分布不对称的；牛胛骨背面的凿、钻，多在卜骨外缘较厚处的一侧，左胛骨的反面，钻在凿之右，右胛骨反之。每版甲骨的钻凿数量不定，少者几个，多者几十乃至一二百。

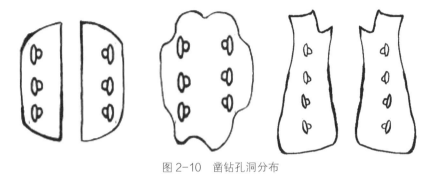

图 2-10　凿钻孔洞分布

甲骨经过取材、削锯与刮磨、制作凿钻等工序后，就算整治完毕，可供占卜之用。整治后的甲骨成品，由管理占卜的人保管，保管者还要刻上名字，这种签字叫作"署辞"。

2. 占卜刻写，通神灵之意旨

整治后的甲骨就可以用来占卜了。商代占卜的过程究竟是怎样进行的呢？我们结合先秦古籍中有关古代占卜用龟的记载，以及出土的甲骨实物，可以大致还原出商代占卜的过程。简单来说，是首先拿出整治好的甲骨，施灼呈兆，判断吉凶，然后把所问之事契刻（或书写）在甲骨上。但实际操作中却有很多细节。

《周礼·春官》就有关于烧灼甲骨以占卜的记载，如"菙氏掌共燋契，以待卜事"，就是烧灼甲骨用于占卜。其中"燋"现在叫"炭"，采来的散木是樵，火烧而焦是"燋"，"炭"即"燋"的异名。又有"凡卜事视高，扬火以作龟，致其墨"，其中"扬火作龟"，即用炭火烧灼甲骨背面。可见，在占卜时，卜者燃烧荆枝，吹成炽炭，直接灼于钻凿好的甲骨背面。出土的甲骨虽经 3000 多年的掩埋，但甲骨上这些烧灼的痕迹仍清晰可见，且能看出烧灼之处火力非常集中：有钻凿的甲骨，炭火集中在钻处烧灼；有凿无钻的，炭火在凿旁靠近中缝一侧烧灼。因钻凿处比其他部分薄，烧灼时甲骨受热，各处厚薄不同而冷热不均，钻凿处率先爆裂，使甲骨的正面呈现出"卜"字形的裂痕（图 2-11）。甲骨文中的"卜"字就是由此象形而来，"卜"字的读音也是描摹甲骨受热爆裂时发出的声音。此外，在灼龟时，占卜的人要一边祷祝，一边述说所要占卜的事。

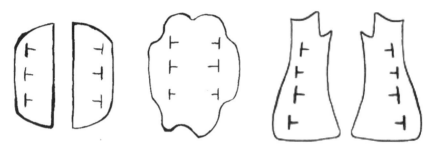

图 2-11　烧灼裂纹

烧灼完龟甲后，因灼处总紧挨凿旁，甲骨正面必显出"卜"字形裂痕也就是兆象，称为"兆"，其中竖纹叫"兆干"，横纹叫"兆枝"（或称"坼"），占卜者要据此判断吉凶。至于什么样的兆象为吉、什么样的兆象为凶，解释兆象的确切方法如今已无从得知。但甲与骨的卜兆大致都有一定的方向，其原则是：龟甲以中缝或中脊为标准，无论腹甲或背甲，左甲或右甲，兆枝一律朝向中脊；胛骨的兆枝一律向有脊骨（骨臼切口）的一边。甲骨上兆枝的走向，在殷墟出土的卜甲、卜骨中已成定制，但胛骨的卜兆方向不如龟甲的严谨，存在例外。

值得一提的是甲骨文中的"贞人"问题，这一问题最早由考古学家董作宾发现。"贞"字本义为占卜、卜问，甲骨文中写作"𝍖"，曾一度被认为是一种与祭祀方法相关的特殊名称。但董作宾研究发现，有时甲骨文中"贞"字后面的文辞完全一样，但其前面的字会时常变化，这种变化跟卜兆无关。董作宾据此判断"贞"之前的字应是具体占卜的人名，它跟"贞"字一起出现，便称其为"贞人"。董作宾的"贞人"说是一个重大发现，在甲骨学史上具有划时代意义。学者们在已出土的甲骨中发现了 128 位贞人的名字，并通过对贞人的研究，考证出这 128 位贞人存在于 200 多年的时间里，由此证明《史记》中关于盘庚迁都后，商王朝存续时间的正确性。通过这些贞人，也让 3000 年后的人们认识了这个藏于时间背后的伟大时代。

甲骨呈现卜兆后，卜问过程就结束了，但还要把卜问的相关内容刻写在甲骨上，这就是我们常说的"卜辞"。卜甲和卜骨上的文字多是契刻而成，刘鹗在《铁云藏龟》的序中就称甲骨文为"殷人刀笔文字"，学者们也称其为"契文"或"骨刻文"。但当时刻写文字所用的工具是什么呢？学者们在安阳殷墟考古发掘的遗物中找到答案：青铜刀、青铜锥和玉刀。青铜刀可供契刻甲骨文字之用，青铜锥可刻画细线。在安阳出土了与现在刻字所用的小刀很像的小铜刀、小铜锥，还有铸造精致的立鸟形铜刻刀等；而出土的碧玉刻刀，应是模仿当时实用刻刀而做，至今依然锋利。这些大概就是殷人契刻文字的工具（图 2-12）。不过普通玉料较脆，刀刃锋利极易折断，难以掌握，且其磨制加工较青铜刀的铸造难度大。在铸铜技术发达、用青铜刀刻字的条件已完全具备的情况下，玉刀虽有使用，但并非主要的刻字工具。

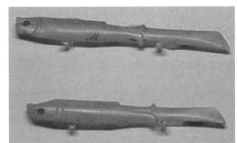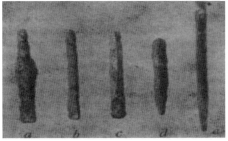

图 2-12　甲骨文刻刀

施灼问卜并将卜辞契刻在甲骨上以后，占卜就彻底结束了，卜用后的甲骨就可以进行入档等处理，甲尾刻辞中的"某入"即是说明甲骨入档情况的。这些甲骨文字让人们了解了一个久远的年代，但应注意的是甲骨上的刻写并非当时唯一的书写方式，而是一种很罕见、特殊的书写方式，商代主要的书写工具应是毛笔和简册。

3. 排行布版，明甲骨之体例

要想读懂甲骨上刻写的神秘占卜活动的内容，首先要知道卜辞的体例。殷人占卜有一定的程序，其刻写卜辞也有一套固定不变的格式或体例。只有了解这些甲骨文的辞例，我们才能通读甲骨上的文字。这套固定不变的格式或体例通常是：

某某日卜，某史官（有时是殷王自己）贞问，要做某事，是吉？是不吉？某月。

如果日后应验了，还要把应验情况补刻上去。所以，一条完整的卜辞，常由以下四个部分组成——前辞（也称叙辞或述辞）、命辞（也称贞辞）、占辞、验辞，这四部分多对称分布于甲骨之上（图2-13），其在甲骨上的大体位置及所叙述的主要内容见表2-1。

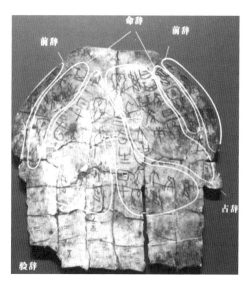

图 2-13　卜辞体例

表 2-1　卜辞的组成及所叙述的内容

卜辞组成	卜辞叙述的内容
前辞	记录占卜时间、地点和占卜者
命辞	命龟之辞，记录要贞问的具体事情
占辞	根据兆纹所呈现的占卜结果进行吉凶判断
验辞	记录占卜过后的应验情况

值得注意的是，前辞中占卜时间是用天干、地支记录的，命辞中贞问的具体事情往往是从正面、反面各贞问一次，即"正贞""反贞"。并不是每条卜辞都包含这四部分，很多卜辞只有其中的几部分，较常见的是只有前

辞和命辞，有的甚至只有其中一部分。此外，殷人有时用几块不同的甲骨贞问同一件事，将卜辞分别刻在几块不同的甲骨上，但内容都相同，称为"成套卜辞"。

了解卜辞体例后，还需要知道甲骨文是按照什么顺序书写的，这直接决定我们以什么顺序释读卜辞。中国人传统的书写体例，一般是"自上而下、自右而左"（即"下行而左"）的直书，今天的一些书法等艺术作品中仍保留直书的传统，这个传统其实可以追溯到殷商时代。但在刻写卜辞时，这种体例完全被打破了，改为"下行而左"与"下行而右"相对称的书写方法（图2-14）。卜辞的这种特殊的文例，不是为了书写的便利，而是与占卜所得的卜兆相关。

图2-14 卜辞版式

卜兆一般左右对称，因此刻在卜兆旁边的卜辞，就向内对称，迎着卜兆的方向刻辞。如龟腹甲卜兆内向对称，右半甲卜兆向左，卜辞右行；左半甲卜兆向右，卜辞则左行。龟背甲虽一剖为二，其卜兆、卜辞的情况与腹甲同。迎着卜兆方向刻辞，叫"迎兆刻辞"。但龟甲首尾及左右两桥边缘上的卜辞，大都由外向内，即在右者左行，在左者右行，与前例相反，是顺着卜兆方向刻辞的，叫"顺兆刻辞"。若是牛胛骨，右骨的卜兆向右，卜辞左行，左骨的卜兆向左，卜辞右行；唯近骨臼的一端，刻辞左右行，也相对称，不拘前例。但这都是就大体而言的，无论龟甲、牛骨，卜辞的刻写都有例外。

我们列举《甲骨文合集》中收录的两条卜辞，这两条卜辞分别是占卜有无灾祸和生育情况的较为典型的例子，且是较为罕见的前辞、命辞、占辞、验辞四部分都齐备的卜辞。通过通读卜辞，可以进一步体会卜辞的文例和卜辞体例各部分的作用。

《甲骨文合集》137号正面甲骨（图2-15，表2-2）中间部分的卜辞为："癸丑卜，争，贞：旬亡祸？王固（zhān）曰：(有)祟有梦。甲寅允有来艰，左告曰：有往刍自益，十人又二。"

137 正

图 2-15

注：本章甲骨文图片若无单独说明，均出自
《甲骨文合集》，图下编号为具体甲骨片号

表 2-2 137 号正面甲骨卜辞释文及译文

卜辞组成	卜辞释文	卜辞译文
前辞	癸丑卜，争	癸丑日占卜，贞人为争
命辞	贞：旬亡祸？	卜问："下一个十天之内没有灾祸吧？"
占辞	王固曰：(有)祟有梦。	商王观察卜兆后推断："一定会有灾祸，一定会有噩梦。"
验辞	甲寅允有来艰，左告曰：有往刍自益，十人又二。	占卜之后的甲寅日，果然发生了不好的事情。诸侯左报告说："从'益'地逃跑了十二个畜牧的奴隶。"

《甲骨文合集》14002 正（图 2-16，表 2-3）中有两条卜辞，一条前、命、占、验四部分都具备，一条只具有前、命、验三部分，这两条卜辞分别是从正面和反面贞问妇好分娩一事，即对同一事件的"正贞"和"反贞"。

14002 正

图 2-16

右半边"正贞"卜辞："甲申卜，㱿（què），贞：妇好娩，嘉？王固曰：其隹丁娩，嘉。其隹庚娩，引吉。三旬又一日，甲寅，娩，不嘉。隹女。"同片甲骨左半边"反贞"卜辞："甲申卜，㱿，贞：妇好娩，不其嘉？三旬又一日，甲寅，娩，允不嘉。隹女。"

表 2-3　14002 号正面甲骨卜辞释文及译文

右半边卜辞组成	卜辞释文	卜辞译文	左半边卜辞组成	卜辞释文	卜辞译文
前辞	甲申卜，㱿	甲申日占卜，贞人㱿	前辞	甲申卜，㱿	甲申日占卜，贞人㱿
命辞	贞：妇好娩，嘉？	卜问："妇好要分娩了，会生男孩吗？"	命辞	贞：妇好娩，不其嘉？	卜问："妇好要分娩了，不会生男孩吗？"
占辞	王固曰：其隹丁娩，嘉。其隹庚娩，引吉。	商王观察卜兆后推断："若是在丁日分娩，则会生儿子。若是在庚日分娩，则会非常吉利。"			
验辞	三旬又一日，甲寅，娩，不嘉。隹女。	占卜后过了三十一天，甲寅日，妇好分娩，不好，生下了女儿。	验辞	三旬又一日，甲寅，娩，允不嘉。隹女。	占卜后过了三十一天，甲寅日，妇好分娩，果然不好，生下了女儿。

此外，还有非占卜性的刻辞。如《甲骨文合集》14294（图 2-17）："东方曰析，风曰劦。南方曰夷，风曰岂。（西）方曰夷，风曰彝。（北方曰）勹，风曰役。"这段刻写于牛肩胛骨上的文字的内容很好理解，记录了当时东、南、西、北四个方位的神名和风名。在古代，大风的破坏性很强，殷人认为不同方位都有神灵，不同的风也都有神力，他们为不同的风命名，也会占卜风是否会造成破坏。由此也可见商代对鬼神的崇拜，万物皆有神灵，事事都要占卜。

14294

图 2-17

4. 认字识词，解甲骨之密码

　　了解了卜辞辞例后，就可以按照辞例，一字一句地释读甲骨文了。最新统计，甲骨文大约有 4400 个单字，可识字已超 1/3。学者们发现殷墟出土的甲骨文字不但能完整地记录语言，而且它们脱离原始文字阶段、进入成熟已有一段时间，是我国目前所知最早的成系统的汉字资料。甲骨文不仅具备象形、指事、会意、形声等基本结构，还存在假借、转注等用字方法，可以表达复杂的概念，记录完整的语言；甲骨文的词性包括名词、动词、代词等，各种词性几乎都已齐备。

文字具有符号性，若把每个事物的特征都反映出来，是需要一系列表现形式和一整套的构形思路的。而甲骨文作为较为成熟的符号体系，对它的考释和认读便存在一定的规律和方法。

形体分析法

甲骨文本身的图形性，决定了它需要两维度组合来表达，逐渐发展成方块字。上文提到甲骨文的四种结构方式是象形、指事、会意、形声，结合这一符号体系的特点，根据形体推求意义，就可以认识很多甲骨文。

象形字直接反映客观事物的形体，只要将其形体与客观事物相联系即可推求出其大概意义。如"牛"字甲骨文作"ψ""ψ"，都凸显牛角上指的形象；而甲骨文中的"羊"字作"ψ""ψ"，凸显的则是羊角向下弯曲的形态，与牛角的形象不同；"犬"作"ʓ"，是狗尾巴翘起来的形象，"猪"作"ʓ"，是猪的尾巴下垂形象。

指事字是借助象征性符号表示意义而造的字，一些事物无法用描摹的方法直接反映形象，要借助一些指示性的符号来表达。如，"ӂ"为甲骨文中的"木"字，若表达"树的末梢"义，要在树木形象的基础上突出其上部枝干的末梢，在其上部枝干处加两笔，提示所要表达的部分是树枝末梢，写作"ӂ"。同理，甲骨文中表"腋窝"义的"亦"，写作"ʎ"，是在一个正面站立的人形的腋窝处点两点，指出这一部位，表"腋窝"义；"刃"字甲骨文作"ʄ"，沿"刀"字的刀刃部位加一条曲线，指出所要表示的"刀刃"义。

单纯的象形和指事依然不足以表现复杂的事物，这时可以通过意义的组合、意义和声音的组合表达更抽象的概念或与活动相关的意义。对组合而成的字要先将字分为若干偏旁部件，然后研究部件间的关系，从而认识全字。古文字学家唐兰先生就由ʓ（斤）这一形体入手而认识了甲骨文ʓ（新）、ʓ（兵）、ʓ（折）、ʓ（圻 yín）、ʓ（忻 xīn）、ʓ（圻 yín）等20多个甲骨文字。

会意字是利用已有之字，据事理加以组合而造的字。如"即"字甲骨文作"ʓ"，由一个盛饭的器皿和一个面向器皿跪坐着的人形组成，表示一个人向着器皿吃饭，由此表现"就食"义，这是"即"的本义；而"既"字甲骨文作"𝕼"，由一个盛饭的器皿和一个背向器皿、吃饱后张着大口跪坐着的人形组成，表示一个人已经吃完饭，由此表现"尽食"义；"监"字甲骨文作"𝕺"，由一个盛满水的器皿和一个低头看向满是水的器皿的人形组成，表示一个人通过器皿的水照镜子，由此表现"观察照看"义。

汉字中"声符"要素的加入，进一步丰富了汉字的区别手段，使得语言无论有怎样的需要，都可以用文字表达出来。不管是实词还是虚词，都可以用相应的汉字表达。形声字的出现进一步完善了汉字的系统性。如"盂"是古代盛汤浆或饭食的圆口器皿，甲骨文作"𝕺"，由"于""皿"组成，从"皿"，表示一种器皿，"于"表声；"榆"是落叶乔木，甲骨文作"𝕺"，由"木""俞"组成，从"木"，表示这是一种树木，"俞"表声。

形体分析法实际上就是通过分析构形理据来认识甲骨文，运用这种方法考释甲骨文是行之有效的方法，但要对形体仔细审察，了解已经认识的构件形体，分清形近构件间的差别，并结合其他方法和文献用例。否则就容易穿凿附会、望文生义，这是甲骨文考释中的大忌。

通假破读法

古人使用假借字非常普遍，一些词有音无字，这时可以用同音字来表示，就是已有本字的，也常常可以借用音同或音近的字来表示。对于这类字，如果不明假借，就会误释或百思不得其解。清代著名音韵训诂学家王念孙说："以声求义，破其假借之字而读以本字，则涣然冰释。"这种破解甲骨文中的假借之字而读以本字的破读法，在甲骨文认读、考释中是必不可少的方法，也是前辈学者和甲骨学家的重要经验。如《甲骨文合集》34797号甲骨上的两条卜辞分别为："癸酉贞：旬亡囚？""癸酉贞：旬亡火？"其中，"旬亡囚"较为常见，是占卜时贞问是否会有灾祸的常用语，但"旬亡火"却很难理解，甲骨学家郭沫若就从通假破读的角度指出"火"应该与"囚"同，当读为"祸"，这一问题便迎刃而解。学会运用破读法常常会收到意想不到的效果，但这也非灵丹妙药，必须结合卜辞上下文语境和具体用例，没有充足的证据绝不可滥用。

辞例推勘法

辞例推勘法是将某个未识字置于一定的语言环境中，依靠上下文或同类的文例进行推勘，以了解这个未识之字的意义。甲骨文刚发现时，刘鹗、孙诒让认为干支字中没有"巳"和"午"二字，但罗振玉通过对甲骨上干支表的内部进行比勘，确定"𠃌"即"巳"，"𠂤"即"午"，并根据干支搭配关系得知"甲"作"十"，与甲骨文中"七"的字形相同，"壬"作"工"，与"工"的字形同。在今天看，这一观点也是十分正确的。根据文例虽然能推测出某字的意思来，但其中的字词关系并不一定能够厘清，如果不能与其他考释方法综合运用，也极易出错。罗振玉运用辞例推勘法考释甲骨文时就有一些失误，如他认为"𡘙"与"𡘙"都是"十五"的合文，但郭沫若认为"𡘙"是"十五"，而"𡘙"应该是"五十"的合文。《甲骨文合集》第 10308 号甲骨中有"狩获禽鹿𡘙𠙶八"，罗振玉释为"十五之六"，郭沫若释为"五十又六"，在今天看来，郭沫若的解释更加恰当。所以，在运用辞例推勘法时，也要注意与其他方法的结合。

历史比较法

汉字沿用几千年，形体发生了较大的变化，但从根本上来说始终是一脉相承，形义一般都存在一定联系。历史比较法是将不同历史时期的古文字材料进行比较，将同一个字的金文、战国文字以至小篆形体排列在一起，便可以发现其中的规律，并通过已知字推测未知字。将未识的甲骨文置于历史发展的长河中进行考察，可以自上而下顺推，也可自下而上逆推。如，甲骨文中有"𡗗""𡗗""王"等字形，都是对有较大权力的人的称谓，应该是同一个字的异写字，通过排列比照该字在历史上的形体演化关系，𡗗—𡗗—王—王—王，基本上能断定卜辞中的"𡗗""𡗗""王"就是"王"字较早的形体，再联系它们的功能，按照"王"去理解都能讲通，这就可以把它们释读为"王"。

又如，卜辞中"𠂤""𠂤"等字很常见，但起初人们并不知道这是什么字。王国维运用历史比较法考释出这一系列字，他认为金文中的"金十𠂤"即"金十𠂤"，并据《说文》中"钧"的古文作"𨮾"，认为"𠂤"

"甾"即"𤲙"字，"𣜩"即"旬"字。卜辞的"𣜩有二日"，都是在癸日卜，可知殷人应是以自甲至癸为一旬，而在此旬之末卜下旬之吉凶。《说文》中的"勹"，其实就是这个字，后世不识，便读为"包"，殊不知"勹"就是"旬"的初字。王国维考定"𣜩""𣜩"为"旬"后，甲骨文中数以千计的贞旬卜辞便得到正确的解释，"𣜩𠂤日"三字就是问一旬之内是否有灾祸发生的"旬亡囚"。可见，甲骨文"𣜩"考定为"旬"，是通过与《说文》、金文比较，发现"勺""旬"通用，"勺"又可作"勹"而得到证明的。

　　以上是考释和认读甲骨文时最常用到的方法，值得注意的是，每一种方法都不是完全独立的，要真正认识一个甲骨文，必须综合使用这几种方法，并结合这个甲骨文出现在卜辞中的上下文语境，只有这样才能将甲骨文的形、音、义、用贯通，才算真正破译了甲骨文。除此之外，甲骨文还有一些较为显著的特点是应该注意的。

文字图画性强，笔画方直纤细

　　甲骨文中有很多象形字，象形字是通过描摹事物形态的方法而造的字。甲骨文带有浓重的图画特征，很多字形象生动，能给人们留下深刻的印象。但甲骨文并不等同于象形文字，象形只是甲骨文的基本结构之一，象形字也只是甲骨文的一部分。《说文解字·叙》中记载古人造字"仰则观象于天，俯则观法于地，视鸟兽之文与地之宜，近取诸身，远取诸物"，可见古人象形造字时并非随意乱画，是有一定标准的，其标准就是要选取事物的常态和特点进行造字。这一特点通过表 2-4 中象形字字例可以较为直观地感受到。

表 2-4　甲骨文象形字

楷书	甲骨文	字形分析
自然相关		
日		描摹了太阳的轮廓，中间一点表现了太阳耀眼夺目的样子
月		描摹了月缺的常态，取象于弯弯的月牙
山		描摹了三座山峰，表现山的众峰并起、山峦起伏的样子，古文字中"三"表示数量多
水		描摹了一道弯曲的水流，周围是水滴的样子，突出了流水弯曲不定的形态
动物相关		
虎		老虎龇牙咧嘴的形态，突出其张开的大嘴
隹		描摹了短尾鸟的形态
马		凸显了它的鬃毛，体现马跑起来鬃毛飞扬的状态
象		凸显了大象的长鼻子这一特点
器官相关		
目		描摹了人的眼睛的形状
耳		描摹了人的耳朵的形状
齿		描摹了人的嘴巴并突出了嘴巴中的牙齿
止		描摹了一个脚掌和三根脚趾的形状，用突出的三根脚趾表示所有脚趾
人体相关		
人		描摹了一个侧面站立的人形
女		描摹了一个跪坐着的人形，双手交叉，柔顺而娴静的样子，像女子的形态
走		古文字的"走"是跑义，描摹了一个人形，一只胳膊上举，一只下摆，即人摆臂跑步的样子
矢 （zè）		描摹了一个歪头的人形，生动地表现了"矢"字的歪头义

续表

楷书		甲骨文	字形分析
器物相关	刀		描摹了刀柄和锋利的刀刃
	戈		描摹了平头、横刀前锋的古代武器"戈"的形象
	酉		描摹了古代酒器"酉"的形状
	壶		描摹了古代"壶"这一器皿的形状

笔画方直纤细是甲骨文字形的另一大特点，这是由书写载体和书写工具的特殊性造成的。前文我们已经了解了甲骨文刻写的复杂过程，想要用刀在质地坚硬的龟甲或兽骨上刻写出柔软的粗线条是非常困难的。书写材料和工具的限制使得甲骨上只能生成纤细的硬线条。

甲骨文字形不稳定，异体繁多

甲骨文虽说已经是成熟的汉字，但毕竟是汉字的早期形态，商代文字和小篆等字体比较，文字部件比较自由，所以字形不稳定、异体繁多的现象非常普遍。这首先表现在，甲骨文中同一个字形的书写方向不固定，笔画多少也存在差异，这通过上文中我们所列举的一系列字形并不难发现。如，甲骨文的"水"字有单曲线的，也有双曲线的，甲骨文中三个点可以表示水，四个点也表示水，甲骨文中"水"字的多样，说明甲骨文还不是很规范。但这些差异可以存在的前提是不影响事物的主要特征，如"羊"字在甲骨文中有""""""这几种形体，甲骨文的"即"字可以作""""，两个部件的方向可以调换，但这些差异都没有影响到它们所突出的"羊角"和所表"即食"义的主要特征。其次，同样是通过描摹事物的形象造出的字，却还有正面、侧面的不同，如"龟"字甲骨文写作""""等，分别取形于侧面和正面的龟形，"车"字甲骨文作""""等，其形体的区别也是取形角度不同造成的。最后，在表达同一概念时选用的对象不同，同一字可使用不同部件，同一部件也可以有繁简不同。一字可以用不同部件的情况，如"牢"字本义是关养牲畜的栏圈，甲骨文写作"⊎""⋔"，可以看出，栏圈里既可以圈养"牛"，又可以圈养"羊"，都表示关养牲畜的栏圈义；又如表追逐义的"逐"字，甲骨文写作"⅄""⅄""⅄"，这些形体都用有脚义的"止"，但用脚追逐的对象可以是鹿、猪，还可以是狗，它们都是表追逐义的"逐"字的不同形体。值得注意的是，甲骨文这一特点，一定程度上反映了文字在早期形态时存在的一些问题，但这不能否定甲骨文在当时已是一种成熟的、成系统的文字，因为甲骨文已有了较为充足的区别手段，基本能够满足语言表达的需要。

合文现象

　　甲骨文中还存在很多文字合写的现象，即将两个或两个以上的字合写为一个字，称为合文。合文往往有笔画的重叠和借用。如十位以上的数字合写，甲骨文"九十"合写作"⅄"，其中"十"与"九"字的上面一斜竖重叠；"二百"合写作"⊖"，其中"二"字的下面一横与"百"字的上面一横重叠；"三千"甲骨文合写作"⅄"，其中"三"字的最上面一横与"千"字的一横重叠。数词与名词的合写，"一牛"甲骨文合写作"⅄"，"三牛"合写作"⅄"。月份的合写，"十一月"甲骨文合写作"⅃"，"十二月"合写作"⅃"。干支的合写，"子癸"合写作"⅄"，"子庚"合写作"⅄"。人名的合写，"大"甲骨文写作"⅄"，"乙"写作"⅃"，人名"大乙"合写作"⅄"；"小"甲骨文写作"⅃"，"丁"写作"□"，人名"小丁"合写作"⅄"。

　　从甲骨文发现至今，通过一代代学者的努力，目前我们已经破译了近1500个甲骨文，但仍有大半甲骨文未被破译。很多甲骨上的文字，只能从语法结构上揣测它们的含义，它们和它们背后的殷商文明一样，未知的远比已知的多得多。人们能够通过殷墟复原的一些宫殿基址体味曾经的繁华，但这也仅仅是一个古代都城大大褪色的景象。人们可以通过已破译的甲骨上的文字感受曾经的文明，但这也仅仅是一个伟大文明的冰山一角。残碎的商代遗址，未破译的甲骨文字，留给人们的是更多的谜团。

　　古老的线条唤醒了文明的晨曦，绵延的笔画传承着华夏的记忆。两维之间生成的方正，不仅代表了汉字的形体，还象征着古老东方悠久的历史文明和人文精神，烙刻在 3000 多年的时光中。

三、甲骨文揭开商代画卷

甲骨文的研究，开启了一段尘封数千年的古代文明，揭开了商代社会神秘的画卷，被风沙掩埋的历史一点点再现，文明在不断的积淀中前进。

公元前 1250 年，殷商王朝出现了一位中兴之王——武丁，他在位期间，励精图治，开疆扩土，国势蒸蒸日上。殷人以卜为中心的生活，留下了林林总总的占卜内容，涉及当时的宗教、世系、天文、历法、气象、地理、家族、人物、方国、职官、征伐、刑狱、农业、畜牧、田猎、交通、祭祀、疾病、生育、灾祸等等。这些在甲骨上刻写下来的文字再现了商代的辉煌历史，对于研究中国古代特别是商代社会生活、思想文化、语言文字等，都是极其珍贵的第一手资料。

甲骨文是中国已发现的时代最早、体系较为完整的成熟文字，是华夏民族的集体创造和智慧结晶，蕴含先民对自然的认知和对生活的感悟。商王和商代贵族们几乎在进行所有的事情之前都要进行占卜，上到出征打仗、立邑任官的军国大事，下到生老病死、娶妻分娩的个人小事，而这丰富的占卜内容都被记录在甲骨上并流传下来。透过这些内容，我们隐约可以窥视 3000 多年前的社会面貌，体味那个时代的生活滋味。甲骨文为我们揭开了商代社会的华丽画卷，让我们走进画卷欣赏吧。

1. 尊神事鬼——商代祭祀图

《左传·成公十三年》中记载："国之大事，在祀与戎。"祭祀和战争是古代国家非常重大的两件事情。3000 多年前的殷商时代尊崇鬼神，祭祀是商代王室、贵族一种严格又重要的仪式。甲骨文记录了殷人祭祀的一些具体细节，卜辞中与祭祀相关的内容有很多，或是卜问选用哪种牲畜，或是卜问选用多少牲畜，又或是卜问使用哪种祭祀方法。

　　对于殷人来说，"上帝"（或简称"帝"）是统领风、雨、雷等自然神的主神，拥有主宰一切的力量。但上帝并非唯一的神，殷人的神灵无处不在，他们将日月星辰、风雨雷电、山川土地等自然万物都设置了相应的神，并将其视为上帝的使臣而加以崇拜和祭祀。商王及商代贵族常常用隆重而繁复的祭祀礼仪，祈求各路神灵的庇佑。

　　己丑这天，商王双手捧出一片卜甲，虔诚地卜问："用30头小牢（小牢是经饲养专供祭祀的小牛）作为祭品向上帝进行御祭可以吗？"在烧灼发出"噗噗"几声后，龟甲爆裂出细密的纹路，商王认真地查看着这些卜兆，解读占卜的结果……（图2-18）

图2-18　商王占卜图

　　这是甲骨上记录的商王卜问如何祭祀上帝的情节（见《甲骨文合集》22073），由于甲骨的残缺，这次占卜的结果已经无从知晓，但可以明确的是，商王作为一国之主，他渴望自己的国家风调雨顺，因此会不断地祭祀众神。而处在农耕时代的商朝，自然的力量显得尤为重要，"五谷丰登"于他们而言是非常美好的愿景，需要风、雨、土壤等各种自然力量的配合。

看！他们在祭祀风神："于帝史风二犬。""燎帝史风一牛。"（《甲骨文合集》14225、14226，图 2-19、图 2-20）贞人的口中念念有词，他所提到的"帝史风"即上帝的使臣"风"，显然这是在祭祀大自然的风神，卜问是否可以用两条犬来祭祀上帝的使臣"风"，又是否可以用烧一头牛的方法来祭祀上帝的使臣"风"。

14225
图 2-19

14226
图 2-20

和风会使作物苗壮成长，而暴风则会毁坏庄稼，造成损失。他们祭祀风神，希望风神不要破坏他们的庄稼。但有时风神发怒了，他们便举行"宁风"的祭祀，"宁风"就是祈求风神宁息，不要再刮风了。在《甲骨文合集》第 34137 和 34139 号（图 2-21、图 2-22）甲骨文拓片中就有两条卜辞，分别为："甲戌贞：其宁风，三羊、三犬、三豕。""癸亥卜：于南宁风，豕一。"记录的是在甲戌和癸亥这两天进行的占卜，卜问是否可以用三只羊、三条犬、三头猪来举行"宁风"的祭祀，是否可以用一头猪来祭祀南方的风神，祈求其宁息，不要刮南风。

34137   34139

图 2-21   图 2-22

当天气长期干旱时，殷人还会祭祀雨神，乞求降下大雨。"叀（huì）羊，又大雨。""求雨，叀黄羊用，又大雨。叀白羊，又大雨。"（《甲骨文合集》30020、30022，图 2-23、图 2-24）这两条卜辞就是分别卜问：用羊祭祀是否会有大雨？进行求雨活动时，是用黄羊祭祀，还是用白羊祭祀才会有大雨呢？

30020   30022

图 2-23   图 2-24

与"雨神"密切相关的还有"云神"。许慎《说文解字》："云，山川气也。"其中，"山川气"是指山林间的水汽，"云"，甲骨文中写作"☁"，是一个象形字，像山林间升腾的水汽。王充《论衡·说日》有这样的解释：云散开，水落下来，就称作雨。其实云就是雨，雨就是云。刚出来是云，云浓密成雨。……云雾，是雨的征兆，夏天则变成露水，冬天则变成白霜，天气温和则变成雨水，天气寒冷则变成雪花。雨水和露水是凝冻成的，它们都是由地面产生上去，而不是在天上产生降下来的。这段话较准确地说明了雨形成的原因和水循环的过程。3000多年前的殷人显然也明白云和降水有着密切的关系，卜辞中有很多与"云"相关的记载，祭祀"云神"也是为了降雨。《甲骨文合集》33273（图2-25）："癸酉卜，又燎于六云六豕，卯羊六。""癸酉卜，又燎于六云五豕，卯五羊。"其中"燎""卯"都是祭祀过程中的动作或祭祀名称，从卜辞中可以看出，这次对"云神"的祭祀，是用"豕"和"羊"这两种动物作为祭品进行的。

33273局部
图2-25

此外，太阳神也是殷人祭拜的重要对象。殷人认为太阳具有神性，也尊崇太阳为神。太阳的光芒普照着大地，哺育万物，直接影响农作物的生长和每年的收成。殷人希望太阳神能保佑他们，给予他们充足的阳光，保证他们的生产和生活。甲骨卜辞中的"日"字写作"☉""⊟"，象太阳之形，《甲骨文合集》32181（图2-26）："乙巳卜：王宾日？弗宾日？"这条卜辞就是从正反两方面卜问商王是否可以用"宾"祭的办法祭祀日神。

32181
图2-26

　　殷人还特别重视"日出"和"日落"这两种现象，经常对太阳的"出入"进行祭祀，而且一般是用"侑"祭的方法祭祀"出日""入日"。《甲骨文合集》33006（图2-27）："辛未：又（侑）于出日。"大意是问辛未这天是否可以用"侑"祭的方法祭祀"出日"。又如《甲骨文合集》34163（图2-28）："丁巳：又（侑）出日。丁巳：又（侑）入日。"意思是问在丁巳这天可否用"侑"祭的方法祭祀"出日"和"入日"。

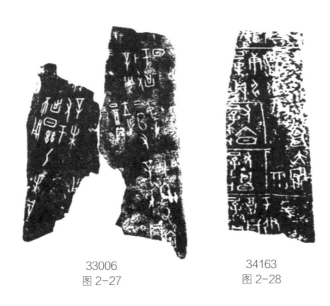

33006
图 2-27

34163
图 2-28

　　殷人还尊土地为神并进行祭祀。《礼记正义》卷第二十五有"'地载万物'者，释地所得神之由也"的说法，对古人来说，土地是他们生存的来源，所以要祭祀土地神。甲骨卜辞中就记录了殷人祭祀土地的场景。殷人祭祀土地神时，使用"燎"祭的方法最多，《甲骨文合集》779号甲骨的正面（图2-29）卜辞为："贞：燎于土，三小宰，卯一牛，沈十牛。"即卜问用焚烧三只经过特殊饲养的小羊、剖杀一头牛和沉十头牛来祭祀土地神。其中，"沈"是将牲畜沉于水的祭祀方法。780号甲骨（图2-30）上的卜辞为："燎于土，三小宰，卯二牛，沈十牛。"由此可见，殷人祭祀土地神时所用牲畜的数量还是比较多的，这也说明他们对土地神的祭祀是比较隆重的。

779 正　　　　　　　　　　780

图 2-29　　　　　　　　图 2-30

对神祇的信仰使得他们对亡灵和祖先也无上崇拜，因此，他们不仅祭祀神灵，还会祭祀先公先王。《甲骨文合集》30398（图 2-31）："叀高祖夒（náo）祝用，王受又（佑）。"这条卜辞就是卜问对高祖"夒"施行祷告、杀牲之祭，以使商王得到保佑。

30398

图 2-31

　　同条卜辞记载还祭祀了祖乙、祖丁。到晚商时代，甚至每隔几天就要祭一位祖先，祭祀所有祖先需要用一年的时间。

　　甲午这天，商王又在祭祀，不同的是，这次他在缅怀他的祖先们，祈求祖先们的亡灵可以保佑大商没有灾祸。商王身边的贞人默默地将商王与祖先们的对话记录在《甲骨文合集》32087号甲骨上："乙未酒高祖亥……大乙羌五牛三，祖乙羌……小乙羌三牛二，父丁羌五牛三，亡告？"（图2-32）商王卜问的内容是：在乙未这天用"酒"祭的方法祭祀高祖王亥……用五个羌奴、三头牛来祭祀先王大乙……用三个羌奴、两头牛祭祀先王小乙，用五个羌奴、三头牛祭祀先王父丁，这样做不会有灾祸发生吧？注意这里祭祀祖先时所用的祭品有"羌奴"和"仆"，说明商代存在使用奴仆进行祭祀的现象。

32087

图2-32

　　其实商代贵族用奴仆祭祀祖先非常普遍，而且所用奴仆数量之庞大让人震惊。《甲骨文合集》559（正）有两条卜辞："甲子卜，㱿，贞：告若？""癸丑卜，㱿，贞：五百仆用？旬壬戌又（侑）用仆百。"（图2-33）贞人"㱿"在甲子这天问卦，贞问进行祷告是否顺利，并在癸丑这天贞问是否要用五百名奴仆作为牺牲进行祭祀，结果在占卜后的第九天（壬戌这天）用"侑"祭的方法祭祀时，用掉一百名奴仆。这充分反映出商代是处于残酷的奴隶社会时期。

559 正
图 2-33

2. 金戈铁马——商代战争图

除了祭祀宗族神灵，战争也是一个国家很重要的大事。军队是国家政权的主要保障，商代已有众多军队，从甲骨文看，商代的军事组织、作战方式、战争规模都达到了一定水平。《史记·周本纪》中讲牧野之战时就有"诸侯兵会者，车四千乘"。在甲骨文中也有车战的记载，《甲骨文合集》6834（正）记录的就是一场车战（图 2-34），并且在殷墟发掘中还发现了车马坑，这些都说明在商代就已经存在车战。

6834 正
图 2-34

　　商王武丁通过一次次战争将商朝的版图扩大，而为武丁带兵东征西讨的大将们都功不可没，其中有一位著名的女战神就是武丁的王后——妇好。妇好名"好"，"妇"为尊称，是一位非常伟大而独立的女性，深得王心。在祭祀仪式中，她能主持大局、问卜通灵；在战场上，她又骁勇善战、战功显赫。然而，妇好却先于武丁辞世，武丁十分痛心。妇好去世后被追谥为"辛"，商朝的后人们称她为"母辛""后母辛"。在殷墟出土的十多万片甲骨文中，有近200片甲骨文记载了这位传奇女子的故事，甚至在妇好辞世后，每有军事行动，武丁会通过祭祀，祈祷妇好的在天之灵保佑他取得战争的胜利。

　　某日，商王朝的宿敌羌方又来进犯，战争一触即发。妇好主动请缨，要求率兵前往，武丁犹豫不决，占卜后才决定派妇好领兵御敌，结果大胜。而对这次战争的占卜被记录在甲骨上："辛巳卜，贞：登妇好三千登旅万，伐乎[羌]。"（《库方二氏所藏甲骨卜辞》130）大意是：辛巳这天进行占卜，贞问妇好是否可以带领13000名军士征伐羌方。这是甲骨文中记载的武丁时期征召军士数量最多、规模最大的一次战争，而这次战争的最高统帅就是妇好。这一仗打下来，羌人势力被大大削弱，商朝西部的边境得以安定。从此，妇好便深得武丁的信任，东征西讨，打败了周围20多个方国。

　　妇好还参加过讨伐土方的战争。土方是当时位于商代都城西部的一个野蛮而强悍的部族，他们经常肆意侵犯商朝的边境，掳掠人口财物，是商王朝多年的心头大患。《库方二氏所藏甲骨卜辞》中237号甲骨上的卜辞有："贞：王勿乎妇好往伐土方。"就是对商王是否要命令妇好去讨伐土方这件事进行的占卜。最终，武丁命令妇好率兵出战，只一仗，就打退了入侵的敌人。妇好乘胜追击，彻底挫败了土方，从此土方再也不敢入侵，最终被划入商王朝的版图。

　　妇好参加过的最精彩的一场战役莫过于和商王武丁一起征伐巴方的那场伏击战了。记载这场战役的文字被收录在《甲骨文合集》中，编号6480（图2-35）。战争开始之前，妇好便和武丁商议好对付敌军的计谋，打仗当天，妇好在敌人西面埋伏军队，武丁则带领精锐部队在东面对巴方军队发起突然袭击。巴方军队被武丁与妇好率领的大军重重包围，阵形大乱，最终被围歼，商军大胜，商朝南部的边境得以平定。这大概也是中国最早有文字记载的伏击战了。

在众多的战争卜辞中，有很多是对商王朝主动出击、讨伐方国的战争进行的占卜，这种情况下通常在占卜时会贞问这次讨伐会不会受到保佑。例如《甲骨文合集》6087号正面（图2-36）卜辞记载：在乙卯这天，商王和大将"沚或"讨论征伐土方的策略，分析战争形势后，商王命令贞人"争"问卦，希望得到上天的旨意。"争"拿出一片甲骨，一边灼烧甲骨一边卜问："大将沚或称册受命，商王联合他一起主动出击，征伐土方国，他们会受到保佑吗？"

《甲骨文合集》540号甲骨拓片（图2-37）上的三条卜辞也都是占卜商王朝发动的战争是否会受到保佑。这些卜辞是对同一件事情的多次占卜，虽然占卜时间不同，但贞人和贞问的内容都

6480
图 2-35

6087 正
图 2-36

是一样的，都是"殻贞乎多仆伐呂方，受有佑"，即贞人"殻"贞问：如果命令众多的奴仆去征伐"呂方"国，是否会受到保佑？

商王朝与方国部族的战争，除了商王朝主动出击、发动征讨外，也有很多时候是方国部族入侵的。卜辞中多有"方出""方来""方出作祸""方出祸我""方来入邑"等记录，这些都是记载方国入侵商王朝边境的卜辞，还有一些是对侯伯与大将禀报方国入侵的记录。其中最著名的例子，莫过于中国国家博物馆收藏的这片大胛骨（图 2-38、图 2-39）所载的刻辞。

540 拓片局部
图 2-37

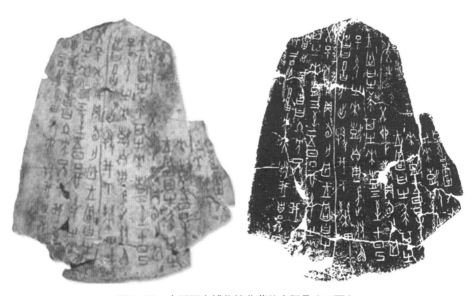

图 2-38　中国国家博物馆收藏的大胛骨（正面）

这版甲骨讲述的是癸未、癸巳、癸卯这几天进行的占卜，都是贞人"殻"卜问国家有无灾祸发生，这几次占卜的卜兆显示的结果都很不吉利。果然，在占卜后的几天内，国家的东部和西部等边疆陆续发生动乱。从这几条卜辞的验辞中，可以看到这几天商王朝到底都发生了什么样的灾难。

丁酉这天，商朝边境发生了一些不吉利的事情，在"沚"地守卫边塞的首领"戜"报告说："土方国出兵侵害了我们的东部边疆，残害了两个部落。"与此同时，"呂方"国也出兵侵扰了商朝西部边鄙的田地。在丁未这天，又有不吉利的事情发生，诸侯"饮"在"图呂"这个地方抵御敌军，损失了六个人。而在己巳这天，又从西方传来不吉利的消息，边地守卫者"长友角"报告说："呂方国出动，侵害了长地示糵处的农田，并劫走了七十五个人。"

图 2-39　中国国家博物馆收藏的大胛骨（背面）

这片大胛骨的背面，卜辞残缺较为严重，从残缺的卜辞中，我们依然可以看出记录的与之相关的内容。在辛卯这天，在北方边塞发生不吉的事情。"㕢"地的首领"妻笑"报告说："土方国侵略边地田土，劫走了十个人。"并且在国家东部边境也发生了动乱。这版甲骨上记录了商王朝非常动荡的一个阶段，国家边境战争频繁、灾祸频发，而透过甲骨上的记载，3000多年后的我们也跟随着商王的每次占卜而忐忑不安，眼前似乎晃动着冷兵器时代金戈铁马的壮观景象。

3. 追麋逐鹿——商代田猎图

相传《尚书》中的《无逸》篇是周公为劝告周成王不要骄奢淫逸而作的，周公认为商之中宗（太戊）、高宗（武丁）、祖甲都是比较英明的君王，勤于政事，知道民间疾苦，不敢纵乐，所以在位的时间都很长；而祖甲以后的殷王"不知稼穑之艰难，不闻小人之劳，惟耽乐之从"，爱好游猎，沉迷于闲适安乐的生活，所以在位时间都较短。可见，殷商时期诸王进行田猎活动的主要目的是娱乐。甲骨文中关于田猎的卜辞也有很多，与《尚书》中的相关记载相印证。

甲骨文中所见田猎时捕获的动物，最多的是鹿、麋（mí，哺乳动物，俗称"四不像"）、麑（ní，小鹿），此外还有象、兕（sì，古代兽名）、虎、豕、豚（小猪）、犬、雉（长尾鸟）等。《甲骨文合集》37365（图2-40）："乙亥王卜，贞：田桑，往来亡灾。王固曰：吉。获象七，雉卅（sà）。"记录的是商王亲自占卜田猎的情况，这次占卜的结果非常吉利，果然，商王在

37365局部
图2-40

这次田猎中满载而归，猎获了7头大象，还有30只长尾鸟。

甲骨文"田"字作"田""田""田"，最初为猎场。古人打猎有"烧草围猎，守其下风"的说法，即打猎时要烧草驱赶动物，在下风（风所吹向的那一方）张网捕捉野兽。烧过草的土地经过一段时间后土壤中的营养成分变多，便成为肥料充足的农田，于是表打猎义的"田"字另造新字作"甾"或"畋"。《甲骨文合集》10408号甲骨正面拓片（图2-41）的卜辞为："翌癸卯，其焚，

"<img_1>（擒）？癸卯允焚，隻（获）……兕十一、豕十五、虎□、貔（pí）十二。"这段卜辞记录的就是烧草围猎的情形，这次田猎同样收获颇丰。

田猎的方法有很多，其中，围猎是诸多方法中规模最大的，需要在一个较大范围内动员很多人，将所有野兽驱出巢穴，然后围堵它们，最终聚而擒之。这种狩猎活动与军事行动非常类似，所以，围猎活动也作为一种军事训练手段。此外，用网捕猎也是商代很常用的一种方法，卜辞中

10408 正
图 2-41

已有"网"字，写作""""""等形。《甲骨文合集》10514 号（图 2-42）甲骨中记录了很多与田猎相关的卜辞，其中的两条卜辞分别反映了围猎和用网捕猎的情形。"甲戌卜，围，（擒）。隻（获）六十八。"这段卜辞反映的是围猎的场景，""（人名）用围猎的方式打猎，擒获到了猎物，总共获得六十八只。"庚戌卜，隻（获）网雉，隻（获）十五。庚戌卜，隻（获）网雉，隻（获）八。"这段卜辞讲的是""（人名）用网捕猎长尾鸟，一共获得了十五只；""（人名）用网捕猎长尾鸟，一共获得了八只。

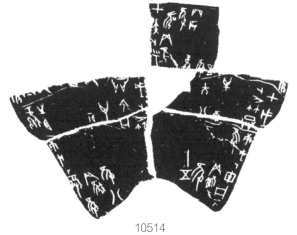

10514
图 2-42

除了上述方法，田猎还有很多其他的方法，如用弓箭射猎、设陷阱猎兽等。其中，设陷阱以猎兽作为一种古老的狩猎方法，今天仍为猎户采用。根据所陷对象不同，甲骨文的"陷"字，有各种不同的形体，如"🐗"为陷麋，"🦌"为陷鹿，"🐗"为陷麈，"🐕"为陷狼狗，"🐐"为陷山羊等，但下面都有一个表示陷阱的"凵"，而且陷羊的"凵"内斜收口，大概是因为山羊善登爬，人们担心其逃走吧。构形个性化，很有意思。

甲骨上不仅记录了殷人如何进行田猎、田猎的收获，更多的是占卜田猎是否顺利、是否会有灾祸。如《甲骨文合集》37408 号（图 2-43）记载：壬辰这天，商王兴致勃勃，想要去"㲋"地打猎，他亲自占卜，贞问："㲋到地打猎，去和回来没有灾祸吧？"商王仔细地察看卜兆后判断说："吉利。"商王大悦，驱车前往"㲋"地打猎。果然，这次田猎捕获了六只鹿。在乙巳和戊戌这两天，商王又进行了占卜，分别贞问到"喜"地和"盖"地去打猎，去和回的途中是否会有灾祸发生。这两次占卜的卜兆依然显示非常吉利，果然这两次田猎分别捕获了四只鹿、一只麋和三只鹿。

37408

图 2-43

但也并不是所有的打猎过程都这么顺利。《甲骨文合集》10405 号甲骨正面（图 2-44）就记录了商王田猎过程中发生的一场车祸，这也许是中国有记载的最早的一次交通事故吧。癸巳日占卜，贞人"殻"问卦，贞问："下一个十天之内没有灾祸之事发生吧？"商王亲自验看了卜兆以后判断说："这次将会有灾祸之象。"在这之后，商王处处小心行事，但依然如卜辞所说，发生了不好的事情。甲午这天，商王带着儿子去田猎追逐犀牛，小臣"由"替商王驾车，马突然受惊，车撞上石头翻了，结果商王的儿子"央"从车上坠落下来。受伤是肯定的，有无生命危险，卜辞没有交代，后人难免为"央"担心啊！

10405 正
图 2-44

4. 风起云涌——商代天文图

　　古人"日出而作，日入而息"，对日月星象非常关心，在殷商时代的甲骨文中就已有日食、月食的确切记载，说明殷人对日月星辰的运行已注意观测。此外，自然界四时变化、风雨交替、阴晴不定，他们对这些自然现象的认识逐步加深。而农业和畜牧业的发展促使人们进一步观察和掌握自然现象及其演变规律，所以天文历法就成为古代最早发展起来的一门科学，甲骨卜辞中也存在大量相关内容，展示出华夏祖先对天文的认知和他们的智慧。

　　《甲骨文合集》11484（图2-45）为我们讲述了殷人观测到月食的一个故事：在己丑这天，贞人"宁"在商王的指示下，向上天请示在乙未这天祭祀祖先"祖乙"的方法，"宁"拿起一片甲骨，一边贞问一边灼烧甲骨，商王亲自查看卜兆，威严的面庞中藏不住那一丝担忧，这次占卜的结果显然并不吉利。果然，在占卜后的第六天——甲午这天的晚上，天降

11484
图2-45

异象，月亮发生了异常的变动。贞人"宁"赶紧拿出当时进行占卜的甲骨，记上了这次占卜的结果——"六日[甲]午夕，月有食"。可见殷商时期，月食这种自然的天文现象还未被人们科学地认识，它的出现常被视为一种不吉利的"异象"。

　　《甲骨文合集》33694（图2-46）则记录了商代的一次日食："癸酉贞：日夕又食，隹（唯）若？""癸酉贞：日夕又食，非若？"这是贞问黄昏时候发生日食吉利不吉利。

　　此外，甲骨卜辞中还有对星象的记录，在传世文献《左传》中就记录了商代人已知商星、岁星（木星），甲骨文可以印证。《甲骨文合集》11497记载有"鸟星"，11506记载有"大星"，11503记载"有新大星并火"（意思是有一颗新发现的大星与火星并行），这些都是商代确有星象观测的事实。距今3000多年的殷商时代，就能够认识宇宙中遥远的行星，着实令人惊叹。

33694
图2-46

甲骨卜辞中还有大量云、雾、雷电等气象方面的记载。《甲骨文合集》13442（图2-47）记载的内容是：这天，商王又在举行占卜仪式，占卜后商王小心翼翼地捧起甲骨，亲自验解甲骨上裂开的卜兆，商王叹了一口气，这又是一次不太吉利的占卜，甲骨上显示"将有灾祸发生"。结果在占卜后的第八天庚戌日，有乌云从东边来，天色变得昏暗；太阳过午以后，北边天空出现了彩虹，像是在吸饮黄河的水。这里面就有"各云"和"出虹"的特殊天象。

13442
图 2-47

《甲骨文合集》14128号甲骨正面（图2-48）记录了雷电天象。"癸未卜，争贞：生一月帝其弘令雷。贞：生一月帝不其弘令雷。贞：不其雨。"意思是，癸未这天，贞人"争"进行占卜，贞问上帝是否在下个月一月份令雷神打雷。而雷和雨往往是相连的，一般是先打雷后下雨，所以又紧接着贞问："不会下雨吧？"

14128 正面 局部
图 2-48

风雨是气象的主要内容，甲骨卜辞中有更多这方面的占卜。除了在"祭祀"部分讲到的用不同牺牲来"求雨""宁风"，卜辞中还常常在做一件事情之前先贞问天气好坏、是否下雨。如《甲骨文合集》10222(图2-49)："今夕其雨，获象？""其雨？之夕允不雨。"第一条卜辞是说："今天夜里下雨了，会猎获到大

10222
图 2-49

象吗？"第二条卜辞贞问的内容已经残缺，只剩下占验结果，即当晚果然没有下雨。

《甲骨文合集》21019、34036（图2-50、图2-51）则是对刮风天象的占卜。"辛未卜，王贞：今辛未大风，不佳祸？"即在辛未这天商王亲自占卜，贞问：辛未这天刮大风，不会造成灾祸吧？"丙寅卜：日风不祸？"即在丙寅这天卜问：今天白天的风不会造成灾祸吧？

21019   34036
图2-50   图2-51

上面这片"大骤风"涂朱卜骨是罗振玉旧藏著名大版之一，最早收录于《殷虚书契菁华》，后收入《甲骨文合集》，编号为137（图2-52）。这片卜骨记录了战争、灾祸等，是一则长篇记事卜辞。其中最重要的一条是有关"大骤风"的记录，原文作"大撤风"，应为暴风或龙卷风之类的灾害，这是殷商气象史上极为重要的材料之一。

此外，殷商时期是用天干和地支搭配记录时间的，我们见到的甲骨文辞例中出

137
图2-52

现的时间就是用干支记录的。《甲骨文合集》37986（图 2-53）有一个由十天干和十二地支组成的完整干支表，这六十个干支单位循环往复使用，是我国最早的"日历"：

甲子	乙丑	丙寅	丁卯	戊辰	己巳	庚午	辛未	壬申	癸酉
甲戌	乙亥	丙子	丁丑	戊寅	己卯	庚辰	辛巳	壬午	癸未
甲申	乙酉	丙戌	丁亥	戊子	己丑	庚寅	辛卯	壬辰	癸巳
甲午	乙未	丙申	丁酉	戊戌	己亥	庚子	辛丑	壬寅	癸卯
甲辰	乙巳	丙午	丁未	戊申	己酉	庚戌	辛亥	壬子	癸丑
甲寅	乙卯	丙辰	丁巳	戊午	己未	庚申	辛酉	壬戌	癸亥

37986

图 2-53

用干支构成的"六十花甲"是中国纪时纪年的传统，也是中国历法的基础，在中国传统文化里具有重要地位。

5. 弄璋弄瓦——商代婚育图

婚姻是人类社会发展到一定阶段的产物，婚姻关系在一定程度上能反映出社会组织系统，属于社会构成的特定形式范畴，所以，婚姻形式总是与相关的经济方式和社会生活相适应。《白虎通义·嫁娶》中对"婚姻"的解释是："婚者，昏时行礼，故曰婚。姻者，妇人因夫而成，故曰姻。"这是以个人本位为特征的婚姻形态。但商代还没有形成这样的婚姻形态，商代婚姻通常只能依附于家族组织群体而存在，是以家族为本位的。婚姻主体的男女配偶并非"主角"，他们都要受血缘亲族集团的支配，而宗族与外姻的亲属关系显得更为重要。这样的婚姻制度直接导致宗亲和姻亲这两大亲属集团的社会力量进行整合，产生十分有效的凝聚作用。

因此，商代各个氏族的掌权人，常利用这种婚姻制度，追求他们更高的政治目的。商代帝王实行一夫一妻制，"妻"指正妻，即后代所说的王后，商王可以拥有诸多王妇，但只能立一位正妻，只有在正妻去世后才能立新的正妻。商代贵族婚姻，娶女和嫁女，有王朝与各地族氏方国间的，有族氏方国间的，有家族间的，等等。不同国族间的政治联姻，是当时社会制度对婚姻制度的需要，婚姻制度是为统治阶级的政治利益服务的。

如《甲骨文合集》536（图 2-54）有两条卜辞："辛卯卜，争，呼取郑女子。""辛卯卜，争，勿呼取郑女子。"其中的"呼取"有强制命令意味，"君取于臣谓之取"，与单言"取某女"有区别，这条卜辞记录的就是政治强迫婚姻。此外，《史记·殷本纪》中还记载商末纣王"好酒淫乐，嬖于妇人"，"九侯有好女，入之纣。九侯女不憙淫，纣怒，杀之"。这类婚姻是建立在政治基础上的，完全受制于商王的淫威。

536
图 2-54

正因为这样的婚姻与宗族有着密切的联系，家族对子息格外重视，在甲骨文中就有很多相关记载。如《甲骨文合集》17383 就有"王梦多子忧"的内容。此外，还有"……多子孙田"（10554）、"赐多女有贝朋"（11438）、

"赐多子女"（677）、"勿多妹女"（2605）等卜辞。"多子""多子孙""多女""多子女""多妹女"等，都是商宗族组织内部的贵族子息，从商王梦到"多子"有忧患，到飨食"多子"，赐予他们贝朋，这些异乎寻常的关怀，足以看出王室、贵族们对子息的重视。"广嗣以使家族永继"，这一目的使得家族的干预贯穿婚配男女的生育过程的始终。

商王朝对子息的关怀还体现在对女子生育问题的关注。武丁前后立过三个王后，妻子不但是他的配偶，还是战将和臣僚。妇好是最受武丁宠幸、权势地位最为显赫的一位正妻，而卜辞中与妇好生育有关的内容也非常多。如《甲骨文合集》13927："妇好有子。妇好毋其有子。"就是对妇好是否会有孩子的问题进行占卜。《甲骨文合集》154（图2-55）有两条卜辞："己丑卜，㱿贞：翌庚寅妇好娩？贞：翌庚寅妇好不其娩？"这两条卜辞分别从正面和反面贞问商王武丁的妻子妇好是否会在未来庚寅这天分娩。在生育相关的卜辞中，还有对生男生女的占卜，他们认为生下男孩是吉利，生下女孩是不吉利，如《甲骨文合集》14002有为妇好生子占卜的两条完整卜辞，这次占卜的结果就不吉利，结果妇好在甲寅日分娩，生下了一个女儿。

154 拓片局部
图 2-55

武丁有六十多个妻子，妇好只是其中之一。武丁的妻妾兼女将除了妇好还有其他女子，例如妇妌（jìng），她的地位仅次于妇好，也曾多次率师远征，同时为武丁管理农业和内政。她被封在井方，也就是今天的河北邢台。甲骨卜辞中也有很多是占

卜妇妌生育的，如《甲骨文合集》
13931（图 2-56）："贞：妇妌有子。
贞：妇妌毋其有子。"即对妇妌是
否会有孩子的问题进行占卜。又
如《甲骨文合集》14009 也是妇
妌生育的卜辞："……卜，争贞：
妇妌娩，嘉？王固曰：其佳庚娩，
嘉。旬辛□妇妌娩，允嘉。"通过
卜辞可知，某一天，贞人"争"
问卦，贞问："商王的妻子妇妌
马上要分娩了，会生男孩吗？"
商王亲自验看了卜兆以后判断
说："如果在庚日分娩，会嘉吉，
生男孩。"在这十天内的辛某日
妇妌分娩了，果然嘉吉，生了
男孩。

13931
图 2-56

　　殷商时代生男孩为"嘉"、生女孩为"不嘉"的叙事，反映了商代就有重
男轻女的思想。这不由得让我们想起《诗经·小雅·斯干》的内容："乃生男
子，载寝之床，载衣之裳，载弄之璋。……乃生女子，载寝之地，载衣之裼，
载弄之瓦。"意思是如果生下男孩，要让他睡在床上，穿着衣裳，给他玉璋
玩耍。……如果生下女孩，就让她躺在地上，裹着褟褓，玩着陶纺锤。所
以后人把生了男孩叫"弄璋之喜"，而生了女孩则叫"弄瓦之喜"。弄璋弄瓦
的待遇差异体现了男尊女卑的社会意识，而这种意识的根源竟然起于殷商！

　　汉字是从未间断过的文字系统，它记录了不间断的中国历史。甲骨文
为我们揭开了一幅幅商代画卷，画卷中不仅记录了商代社会的方方面面，
还记载了中华民族的辉煌历史、华夏先民的卓越智慧以及东方世界独特的
文明。这让世人惊异的智慧、这让世界感叹的文明连接着中华民族的昨天、
今天并不断延绵向未来。

第三章

汉字『全家福』

一、汉字的不同载体

汉字大家族有许多成员，就载体而言，除甲骨文外，还有金文、简牍文字、玉石文字、砖瓦文字、简帛文字等。这些不同的载体有的同时使用，有的处于不同时代。不同的材质会从用途、风格上影响汉字的形态和职能，从而形成不同的汉字群体。书写在金属上的文字雍容典雅，书写在简牍上的文字灵巧便利，书写在玉石上的文字方正规范。而纸张作为文字载体后来居上，已成为汉字的主要载体。这些不同载体使汉字家族生机勃勃，也赋予一个个文字以生命和性格，让它们活了起来。更重要的是，不同形制和不同用途的文字载体，分布于不同时代和地域，随着历史的发展和社会的变革，串起了中华文明的演进脉络。

1. 雍容典雅的金属文字

汉字家族中，除了甲骨文，资格最老的成员非金属文字莫属。金属文字指铸刻在金属上的文字，大约有青铜器文字、兵器文字、货币文字、符节文字等几类。而众多金属文字中，又以青铜器文字最为典型。甘肃马家窑文化遗址出土过一件青铜刀，年代大约在公元前3000年左右，这说明铜的使用在我国历史悠久。在殷墟遗址中出土了很多制作精美的青铜器物，可见青铜器的铸造工艺在商代已经非常成熟。青铜器种类繁多，其中鼎和钟的影响最大。鼎是一种烹煮器，钟是一种乐器。古代贵族举行宴会时往往击钟列鼎而食，钟鼎成为权力和社会地位的象征，也留下了"钟鸣鼎食"的成语。正因为钟鼎的重要性，铸刻在钟鼎上的文字又被称为"钟鼎文"。

铸刻铭文的青铜器在商代晚期已经出现，但铭文内容较少，大多只有两三个字。现存最大的商代青铜器是河南省安阳市出土的后母戊鼎，此鼎之所以叫"后母戊"，是因为鼎身上铸有"后母戊"三字（图3-1）。

图 3-1 后母戊鼎及铭文

早期的铜器铭文以记名为主，象形程度高。以"黾"字为例，"黾"本义指青蛙，甲骨文写作"𪓑""𪓑"，《说文》小篆写作"𪓑"。在早期的铜器铭文中，此字写作"𪓑""𪓑""𪓑"，与甲骨文、小篆相比，铜器铭文更为象形，对具体事物的描摹更为生动。表 3-1 是我们整理的一些记名的青铜器铭文，将其与甲骨文进行对比可以看出，这些文字对事物的描摹更加详细，图画性更强。

表 3-1 金文与甲骨文字形对照

例字	鸡	鸟	豕	马	羊	重
金文	（及父辛尊）	（鸟瓠）	（豕戈）	（马戈）	（羊己瓠）	（重爵）
甲骨文						

从商代末期到西周，一些青铜器上开始出现较长的铭文，这些铭文以记录制作器物的原因及目的为主。如出土于殷墟遗址的商代帝辛时期的四祀𠨘其卣，底部铸有铭文 42 字（图 3-2）。迄今发现字数最多的青铜器则数西周晚期的毛公鼎，该鼎出土于陕西省岐山县，现藏台北故宫博物院，内壁铸有铭文 497 字（图 3-3）。与早期以记名为主的铭文相比，此时期青铜

器铭文的象形性降低，对一些具体事物的描摹变得简略，字形更趋于规整方正。

图 3-2　四祀邲其卣及铭文

图 3-3　毛公鼎及铭文

　　到了春秋战国时期，长篇铭文又开始逐渐减少，铭文的内容也逐渐以记录制作者及制作时间为主，即所谓"物勒工名"（器物上刻上工匠的名字）。此时期的青铜器文字多以刻镂为主，字体与西周时期相比更为草率。

　　整体而言，由于青铜器在我国古代主要用于祭祀，所以铸刻在青铜器上的文字也往往较为正规，大多线条婉转，体态雍容，有的甚至加上诸多装饰，使整个字看起来华丽繁缛。青铜器文字的典雅繁复，与甲骨文的简洁多变形成了鲜明对比。

2. 灵巧便利的简牍文字

　　汉字家族成员中，简牍文字是数量最多的日常便用文字。简牍文字指书写在竹木简或木牍上的文字。我国盛产竹木，竹木材料既容易获得又便于修治，因此简牍是古代最为常用的书写载体，《尚书·多士》中就有"惟殷先人，有册有典"的记载。册在甲骨文中写作"▦""▦""▦"，像用编绳缀连起来的竹简，说明殷商早期就开始将竹木简作为书写工具了。但由于竹木容易腐朽，很难长久保存，至今还没有发现春秋以前的简牍文字。古代简牍的出土，在史书上有不少记载，其中最有名的，当数"孔子壁中书"和"汲冢竹书"的发现。

　　"孔子壁中书"发现于汉景帝时期，究其缘由，与秦始皇统一文字有密切联系。战国时期诸侯分立，不少诸侯国都有着自己的文字，造成了"言语异声，文字异形"的局面。秦始皇统一六国，规定全国人民必须以秦文字作为规范，废除了其他诸侯国的文字，东方六国文字因此逐渐消亡。与此同时，秦始皇还颁布了"焚书令"，禁止民间私藏"诗、书、百家语"。为了保存古代典籍，不少学者将手中的古书藏匿起来。孔鲋是秦始皇时期的博士，也是孔子的八世孙，为了保护古书，他将一大批典籍藏到了家中的墙壁中。到了汉惠帝时期，随着政治环境的相对宽松，不少古书开始重新面世。汉景帝年间，分封在鲁国的鲁恭王为了扩建宅第，拆掉孔子旧宅，结果在旧宅的墙壁中发现了《尚书》《礼记》《论语》《孝经》等典籍，这些典籍都用战国文字书写。汉武帝时，这批古书被孔子的后人孔安国所得，他认为这些古书是稀世珍宝，于是将其献给了汉武帝。武帝见到这批古书之后大喜过望，当即任命孔安国为博士，命他对古文《尚书》进行整理研究。没过几年，孔安国受到"巫蛊之祸"牵连，他的研究被迫中断。但孔氏进献的这批古书并未被人遗忘，仍有不少学者对其进行研究，最终形成了汉代"古文经学"派。"孔子壁中书"是古文书籍的一次大发现，也是见于史书的第一次大规模发现的战国竹简。

"汲冢竹书"发现于西晋武帝咸宁五年（279 年），那时有人在汲郡（治今河南卫辉市西南）以西盗掘古墓，发现几十车竹简。西晋政府听到消息，立刻派遣专人进行收集，运送到当时的首都洛阳。晋武帝派遣学者荀勖进行整理研究，主要工作是将竹简上的古文字转写为当时流行的楷书文字。荀勖去世之后，束皙继续整理这批古书。据《晋书·束皙传》记载，他"得观竹书，随疑分释，皆有义证"，可见他已经将这批古书全部整理出来。但随着"惠怀之乱"的爆发，西晋皇家藏书大多毁于战火，汲冢竹书也全部散佚。值得庆幸的是，经荀勖和束皙整理的竹书有一部分流传下来，现在能看到的还有《逸周书》《穆天子传》等。

"孔子壁中书"和"汲冢竹书"影响较大，可惜这些古书的原物和字形均未能保存至今。20 世纪以来，随着古文字学的发展和考古技术的进步，又有多批简牍古书出土，时代早至战国晚期，迟至三国。这些竹书种类繁多，内容丰富，向我们展示了早期文献的原始面貌。限于篇幅，无法一一讲述每种简牍古书的精彩故事，这里只简单介绍几种较有代表性的竹书。

楚国简牍

楚国简牍出土于河南、湖南、湖北等地，用楚系文字书写。郭店楚简、上博楚简、清华大学藏战国竹简、安徽大学藏战国竹简等是其代表。

郭店楚简 1993 年出土于湖北荆门郭店战国楚墓，共有竹简 726 枚，内容约 16000 字，包含《老子》《缁衣》等多部文献。郭店楚简本《老子》（图 3-4）章序与今本有较大差异，文字也有不少出入，是迄今所见年代最早的《老子》传抄本。

图 3-4　郭店楚简《老子》

　　上博楚简为上海博物馆 1994 年收藏，推测出土地为湖北江陵一带。上博楚简共 1200 余枚，约 35000 字，无论种类还是数量均远超已经公开发表的战国竹简。上博简中的《易经》是迄今为止发现的最早的《易经》版本，《孔子诗论》（图 3-5）、《缁衣》等篇对研究《诗经》《礼记》等传世文献也有重要意义。

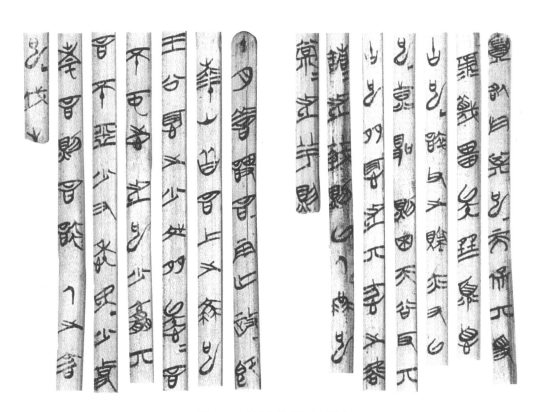

图 3-5　上博楚简《孔子诗论》

　　清华大学藏战国竹简入藏于 2009 年，共 1700—1800 枚，包括 60 篇以上的古代文献。清华简中有多篇《尚书》或类似《尚书》的文献（图 3-6），这些材料是我们研究《尚书》以及先秦史的重要参考。

图 3-6　清华简《金縢》

　　安徽大学藏战国竹简入藏于 2015 年，共有 1100 多个编号。经专家检测，时代为战国早中期。这批竹简仍在整理中，具体内容未全部公开。目前公布的资料为《诗经》。安徽大学藏简《诗经》（图 3-7）与传世本《诗经》多有不同，为我们研究《诗经》提供了早期版本。

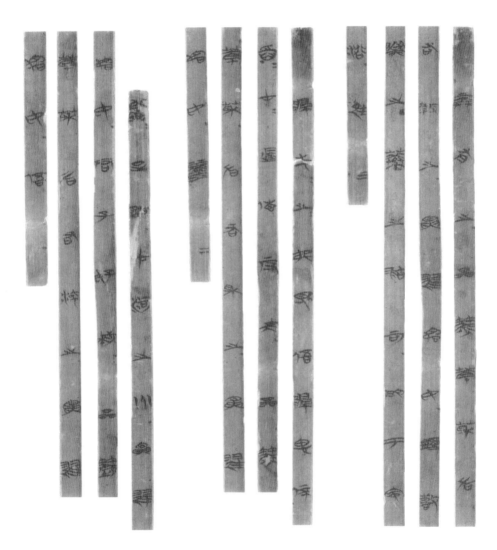

图 3-7　安徽大学藏简《关雎》

秦简牍

秦简牍出土于湖北、湖南、甘肃、四川等地，用秦系文字书写，其中较有代表性的为睡虎地秦简、青川木牍等。

睡虎地秦简 1975 年出土于湖北省云梦县睡虎地 11 号秦墓，共有竹简 1155 枚，另有残片 80 枚。在 4 号秦墓中，发现 2 件木牍家信。睡虎地秦简是我国历史上第一次发现的秦代竹简，内容包括《编年纪》《语书》《法律答问》《封诊式》等文献（图 3-8）。

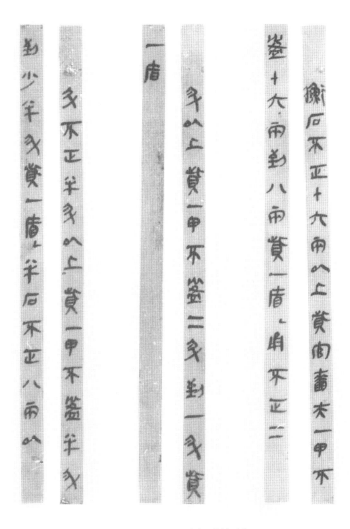

图 3-8 睡虎地秦简《效律》

　　青川木牍（图 3-9）1979—1980 年出土于四川省青川县，共有 2 枚，其中一枚字迹清晰，另一枚字迹模糊。字迹清晰的一枚正面和背面都有墨书文字，共 150 余字。

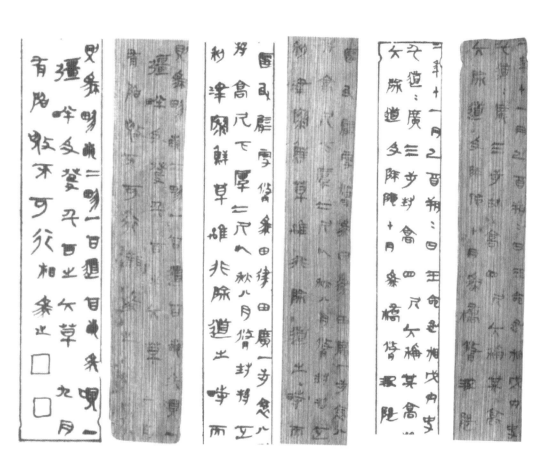

图 3-9　青川木牍及其摹本

汉代简牍

汉代简牍出土于山东、湖南、甘肃等地，用隶书书写，其中较有代表性的有银雀山汉简、武威汉简、居延汉简等。

银雀山汉简 1972 年出土于山东省临沂市银雀山 1 号西汉墓，共有竹简 4942 枚，2 号墓出土竹简 32 枚，包括《孙子兵法》《尉缭子》《孙膑兵法》（图 3-10）等文献。

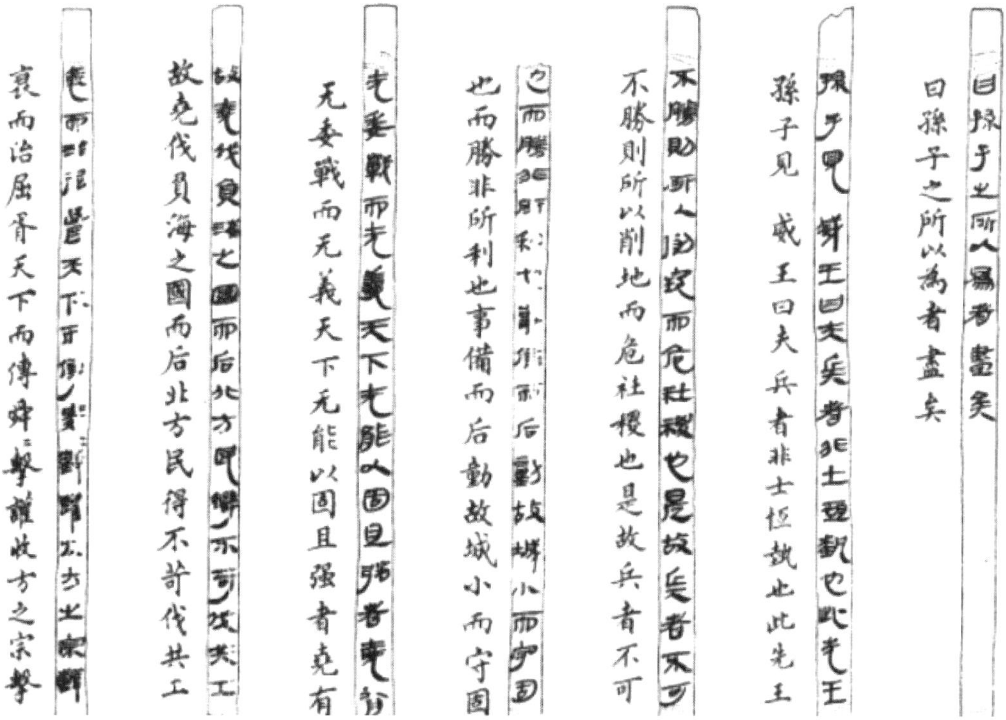

图 3-10　银雀山汉简《孙膑兵法》摹本及释文

武威地区气候干旱,利于简牍的保存。因此在武威出土了不少汉代简牍,其中较有代表性的有《仪礼》简(图 3-11)。《仪礼》简 1959 年出土于武威磨嘴子 6 号汉墓,共分为甲、乙、丙三种:这三种简抄写于西汉晚期,内容不同。《仪礼》简虽然成于众手,但字体整齐划一,非常规范。

图 3-11　武威汉简《仪礼》摹本

三国简

三国简目前出土较少，主要见于湖南，用隶书书写，其中最具代表性的是长沙市走马楼出土的三国吴简。

长沙走马楼三国吴简（图 3-12）出土于 1996 年，共有竹简近 14 万枚，主要内容为地方文书档案，字体有隶书、楷书和行书，还有一些草书，是研究三国史的重要资料。

图 3-12 长沙走马楼三国吴简

3. 贯通古今的石刻文字

　　汉字家族中，金属文字老成持重，代表了汉字家族最古老的传统，让人肃然起敬。简帛文字简便灵巧，代表了汉字家族的日常形态。要论丰富和有趣，则非石刻文字莫属。石刻文字指镂刻在石质材料上的文字，是汉字家族的万花筒。一个汉字只要被镂于金石，就注定被长时间铭记。它们可能自打镂刻起就被人反复瞻仰，也可能蒙尘百年甚至千年之后才被人记起。但镂刻在石头和金属上的意义完全不同。与随手可得的石头相比，金属终究是较为贵重的材料，二者价值判若云泥。如果说金属文字体现了文字与载体的相得益彰，那么汉字与石头的结合则赋予了二者全新的意义，汉字使最常见的石头不再平凡，而石头则成就了汉字的历久弥新。"无材可去补苍天，枉入红尘若许年。"不是每块石头都有补天之用，但如果一块无材补天的石头被刻上了文字，那这块石头就有了述历史、道兴亡的能力，谁能说这不是一种成功呢？如果说金属文字和简帛文字是深埋在地下的宝藏，那么石刻文字大都是矗立在地上的丰碑。而且甲骨文、金文、简帛文字都是特定历史时代的产物，石刻文字却从先秦一直延续到现代，贯通古今，向我们展示了汉字在不同发展阶段的一幅幅生动的面孔，它们或雅或俗，或端庄秀丽，或飞扬恣肆，可以说石刻文字是汉字家族中最丰富多彩的一类。

　　石刻文字的内容和用途也多种多样，包括功用未明的文字性符号、玺印文字、盟誓诅咒文字、歌功颂德文字、经籍样本文字、墓志墓碑文字、纪事游记文字、法帖文字、生活应用文字等。这些内容分布于社会发展的各个时代，也涉及汉字发展的各个阶段。这里只介绍歌功颂德文字、经籍样本文字、墓志墓碑文字。

歌功颂德文字

　　歌功颂德文字是把某人的功德写成韵文镂刻在石质材料上。将文字刻在石上，既容易取材，又便于诵读。自春秋之后，这种歌功颂德的方式成为主流。

　　有的歌功颂德文字镂刻在形制不规则的石头上，这些石刻称为碣，例如石鼓文。石鼓文是春秋晚期秦国作品，发现于唐代。石鼓指的是一种上圆下平的石礅，共有十个，每个上面都刻有一首古诗，内容以记述秦君渔猎为主。由于历代战乱，石鼓文破坏严重，现在仅存 272 字。

有些歌功颂德文字被镂刻在石碑上，称为碑文。如《史记·秦始皇本纪》记载，秦始皇统一中国后，在始皇帝二十八年（前 219 年）出巡东方。登峄山，立峄山刻石（图 3-13）。登泰山，立泰山刻石。登琅琊山，立琅琊台刻石。除此之外，还在芝罘、东观、碣石、会稽等处刻石，其内容均为歌颂秦始皇功德的韵文。

图 3-13　峄山刻石

经籍样本文字

经籍样本文字是为了规范经典中的文字而镂刻的。在印刷术尚未普及之时，许多典籍只能依靠手抄流传，难免出现讹误。为了使经典中的文字有一定规范，历代都会将标准的经书镂刻在石板上，称为石经。佛教传入中国，为了防止佛教经典失传，人们也将一些佛经刻写在石板上。经籍样本文字中，较有代表性的有熹平石经、正始石经、开成石经以及房山云居寺石经。前三种石经的内容是传统儒家经典，第四种石经的内容则是佛教经典。

熹平石经（图 3-14）刻写于东汉灵帝熹平年间（172—178），主要包括《鲁诗》《尚书》《周易》《仪礼》《春秋》《公羊传》《论语》七种经书，均用隶书书写。熹平石经刻成后，立在洛阳太学，当时就有大量学子前往摹写。但遗憾的是，由于历代战乱，熹平石经逐渐毁坏，现在仅有一些残石存世。

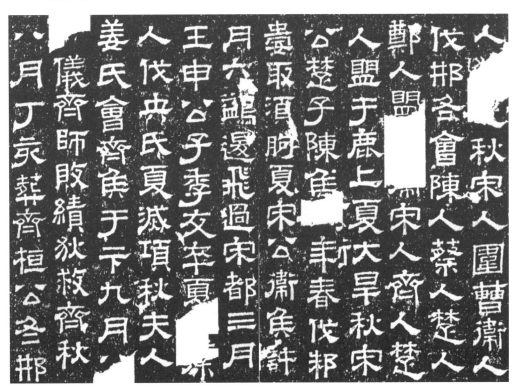

图 3-14　熹平石经

正始石经刻写于三国曹魏正始二年（241 年），包括《尚书》《春秋》两部经典。因为石经用古文、小篆和隶书三种字体书写，所以又称为三体石经。

开成石经（图3-15）始刻于唐太和七年（833年），成于开成二年（837年），包括《周易》《尚书》《诗经》《周礼》等十二种经典。开成石经现存西安碑林，是我国古代石经中保存最完好的一部，相当于一座大型石质书库。

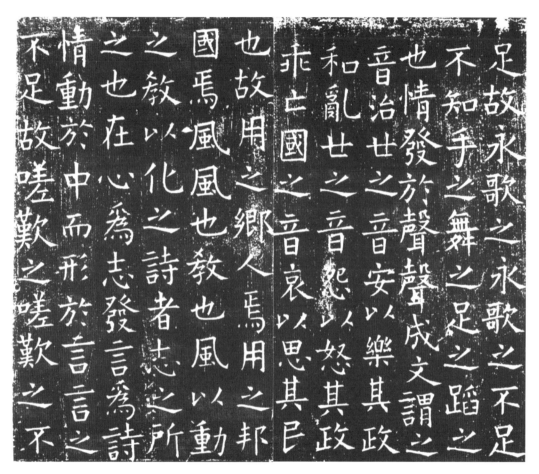

图3-15　开成石经《诗经》

房山云居寺石经（图3-16）的刻写始于隋代，终于明代，绵延千余年，是佛教石经中规模最大、历时最久、保存最完善的文化珍品。

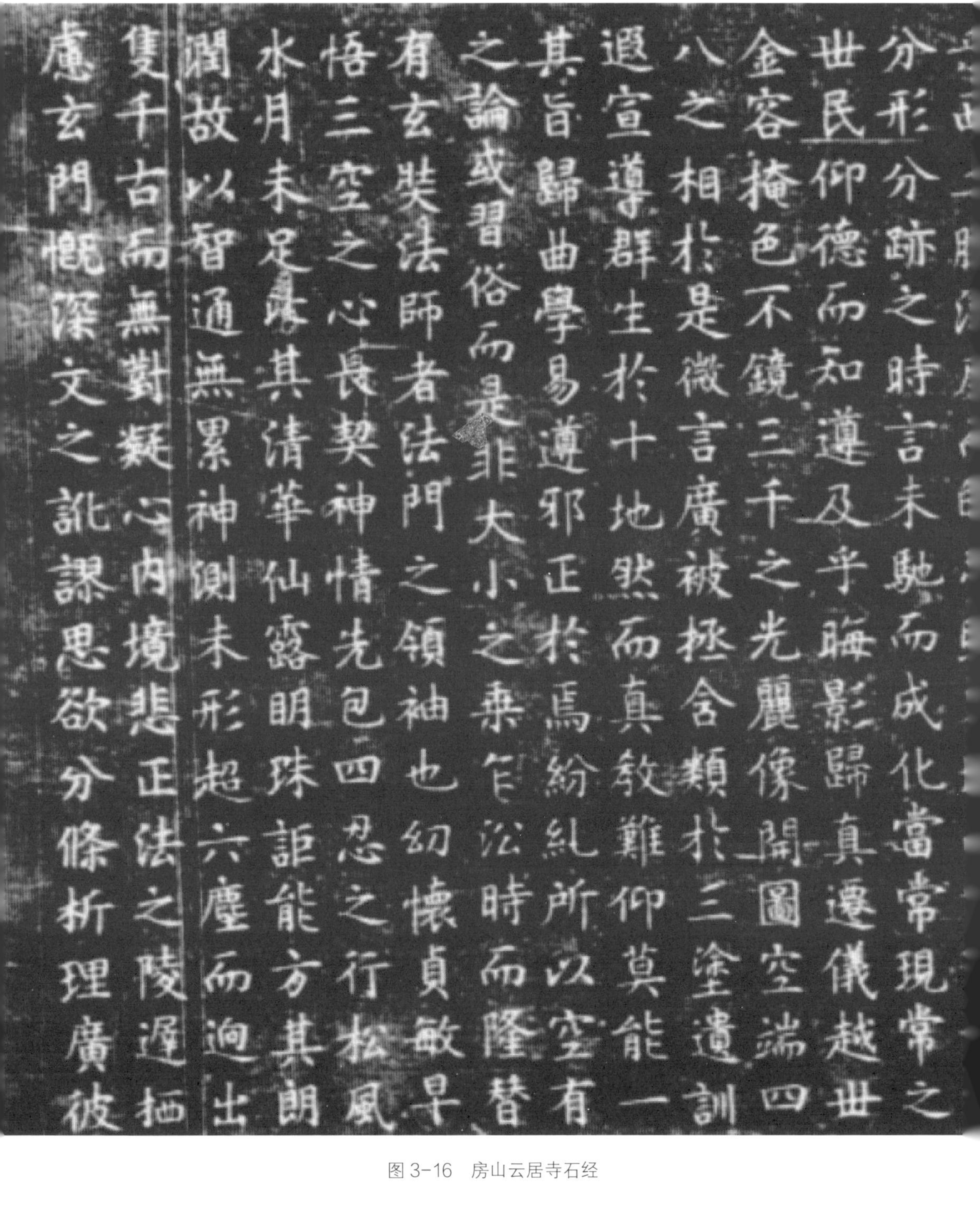

分形分跡之時，言未馳而成化，當常現常之世，民仰德而知遵。及乎晦影歸真，遷儀越世，金容掩色，不鏡三千之光；麗象開圖，空端四八之相。於是微言廣被，拯含類於三塗；遺訓遐宣，導群生於十地。然而真教難仰，莫能一其旨歸，曲學易遵，邪正於焉紛糾。所以空有之論，或習俗而是非；大小之乘，乍沴時而隆替。有玄奘法師者，法門之領袖也。幼懷貞敏，早悟三空之心，長契神情，先包四忍之行。松風水月，未足誅其清華；仙露明珠，詎能方其朗潤。故以智通無累，神測未形，超六塵而迥出，隻千古而無對。疑心內境，悲正法之陵遲，栖慮玄門，慨深文之訛謬，思欲分條析理，廣彼

图 3-16　房山云居寺石经

大唐三藏聖教序

御製

資

張細書

蓋聞二儀有像顯覆載以含生四時無形潛寒暑以化物是以窺天鑒地庸愚皆識其端明陰洞陽賢哲罕窮其數然而天地苞乎陰陽而易識者以其有像也陰陽處乎天地而難窮者以其無形也故知像顯可徵雖愚不惑形潛莫覩在智猶迷況乎佛道崇虛乘幽控寂弘濟萬品典御十方舉威靈而無上抑神力而無下大之則彌於宇宙細之則攝於毫釐無滅無生歷千劫而不古若隱若顯運百福而長今妙道凝玄遵之莫知其際法流湛寂挹之莫測其源故知蠢蠢凡愚區區庸鄙

墓志墓碑文字

　　墓志和墓碑都是以记述死者生平事迹为主，立于坟墓之外的是墓碑，埋在墓室之内的叫墓志。这类文字从汉代开始，绵延不绝，数量很多。其中较有代表性的墓碑有《曹全碑》《张迁碑》《史晨前后碑》等，较有代表性的墓志有《张黑女墓志》《董美人墓志》等。

　　《曹全碑》（图3-17）全称为《郃阳令曹全碑》，刻于东汉中平二年（185年），明万历年间出土。《曹全碑》文字清晰，字体秀美，是目前我国汉代石碑中保存比较完整的少数作品之一，原石现存西安碑林。

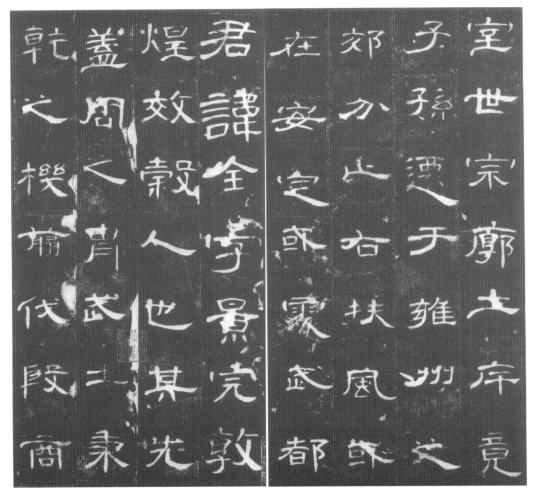

图3-17　《曹全碑》

《张黑女墓志》（图 3-18）全称为《魏故南阳张府君墓志》，亦称《张玄墓志》。张玄，字黑女，清人为避康熙帝名讳，改称《张黑女墓志》。该墓志刻于北魏普泰元年（531 年），字体风骨内敛，扁方舒朗，是魏碑的经典著作之一。

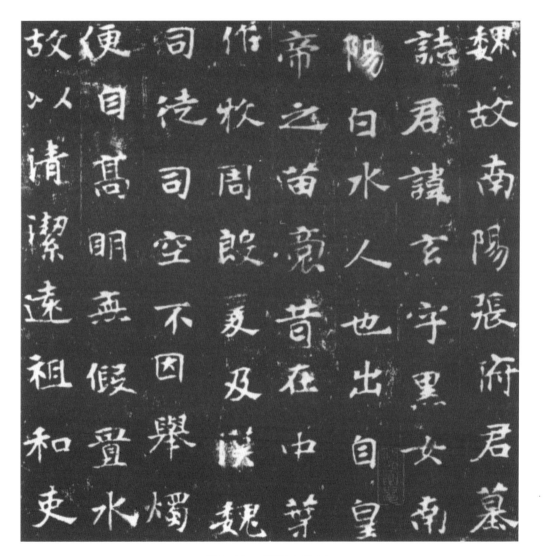

图 3-18　《张黑女墓志》

4. 平实广用的纸质文字

纸质文字指书写或印刷在纸张上的文字。纸张在西汉时出现，到东汉蔡伦对造纸术进行改良，纸张才得以大量生产。纸张物美价廉，得到越来越多人的青睐。在所有书写材料中，纸张是产生最晚却是影响最大的一种。书写在纸张上的汉字，也是汉字家族中年龄最小、出现最晚的成员。但纸张与文字的结合，又是世上最美妙的配合。书写在纸张上的汉字，忠实地履行着汉字的职能，记录着历史上发生的一切。它没有金属文字的熠熠生辉，没有简牍文字的一鸣惊人，也不像石刻文字被万世瞻仰。但纸质文字年轻而有活力，低调而有担当，它后来居上，可曲可伸，以自己的平实价值在通用层面基本取代了其他文字载体，成为坚定的文化传承者。纸质文字从汉代诞生起，就与时俱进，不断提高效用，靠自己无所不载的胸怀默默地看着人世沧桑，记录着所有人的喜怒哀乐，诉说着历史的兴衰。在印刷术发明之前，人们主要用手写的方式在纸张上进行书写。印刷术发明之后，出现了印刷体文字。因此，纸质文字分为两类，手写本和印刷本。

手写本

手写本文字是人工书写在纸张上的文字。手写本文字种类繁多，我们这里只介绍敦煌文献和《四库全书》两种规模巨大的手写纸质文字材料。

敦煌位于我国甘肃省西北部，是历史上丝绸之路的重要枢纽，也是中西文化的汇集地之一。从汉魏六朝到隋唐五代，敦煌汇集了东西方的多种文化，也留下了数量巨大的纸本文献。但随着丝绸之路的荒废，敦煌逐渐被人遗忘。莫高窟始建于前秦建元二年（366 年），清光绪二十四年（1898 年）左右，一个名叫王圆箓的云游道士来到敦煌，居住在莫高窟。光绪二十六年（1900 年），王道士无意间发现了位于莫高窟的藏经洞，藏经洞里藏有数量巨大的手写本文献。这些文献后来有一大部分流入国外，现在主要收藏在巴黎、伦敦等地（图 3–19）。一部分被当时的清政府收藏，现藏北京、台湾等地。敦煌文献内容丰富，其中既包括儒家、道家、佛教经典，也有相当数量的文学作品、语言文字书籍、历史地理书籍等。敦煌藏经洞出土的文献，几乎涉及了中国古代历史文化的各个方面，是一座伟大的文化宝库。敦煌文献的书写者既有文人雅士、官员胥吏，也有乡里孩童，是我们研究文字演变、构形的重要参考资料。

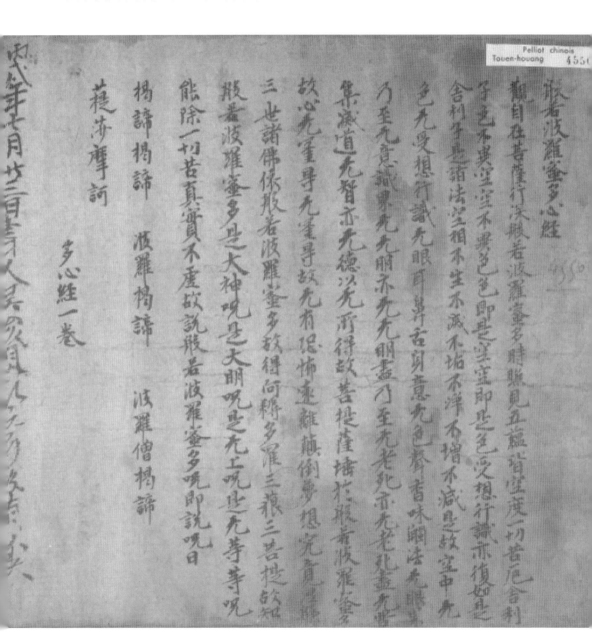

图 3-19　法国国家图书馆藏敦煌写本《般若波罗蜜多心经》

《四库全书》是清代乾隆年间编纂的一部官修丛书，因其所收书籍按照经、史、子、集四部分类法分类，基本上囊括了古代所有图书，故称《四库全书》。乾隆四十六年（1781 年），第一部《四库全书》抄写完毕，进呈文渊阁收藏（图 3–20）。之后的数年时间内，又抄写了六部。分别藏于文溯阁（沈

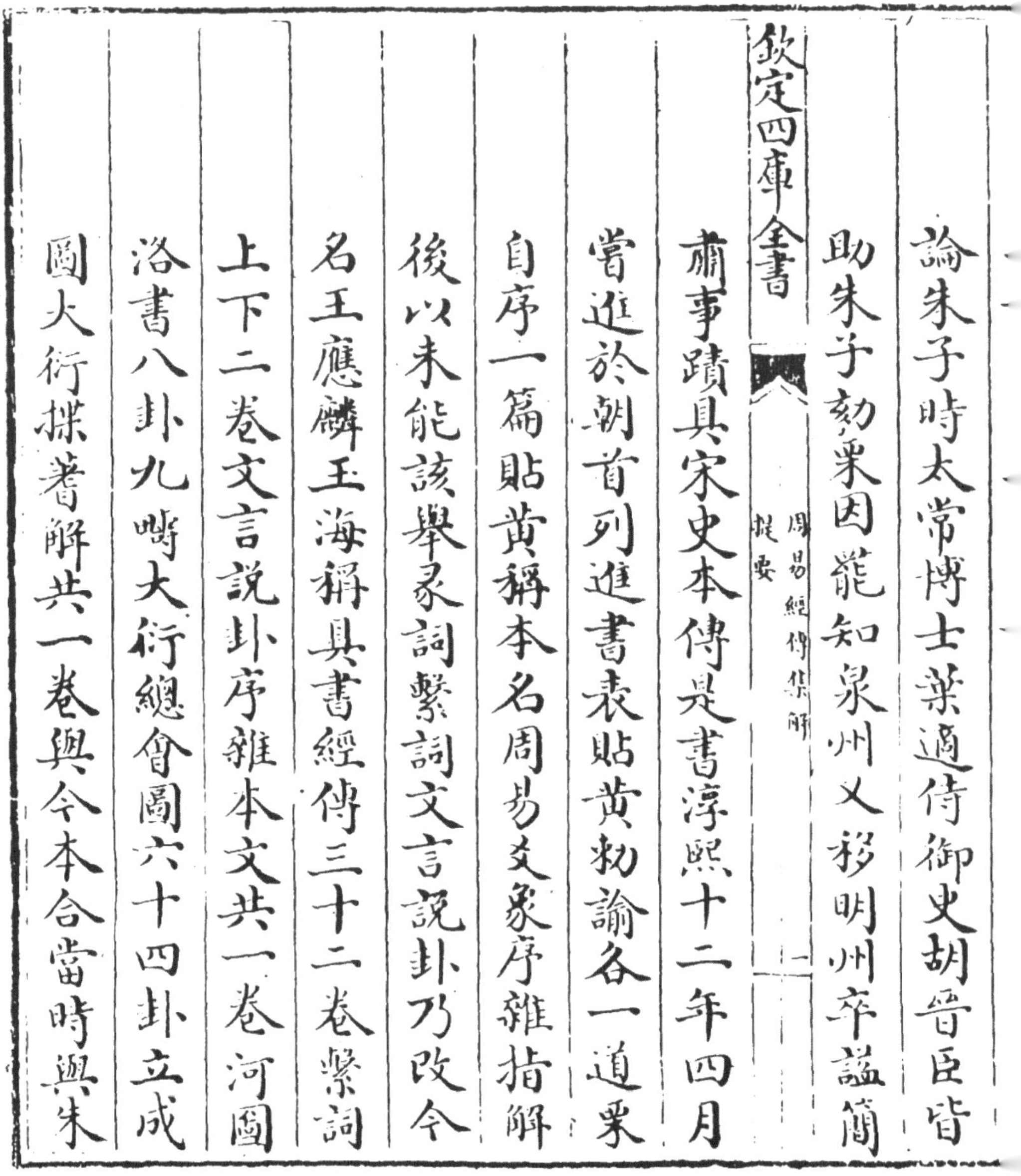
論朱子時太常博士葉適侍御史胡晉臣皆
助朱子劾栗因罷知泉州又移明州卒謚簡
欽定四庫全書
周易經傳集解
提要
一
肅事蹟具宋史本傳是書淳熙十二年四月
嘗進於朝首列進書表貼黃勅諭各一道栗
自序一篇貼黃稱本名周易爻象序雜指解
後以未能該舉彖詞繫詞文言說卦乃改今
名王應麟玉海稱具書經傳三十二卷繫詞
上下二卷文言說卦序雜本文共一卷河圖
洛書八卦九疇大衍總會圖六十四卦立成
圖大衍揲蓍解共一卷與今本合當時與朱

图 3–20 文渊阁《四库全书》

阳）、文源阁（北京圆明园）、文津阁（承德）、文宗阁（镇江）、文汇阁（扬州）、文澜阁（杭州）。

虽然《四库全书》在编纂过程中存在擅改、删削等问题，但整体而言，它保存了众多古代典籍，是研究传统文化的渊薮。同时，由于《四库全书》为手工抄写，也保存了大量古代特别是清代的字形和用字现象，是研究汉字演变不可忽视的重要材料。

印刷本

纸张的发明对于书籍的传播意义重大，但手写本容易发生文字错乱，且一次只能抄写一部，效率较低。所以人们在改进文字载体之后，又开始尝试改良文字的书写方式。到唐代，雕版印刷术出现。一块书版可以印刷成百上千部书籍，大大加快了书籍传播速度。而且雕版版面固定，书籍内容不易出错。就文字而言，每一次雕版等于将书籍重新抄写一遍，因而不同版本的字迹也不尽相同。图 3-21 从左至右分别是陈昌治本、汲古阁本、藤花榭本、续古逸丛书本、平津馆本《说文》的"丄"字条内容。从《说文》的"丄"字条内容可以看出，版本不同，文字也存在一定差异。

钦定四库全书

经部一

周易经傅集解

易类

提要

臣等谨案周易经傅集解三十六卷宋林栗

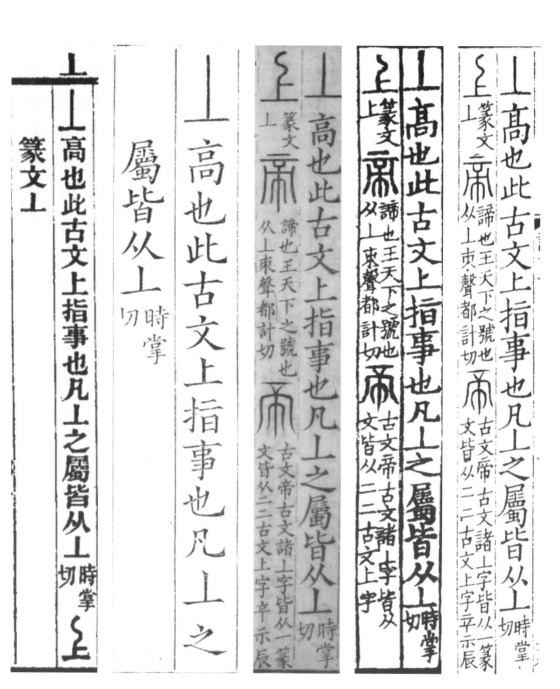

图 3-21　各版本《说文解字》"上"字条对照

雕版印刷术发明之初并未被用来刻印传统经典，而是以刊刻通俗读物和佛教经卷为主，五代时期才出现政府刻印的书籍。现存较早的雕版印刷实物有韩国发现的印刷于705年的《无垢净光大陀罗尼经》，以及在敦煌发现的印刷于唐代咸通九年（868年）的《金刚经》。国内现存的雕版印刷实物，年代较早的有1944年在四川出土的《陀罗尼经咒》以及国家图书馆珍藏的五代雕印的《文殊师利菩萨像》（图3-22）。

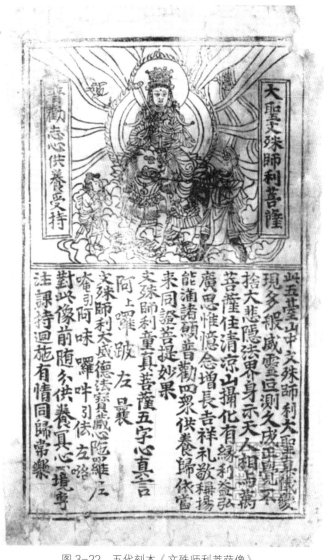

图3-22　五代刻本《文殊师利菩萨像》

　　到了宋代，毕昇创制泥活字，元代王桢又发明木制活字和转轮排字架。活字印刷术的应用使得同样的字可以反复使用，个体字符的书写样式得以固定，文字规范也就容易很多。遗憾的是，毕昇和王桢的活字印刷本只见于文字记载，没有实物传世，现在可见的最早的活字印刷书籍有明代弘治年间印刷的《九经韵览》《容斋随笔》等书。清代有铜活字印刷的《古今图书集成》《武英殿聚珍版丛书》等。

二、汉字的不同风格

　　上面一节主要从载体角度介绍了汉字家族的主要成员，本节将从书写风格角度介绍汉字的成长过程和不同群体的不同姿态。我们回头看小时候的照片，往往会觉得恍如隔世。汉字的发展也是如此，在成百上千年的使用中，汉字形体在进行着缓慢的改变。我们现在使用的汉字，就是经历了长时间演变的结果。大篆和小篆、古隶和今隶、行书和楷书、草书及其变体，都可以看作汉字成长过程中不同阶段的照片，各自有着不同的背景和体态，在汉字发展史上都有一定的价值和地位。大篆到小篆的变化，使汉字有了统一规范；古隶到今隶的变化，使汉字不再描摹具象；行书和楷书，标志着今文字阶段的正式来临；而草书的诸多形体，则有着艺术性的刻意追求。

1. 大篆与小篆

　　大篆主要指以籀文、石鼓文为代表的一种字体。籀文即周宣王时期的童蒙读物《史籀篇》中的文字，因为《史籀篇》早已亡佚，现存的籀文只有《说文》中收录的一部分，学者们对籀文多有争议，这里从略。

　　与籀文相比，石鼓文（图3-23）的研究与整理更为确实。石鼓文发现于唐代，在当时就引起巨大轰动，不少著名诗人都撰写诗篇对石鼓加以歌咏，如杜甫、韦应物、韩愈等。除了文学家之外，唐代书法家虞世南、欧阳询、褚遂良等也从学术的角度对石鼓上的文字进行过鉴赏和研究。为了保护文物，这十面石鼓被移到凤翔孔庙，但在运送过程中出现遗失，只有九个被安全送到。唐末五代战乱频仍，石鼓逐渐散佚。到了北宋初年，司马光的父亲司马池将散佚的石鼓收集起来，安置在凤翔学宫，总数仍是九个。北宋中期，有一位叫向传师的金石学家在民间访得第十面石鼓，但此石鼓已被改作石臼，每行缺少三个字。自此，十面石鼓终于凑齐。到北宋末年，宋徽宗将十个石鼓运至首都开封。为防止反复拓印损坏文物，徽宗将石鼓上的文字用黄金填满。此后不久，"靖康之难"发生，北宋灭亡，石鼓也被金人运至燕京（今北京）。金人不知石鼓的价值，将石鼓中镶嵌的黄金取出后将其抛弃荒野。元代初年，石鼓被重新找回，放置在北京孔庙之内。1931 年，日军攻占沈阳，为了保护文物安全，当时的国民政府将石鼓运至南京。抗战胜利后，石鼓被运回北京，现存北京故宫博物院。2013 年，《国家人文历史》杂志评选出中国九大镇国之宝，石鼓文名列其中。

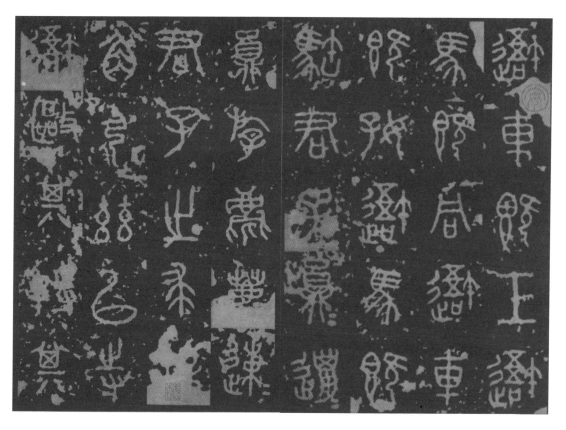

图 3-23　石鼓文

　　小篆指秦始皇统一中国后实行"书同文"政策时所颁布的标准字体,由丞相李斯等在大篆的基础上改造而成,带有明显的人为规范性。秦始皇统一六国后,率领大臣在东方巡游以宣扬威德,分别在峄山、泰山、琅琊台、芝罘山、碣石、会稽等六地刻石颂功。这些刻石均为丞相李斯手笔,被认为是小篆的典范之作。在这六种刻石中,峄山、泰山、琅琊、会稽四石均有宋代拓本存世,被称为《秦四山刻石》。其中峄山、会稽两刻无原石传世,现存拓本均为后人摹刻,而泰山、琅琊二刻则有零星原石留存。泰山刻石(图3-24)镂刻于秦始皇二十八年(前219年),原石扁圆,四周刻字,共222字。刻石立在泰山顶上,剥蚀较为严重,宋代时仅剩47字。明代嘉靖年间,刻石被移到泰山碧霞元君祠内。不幸的是,清代乾隆年间碧霞元君祠发生大火,刻石因此毁坏。嘉庆年间,两块残石被找到,仅剩10字,被称为"十字石"。琅琊台刻石原石呈圭形,现在仅存86字,藏国家博物馆。除上述刻石外,现存较为典型的小篆还有秦国虎符、权量上的文字以及《说文解字》所收的9000多个字头。

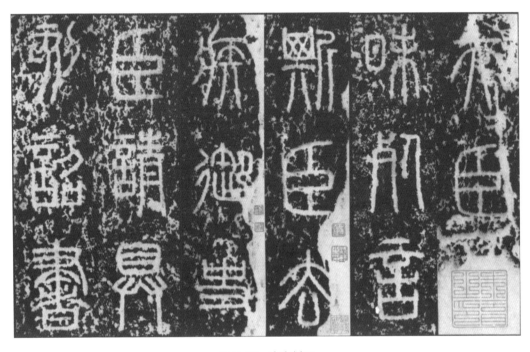

图3-24　泰山刻石

将大篆和小篆进行对比，可以发现二者的形体较为接近，均有工整匀称、修长婉转的特点。但二者也有区别，表3-2将二者的一部分字形进行简单对比，表中大篆来源于石鼓文，小篆来自《说文解字》。

表3-2　大篆、小篆字形对照

例字	涉	爲（为）	草	中	道
大篆					
小篆					

可以看出，与石鼓文大篆相比，小篆字形更为匀称，结构也更加合理。例如"涉"字，石鼓文字形描绘两只脚（止）跨过一条小河（水），象形程度较高。小篆则将"水"立了起来，两只脚放到一边，在一定程度上丧失了原构形理据，但字形看起来更为匀称美观。又如"道"字，石鼓文从行从首从寸，形体较为复杂。小篆字形从辵从首，形体更为简单也更为美观。

秦朝的"书同文"不只是用小篆统一全国的字体，更重要的是统一规定字的用法和事物的名称。这种语言文字上的统一适应秦朝政治军事的统一，强力维护了中央集权制，也大大促进了语言文字的规范和发展，对后世影响很大。

2. 古隶与今隶

范仲淹在延州（治今陕西延安）和西夏作战时，望见大雁南飞，不禁想到了离家万里。他百感交集，写下了《渔家傲·秋思》这首千古名作："浊酒一杯家万里，燕然未勒归无计。羌管悠悠霜满地。"这首词中"燕然未勒"一句化用了窦宪远征匈奴的典故，这也是历代文学作品中常见的典故之一。据《后汉书·窦宪传》载，窦宪率兵攻打匈奴，大获全胜。为了记录这次功绩，他命班固撰写了一篇《封燕然山铭》，并将其镂刻在燕然山上。窦宪战胜匈奴对于东汉王朝意义重大，所以后人用"燕然勒石"代指击退外敌建立功勋。但由于历代史书都未记录燕然山的具体地点，数千年来，似未有人见到其真正面目。2017 年，由我国内蒙古大学及蒙古国成吉思汗大学组成的联合考察团在蒙古国杭爱山的支脉上发现了蒙尘两千多年的《封燕然山铭》（图 3-25 ）。

图 3-25　《封燕然山铭》拓片及原石

　　《封燕然山铭》镂刻于东汉永元元年（89年），属于东汉早期。就其使用的字体而言，属于古隶，古隶是与今隶相对的文字学概念。从现有的材料来看，隶书形成于战国晚期，前身是古文字的俗体。秦人为了书写便利，不断对古文字进行简化改造，隶书逐渐产生。秦代到西汉早期，隶书还处于发展阶段，尚未完全成熟。从汉武帝时期到东汉末年，隶书逐渐成熟。尚未成熟的隶书称为古隶或秦隶，已经成熟的隶书称为今隶或汉隶。在现存的传世碑刻中，《曹全碑》《乙瑛碑》《史晨碑》等均是较为典型的今隶，而《封燕然山铭》《熹平石经》则是古隶的代表。为了更好地了解古隶文字的特点，在表3-3中截取《封燕然山铭》拓片字形，并将其与典型今隶进行对比。

表3-3　古隶、今隶字形对照

例字	其	辟（辞）	寍（宁）	君	者
古隶 （《封燕然山铭》）					
今隶	 《曹全碑》	 《乙瑛碑》	 《曹全碑》	 《曹全碑》	 《乙瑛碑》

　　可以看出，今隶字形多呈扁方形，笔画舒展。横画略呈微波起伏之势，书法家将今隶的这种特点称为"波势""波磔"或"蚕头燕尾"。而《封燕然山铭》中的字则带有一定的古文字特征，笔画特点不很突出，波磔也不明显。古隶与今隶的最大区别就是古隶笔画特点不明显，而今隶的笔画有明显波磔。那么，镂刻于东汉的《封燕然山铭》为什么还会使用古隶呢？我们认为其中缘由主要有两点：其一，字体的演变不会一蹴而就，新的字形出现后，旧的字形往往不会立刻退出历史舞台。其二，《封燕然山铭》是为了彰显国威而镂刻的，使用的文字也需要古朴庄严。

3. 楷书与行书

东晋永和九年（353 年）春天，王羲之与几位好友在会稽山阴（今浙江绍兴）举行"修禊"活动。所谓"修禊"，本指暮春时节在水边举行的一种祭祀，但在魏晋时期，这种祭祀已经成为以踏青、聚会为主的游乐活动。王羲之和他的朋友们饮酒作诗，相谈甚欢。在聚会结束时，共写出诗篇 37 首。王羲之将这些诗文编在一起，取名为《兰亭集》。按照当时的惯例，他应当为这本诗集撰写一篇序言。当时王羲之饮酒正酣，即席挥毫，写下了《兰亭集序》（又称《兰亭序》）。时至今日，《兰亭集》早已不为人知，而《兰亭序》却广为流传。《兰亭序》的广为人知，一方面因为其文辞优美，是魏晋文学的代表作品之一；另一方面，更与《兰亭序》在书法上的非凡成就有密切关系。《兰亭序》全文早已入选高中教材，这里无须赘述。但它作为行书精品的故事却未必人人皆知，我们这里就来讲一讲《兰亭序》书法真迹的故事。

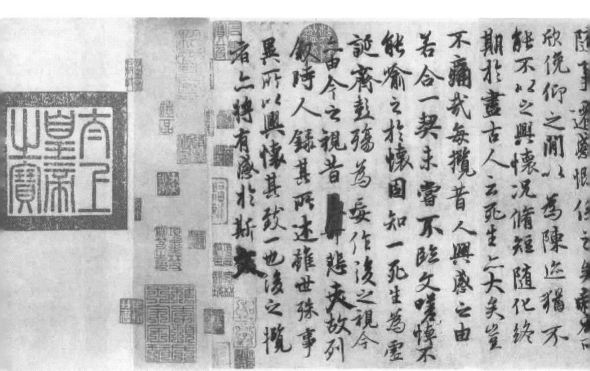

图 3-26 神龙本《兰亭序》

　　《兰亭序》写成之后，王羲之自己非常满意。据说次日他酒醒之后，试图重写一份，却再也无法写出同样的作品。正因为如此，《兰亭序》一直为王氏家族所珍爱，代代相传，到了王羲之的七代孙智永和尚手中，时间已经是唐代。由于智永没有子孙，只得将《兰亭序》真迹托付给弟子辩才。辩才不敢怠慢，特意将《兰亭序》藏在卧房的暗格之中。唐太宗李世民得知《兰亭序》在辩才手中之后，赶忙命人将辩才请入皇宫询问真迹下落。但不论如何盘问，辩才都说真迹已经亡佚。后来，唐太宗派遣监察御史萧翼伪装成商人，前往山阴寻访真迹。萧翼很快获得了辩才的信任，得以见到《兰亭序》真迹。有一天，恰逢辩才外出，萧翼趁机盗走《兰亭序》，并将其献给唐太宗。唐太宗大喜过望，立刻命令当时专门供职朝廷的书法家赵模、韩道政、冯承素、诸葛贞等人将《兰亭序》临摹数份，送给太子和近臣。唐太宗在弥留之际仍然对《兰亭序》真迹放心不下，最终留下遗诏，将真迹随葬。《兰亭序》真迹从此销声匿迹，只有摹本传世（图 3-26）。

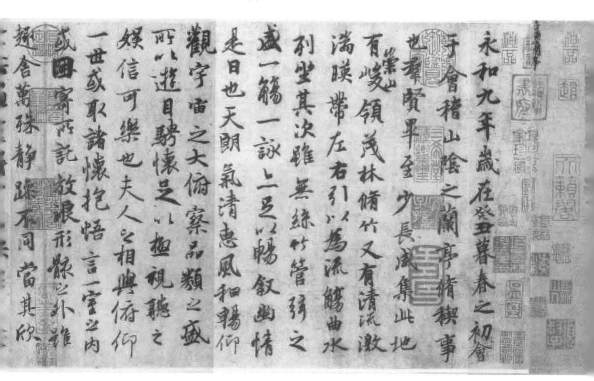

　　王羲之的书法作品在魏晋时期已经远近闻名，到了唐代，因为唐太宗的追捧更被人奉为至宝。据张怀瓘《书估》记载，唐人对王氏书迹的搜集不遗余力，将其认真抄写的东西奉为国宝，甚至连其便条、书信都可以依字计价。在现存的王氏书法中，《快雪时晴帖》《十七帖》《丧乱帖》等就是王氏给友人书写的便签或书信。

　　除了唐太宗之外，清乾隆皇帝也对《兰亭序》喜爱有加，他将八种《兰亭序》摹本刻在石柱之上，并将其放置在位于圆明园的坐石临流亭中，这就是著名的"兰亭八柱"。到了清代末期，圆明园被英法联军焚烧，兰亭八柱虽然在火灾中幸存，但被弃于荒野。到了1917年，兰亭八柱被安置在由社稷坛改造的中央公园（今称中山公园）内。直至今日，兰亭八柱虽然略有风化，但依然可以辨读，成为中山公园的重要景观之一。

　　《兰亭序》被称为"天下第一行书"。所谓"行书"，指的是一种介于楷书和草书之间的字体。我们日常习字，往往会先练习楷书再练习行书和草书，但就文字发展而言，行书、草书和楷书是同时并行的三种书体。所谓楷书，指的就是形体方正、笔画平直、可作模范的书体，又称作"真书""正书"。现在可见最古的楷书是三国时期钟繇的书迹（图3-27），所使用的字体与行书非常相近。到了魏晋南北朝时期，楷书不断发展，逐渐成为主流字体。到唐代，楷书更加成熟，出现了大批杰出的书法家，其中最著名者有欧阳询、褚遂良、颜真卿、柳公权等。

　　楷书与行书在形体特点上虽然存在一些差异，但毕竟相同之处更多，我们基本可以将二者看成属于同一种字体的不同分支。而隶书与楷书则是汉字发展的两个阶段，二者形体存在较大的差异。下表将一部分隶书和楷书进行对比，第一行取自东汉时期隶书的典型代表，第二行取自楷书范帖欧阳询《九成宫醴泉铭》，从表3-4中我们可以很明显地看出二者的区别：就整体而言，隶书呈扁平态，楷书呈正方形；就笔画层面而言，楷书的横没有波磔、撇的斜尖向下，硬钩、横折等笔画也是楷书特点，在隶书中未见使用。

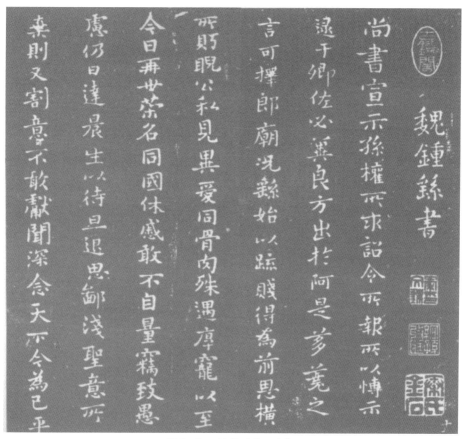

图 3-27 钟繇《宣示表》

表 3-4 隶书、楷书字形对照

例字	以	之	爲（为）	無（无）	代
隶书	《史晨碑》	《曹全碑》	《曹全碑》	《曹全碑》	《礼器碑》
楷书					

之所以会出现这样的变化，主要与书写者追求便利有关。以表 3-4 "无"字为例，隶书的横画往往在起笔时会有下垂，而收笔时则会向右上方挑出，

形成所谓"蚕头燕尾"。而楷书的起笔、收笔则明显简单，这样更方便书写下一个字。总之，楷书的产生是汉字在长期书写中的自然选择，具有充分的合理性。也正因为如此，汉字形体发展到楷书就开始趋向稳定，并一直沿用至今。

从汉字的使用历史看，楷书是主体。其横平竖直的书写风格和方方正正的外形特征，也是中华民族品格的象征。

4. 草书三体

图 3-28 是一张字迹潦草的便条，相信不少人第一次见到时，除了最右侧的"张旭书"三字之外，一字不识。在生活中，如果有人给你留下这样一张字条，你也许会直接扔掉。但这幅字陈列在西安碑林博物馆第三展室，与它一起陈列的还有《曹全碑》《熹平石经》《广武将军碑》等著名石碑，从这些一同展览的石碑也可看出它的价值。所以，这块碑绝不能以"潦草"二字简单带过。要想了解这幅字的妙处，我们可以先从最右侧"张旭书"这三个字入手。

图 3-28　《肚痛帖》

张旭字伯高，在草书方面造诣极高，被称为"草圣"。因其官至金吾长史，又被称为"张长史"。杜甫在《饮中八仙歌》中赞美了他所谓的"饮中八仙"，其中有"张旭三杯草圣传，脱帽露顶王公前，挥毫落纸如云烟"之句。这几句诗对张旭的描写可谓生动至极，脱帽露顶、挥毫落纸描绘了醉酒后的潇洒恣肆，这也正与他的书法风格极为贴近。韩愈在《送高闲上人序》中对张旭的书法有极高评价，指出张旭的书法不但笔法变化莫测，而且将自己的喜怒哀乐都寓于书法之中，从张旭的字里简直可以看到他的心情变化。上文提到的便条名叫《肚痛帖》，是张旭肚子痛时给自己的诊断结果，也是他传世书迹中较有名的一幅。共30字，全文如下：

忽肚痛不可堪，不知是冷热所致，欲服大黄汤，冷热俱有益，如何为计，非冷哉。

整体看来，全帖呈现出一种狂放自由、汪洋恣肆的艺术情趣。开始的"忽肚痛"三字，由于刚刚下笔，还写得较为规整，这也是全帖最好认的三个字。从"不可堪"开始，笔画忽然变轻，每个字开始飞动起来，连贯而下。到了末尾"非冷哉"三字，飞舞的文字似乎已经无法节制。所以这三个字虽然与开头的笔画粗细相仿，却表现出翻转奔腾、无拘无束的气象，与开头形成呼应和对比。

《肚痛帖》所用的字体是草书。草书有广义和狭义之分，广义的草书指书写潦草的字，而狭义的草书则指一种特定的字体，我们一般讨论的草书指后者。草书在各种字体中的地位比较特别，了解草书者，对它欣赏有加；而不了解者，却往往觉得它只是"鬼画符"，谁都可以创作。就拿《肚痛帖》来说，书法家们对其有无数的赏析和研究，但如果不懂书法，我们很可能根本无法领悟其中奥妙。狭义的草书包含三种不同风格的字体，即所谓"草书三体"：章草、今草和狂草。草书原本脱胎于隶书的草写，所谓"章草"，实际上就是今隶的草写。今隶的最大特点是笔画出现波磔，章草的最大特点也是在每字结束时采取波磔的收笔方式。现存的章草作品中，最具代表性的是三国时期吴国书法家皇象写的《急就章》（图3-29）。

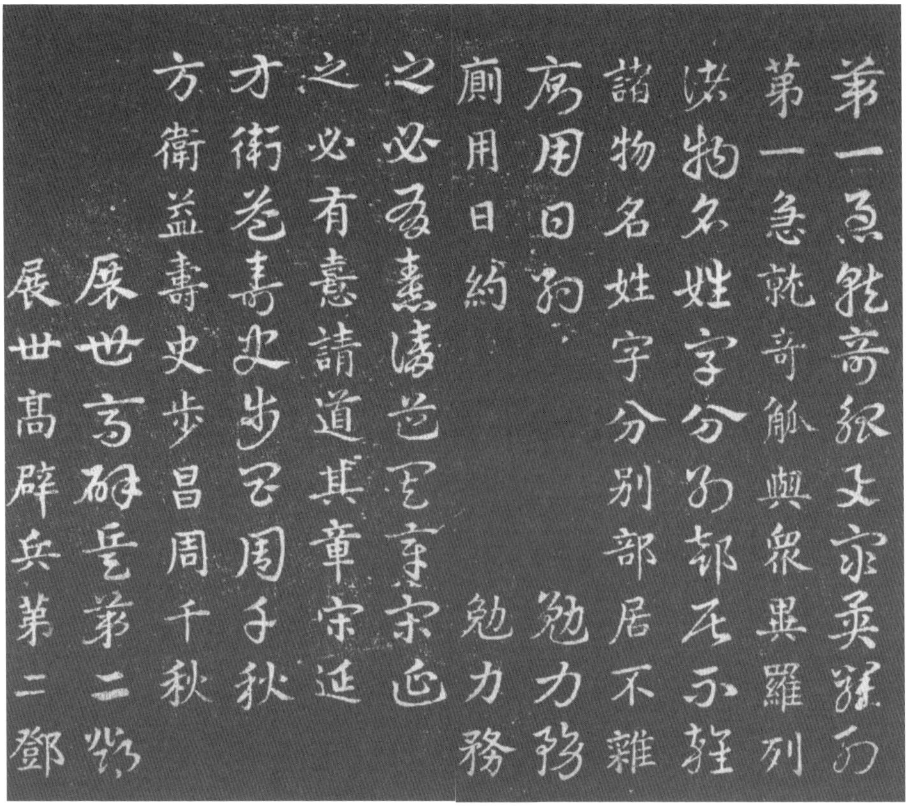

图 3-29　皇象本《急就章》

　　魏晋南北朝时期，章草在行书与楷书的影响下逐渐发展，由此形成了今草。今草与章草既有相同之处也有不同之处。相同之处在于，今草的字形基本沿袭章草。不同之处有二：其一，章草中还有不少隶书的笔法，而今草中隶书的笔法逐渐消失；其二，今草连笔比章草多，字与字之间出现了钩连。现存的今草作品相对较少，其中比较有名的当属陆机《平复帖》（图3-30）。

　　将今草写得更加草率，字与字的钩连更加密切，就形成了狂草，上文提及的《肚痛帖》就是典型的狂草作品。值得说明的是，草书来源于隶书，章草的使用范围相对较广。随着草书的日趋潦草，其艺术价值逐渐高于使用价值。今草已经少有人使用，狂草更是难以辨识，完全成了艺术品。

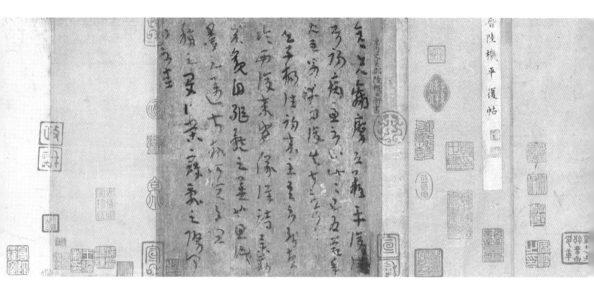

图 3-30　陆机《平复帖》

三、汉字的共同体征

汉字被称为"方块字"，因为方块形状是汉字的共同体征。这个"方块"包括长方形、扁方形和正方形，也可以包括早期的不规则块状。由不规则的块状演变成正方形，体现了汉字形体发展的进程，也映照着中华文明进步的历程。就现有文字材料看，甲骨文、金文的形体不很确定，总体上可以看成不规则的块状；小篆阶段的汉字多取纵势，基本呈长方形；隶书阶段的汉字多取横势，基本呈宽扁的长方形；直到楷书阶段，汉字才最终变成正方形。可见汉字是在书写过程中逐步变得方正的。那么，汉字为什么会是方块形？又是如何从不规则的块状逐渐变得方正的呢？

1. 构形方式对汉字形体的影响

当今时代，汽车在我们生活中的地位日益提高，几乎成了人人必用的交通工具。除了使用价值之外，汽车还是身份、地位乃至个人品位的象征。从出土文物可知，我国至迟在商代已经开始用车。

　　殷墟商代墓葬中发现不少车辆遗迹和车辆配件，考古学家根据这些文物，对商代车辆进行了初步复原，如图 3-31 所示。

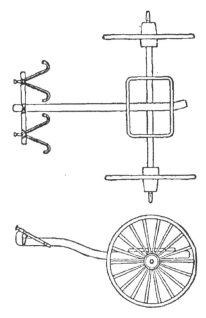

图 3-31　商代车辆复原图

　　那么，古人是如何用文字记录语言中表示"车"这个事物的呢？"车"字在商周时期已经出现，我们简单将"车"字的形体变迁整理如表 3-5 所示。

表 3-5　"车"字形体演变

甲骨文	金文	战国文字	小篆	隶书	楷书
		車	車	車	車

　　上述古文字描绘的细节虽有不同，但都重点突出了车轮、车轴等主要部分。将甲骨文、金文形体与上文的复原图相比，可以发现二者非常相似，商周时期的"车"字就是对车辆俯视图的描摹。在古文字阶段，"车"字象形意味较浓，呈不规则的团块状。随着文字的发展，字形逐渐简化，车轴等

部分被省略,车轮成了全字主体,这个形体即后来"車"字所本。简化过程中,"車"字的象形意味逐渐减少,而字形日益规整。到楷书阶段,就定型为方块的"車"了。

汉字最初是用"依类象形"的方式创制出来的。客观事物在三维空间中存在,而文字在二维平面中书写。在将三维空间的事物转化为二维文字时,很容易形成团块状。就"车"字而言,古人用描摹俯视图的方式创造"车"字,就必然会将立体的车辆"压扁"而形成团块状的"车"字。

古人描摹各类动物时,也会采取"依类象形"的方式。狗是人类最早驯化的动物之一,古人称狗为"犬",甲骨文中已经出现了不少"犬"字,说明至迟在商代,我国先民已经开始养狗。"犬"字的形体演变也可以体现出汉字从不规则的团块状变为"方块字"的过程。为表述方便,我们将"犬"字的形体演变整理如表3–6所示。

表3–6 "犬"字形体演变

甲骨文	金文	战国文字	小篆	隶书	楷书

从表3–6可见,甲骨文、金文的"犬"字在细节上多有不同,但都是对狗侧视形的描摹,重点突出狗的尾巴。古人通过生动描摹狗的侧视图,将三维空间中的狗搬到了二维平面上。随着汉字的发展,"犬"逐渐不再象形,战国文字已经与甲骨文、金文存在差异。到隶书,我们已经无法从字形看出狗的样子了。古文字字形并不规整,到小篆阶段,"犬"字形体进一步规范,呈长方形。隶书阶段,"犬"字呈宽扁的长方形。到楷书,方块形的"犬"字最终定型。

总之,汉字最初的构形方式以描摹客观事物为主,而客观事物是立体的,把立体的客观事物转化成平面的文字形体,无论是俯视还是侧视,描摹出来的形体都是不规则的块状。随着文字的发展，在审美意趣、书写载体等因素的共同作用下，汉字最终成了"方块字"。

2. 书写载体对汉字形体的影响

出土于甘肃的肩水金关汉简中有一枚残破但有趣的木简，简上写画有一只兔子（图3-32）。

这只兔子栩栩如生，看起来正在奔跑。与我们常见的兔子不同，它是立起来奔跑的。之所以会出现这样的图画，并不是因为我们的祖先已经有了创作漫画的意识，而是因为这只兔子画在条块的木简上。从目前出土较多的战国竹简的形制来看，一般而言，单枚竹简宽度较窄，长度因内容而异。要想在左右较窄的竹简上画一只奔跑的兔子，难度不小。为了保证图画美观，书写者最终选择让兔子"站立"起来奔跑。

除了对绘画有影响之外，书写载体的形制也会对汉字的形体产生较大影响。在汉字产生之初，载体可能是大地、石块、树叶等未经加工的自然物。在这些载体上面书写，汉字形体不会受到束缚。但随着文字载体向青铜器物、竹木、布帛、纸张等规则物体发展，载体的形制开始逐渐对文字形体进行约束。甲骨文、金文中有不少动物也站了起来，如："虎"字甲骨文写作"𧇂"，金文写作"𤝁"；"象"字甲骨文写作"𧰨"，金文写作"𧰼"。之所以会出现这样的现象，就是因为受到书写载体的制约。

竹简是古代应用最广、影响最大的书写载体。因为竹简较窄，对汉字的宽度进行了天然限制，而为了在一支简上书写更多的文字，势必不能将一个字写得过于修长。竹简形制的长宽限定，对汉字形体有巨大影响。在这种影响之下，即使书写载体变成更宽更长的布帛、木片或纸张，书写者仍会仿照竹简的形制在这些载体上打出竖行线或格子。马王堆帛书（图3-33）是较为典型的书

图 3-32 肩水金关汉简

写在丝帛上的文字，从出土文物可以看出，许多帛书上均有书写者人为画出的竖行界格。在这种行格的约束之下，汉字形体变得日益规整。

到唐代，雕版印刷技术逐渐成熟。对于雕版印刷来说，方正的木片便于制作、排版、储存，是相对理想的工具。而将字形规划为方块，可以更高效地利用版面，同时也可使版面更为美观。图3-34 是《广韵》中的一页，可以看出，这一页中的文字排列井井有条，版面清晰美观，让人赏心悦目。之所以会有这样的效果，与方块形汉字本身的规范整齐有密切关系。雕版印刷的广泛使用使得书籍的流通更加便利，这种方正的形体也随着书籍的流通而深入人心。

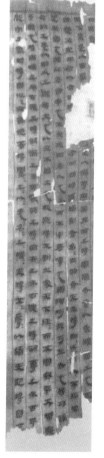

图 3-33　马王堆汉墓帛书　　　　图 3-34　泽存堂本《广韵》

3. 审美意识对汉字形体的影响

对联是中华传统文化的精髓之一，在我国影响极其深远。直至今日，各类春联、楹联仍然随处可见。人们用对联表达自己的喜怒哀乐，表达对未来的憧憬和对前贤的怀念。为什么中华民族会发明对联这种艺术形式呢？这与中华民族讲求对称的审美观念有关。对称美是中华民族的重要审美观念，对对称美的追求表现在我们生活的方方面面。中华民族有"门当户对""投桃报李""好事成双"的习俗，我们的传统建筑也往往讲究左右对称。在文学艺术中，中国的诗歌讲求对偶，中国的绘画讲究呼应，这都是对称均衡美的体现。可以说，中华民族在生活的各个方面和各种物质文明上，均留下对称审美的烙印。

中华民族讲究对称的审美观念，对汉字形体影响深刻。汉字在产生之初，为了描摹具体事物，其形体势必不会十分规整。但随着时代的发展，汉字变得日益规范，最终形成了方块形。在文字由不规则块状演变为方块形的过程中，对称均衡的审美观念起到了重要作用。例如"刖"字，反映的是古代一种砍脚酷刑，甲骨文原本写作"🧍""🧍"等形，像一个人被砍掉一只脚。甲骨文字生动描绘了砍脚的情形，几乎一望可知。但由于刑具和手都要放在右下角，使得整个字形难以平衡。正因为如此，古人另外造了一个形声字"刖"来代替甲骨文字形。与甲骨文相比，"刖"字左右匀称，更加均衡美观，这个字形就沿用至今。又如"解"字，甲骨文写作"🐂"，金文写作"🐂""🐂"等形，小篆写作"🐂"。甲骨文字形像用两手将牛角摘下，金文有两种写法，但总体而言仍是摘牛角的样子。小篆字形虽保持了"牛""角""刀"三个部分，但并未按照实际情况放置三者位置。从形体均衡的角度而言，甲骨文、金文上大下小，字形上部显得过于繁复，视觉上不够方正，小篆字形调整为长方形，则明显更为均衡美观。也正因为如此，小篆字形为楷书所继承，一直沿用至今。再如"示"字，甲骨文最初写作"🇹 🇹"形，像祭祀的石制供桌。但构形上头重脚轻并不均衡稳当，所以后来在下面增加两笔写作"示"，这样看起来就匀称稳当了，也更方正了，所以后来的小篆、隶书、楷书都选定了这个增笔的字形。这些都说明汉民族追求对称均衡的审美意识在汉字方正化的演变过程中发挥了重要的作用。

总之，汉字的发展是一个逐步规范的过程，也是一个逐步美化的过程。我们的祖先在使用汉字时，往往会对一些形体失衡的字形进行修正。具体的修正方式主要有三种：一是废除原字另造新字，如上文的"刪"字；二是调整原字组成部分的位置和方向，上文的"解"字即是其例；三是增减笔画，上文的"示"字即是其例。通过这种修正，汉字变得日益均衡对称。在二维平面中，正方形的视觉感最为均衡稳定，所以对均衡对称的追求，必然会使得汉字逐步向方块形发展。

第四章

汉字的构造与使用

在"汉字起源探秘"一章里，我们了解了一些有关汉字起源的传说。古老的传说充满了神秘色彩，用今天科学的眼光来看，无论是伏羲氏、黄帝还是仓颉，他们虽然是值得崇敬的伟大的神圣人物，但文字的创造一定不是某个人的功绩，而是先民的集体智慧，他们只是智慧先民中的佼佼者。文字产生并广泛使用以后，整理和研究文字工作，则是可以由专家个人承担的。黄帝时代的仓颉就可能是汉字的最早整理和推广者，后来周宣王时期的史籀、秦朝的李斯等也做过汉字整理和规范工作。至于对汉字进行全面、系统的研究并有专著流传的，则要数东汉的许慎了。

许慎（图4-1）字叔重，汝南召陵（今河南省漯河市召陵区）人，约生于汉永平元年（58年），约卒于汉建和元年（147年）。精通经学，时人誉之"五经无双许叔重"。曾任太尉南阁祭酒，人称"许祭酒"，后来又在皇家图书馆"东观"校订五经、诸子和史传，潜心21年著成《说文解字》一书，是我国第一部按部首编排的字典，全面而系统地整理了汉字体系，对后世产生了深远影响，历代学者递相承传，校注研治，形成了专门研究《说文解字》的学问，称为"《说文》学"，也称"许学"，

图4-1　许慎像

许慎也因此被尊称为"字圣"。在"字圣"的故乡——河南省漯河市，有一座许慎文化园（图4-2），叔重先生长眠于此，每逢他的生辰，人们都会祭奠他，致敬这位卓越的文字学家。

图 4-2　许慎墓

《说文解字》用540个部首统摄9353字，运用构件功能分析法，并结合经籍中汉字的实际使用情况，全面展现了汉字构造时的形义关系和使用中的职能关系。正是这本个人专著，开启了汉字构造与使用的学理性分析，让后来人能够跨越时空去仰望先人造字时的无穷智慧和使用时的灵活变通。《说文解字》理论明确，方法科学，系统清晰，内容丰富，它像静谧夜空中的一束光，照亮了中华文明曲折坎坷的前进道路，也传承了中华民族悠久灿烂的历史文化。

一、先有"文"后有"字"

1."文字"之名的由来

社会发展到需要用平面符号来记录事件、表达思想和记录语言的时候，文字就会被先民想方设法创造出来。那么汉字究竟是用什么思路和方法构造出来的呢？其实汉字最初不叫"汉字"，甚至也不叫"字"，而是叫"文"。《左传·宣公十二年》："夫文，止戈为武。"这个"文"就相当于现代说的"文字"或"汉字"。"字"的本义是生育，用来指书写符号大概始于秦汉。今天的"文字"是一个概念，也可以单说"字"，没有区别。但秦汉人当初说"字"的时候是跟"文"不同的，他们认为"文"和"字"代表着构造形体的两个不同阶段，体现了不同的取形原则和构造方法。这种观点的典型代表就是前面提到的许慎老先生。你看他是怎么说解"文"和"字"的吧。

《说文解字·文部》："文，错画也。象交文。"

这个字甲骨文写作"𡥀""𡥀""𡥀"，金文写作"𡥀""𡥀""𡥀"，像是站立的人身上画有交错的花纹，大概就是文身、花纹的"纹"义，跟《说文解字》的解释能对应上。有时会省略身上的花纹，今天的"文"字就是从省略花纹的字形演变而来的。

《说文解字·子部》："字，乳也。从子在宀下，子亦声。"

甲骨文未见有"字"字，金文写作"𡥀""𡥀"，由两部分组成，"宀"是对房屋的描摹，有屋顶、屋脊以及两侧的墙壁，后来墙壁缩短，变成了"宀"（mián）。房子里面的"子"或"子"是小孩子，上面是大大的头，中间是身子，两个胳膊挥舞着，下面是并在一起的双腿，这就是一个襁褓里初生婴儿的形象，把这两个构件合在一起，房子里面有个婴儿，就是生育繁衍的意思。

许慎在《说文解字·叙》中就是根据"文"和"字"的字形义来解释为什么把记录语言的符号也叫作"文"和"字"的。他说：仓颉最初创造文字的时候，是依据客观事物的共象来描摹形体，用这种方法创造出来的形体有点像花纹，所以叫作"文"。后来，依据语言的音义用现有的"文"滋生出新的形体，从而大大增加文字符号的数量，这就叫作"字"。换个说法，为什么叫"文"？因为文是以物象为基础的。为什么叫"字"？因为字能够孳生繁衍，越来越多。

可见许慎把文字的取象构形分作两个阶段。第一个是原生阶段，从无到有，即根据客观事物的立体形象描摹出平面形体，叫作"文"。"文"的构造必然受到客观事物的局限，因为不是每种事物都有形可象，而且所象之形会有许多近似，不同物体往往难以区别。所以"依类象形"的方法不可能构造出大量字符。这样势必发展到第二个阶段，孳生造字，由少生多，就是把已有的形体跟语言音义结合，让带有音义的"文"根据表达词语音义的需要参与二度、三度造字，这样孳生出来的形体就叫"字"。"字"的构造突破了客观事物形体的限制，利用已有的形体组合出更多的形体，一生二，二生三，三生千千万，于是汉字的数量迅猛发展，很快就能满足表达和记录的需求。

当然这是就汉字构造的历史而言，可以分为"文"和"字"两个阶段，先有"文"后有"字"。但在文字形成系统能满足表达和记录需要之后，站在后来使用汉字的层面，就没有必要区别"文"和"字"了。而且"文"和"字"的区分是就总体的取形原则而言的，具体到每个字的构造，会有更多的方法。下面在"文""字"的总体框架内，从形体功能的角度介绍几种具体的构造方式。

2. 一目了然的象形字

表达事物最简单、最直观的方法就是把事物画出来，智慧的先民在造字之初采用的就是这种客观描绘形态的写实方法。所以在汉字的甲骨文和金文阶段，我们看到很多汉字写得与实物很像，夸张一点说，有的字形甚至像是儿童的"简笔画"，即使是不懂汉语的人，看到这些字的形态也能明白其所要表达的事物和相应的意思。怎样描绘事物最直观准确？当然是细节越多越逼真。怎样描绘事物最高效便捷？显然是线条越少越简单。这就形成矛盾。文字不同于图画，需要兼顾准确性与便捷性，所以先民在长期的实践中找到了二者的平衡，他们并没有实实在在地把事物的每个细节都完整无缺地描绘出来，而是描绘事物的轮廓或者主体，然后抓住事物最突出的特征，以此来实现准确性与便捷性的统一。人们把这种造字方法称为"象形"。下面讲两个典型的象形字。

"龟"的不同形态

当人类先祖面对大自然的暴风骤雨、疾疫饥寒还无能为力时，看到龟类能够抵御自然环境的变化，寿命绵长，就对龟产生了崇拜，认为龟是一种具有神秘力量的生物，能传达上天的旨意，所以用龟甲来占卜。"龟"字因此具有悠久的历史，原始的"龟"字比今天的写法复杂得多。

　　　　　　（甲骨文）　　　　（金文）　　　　（小篆）　龜（楷书）

甲骨文和金文的"龟"字活灵活现，分明就是一只乌龟，不仅有头、甲、四肢、尾巴，甚至还有眼睛和背上的花纹。虽然写法各异，有的从侧面描摹，有的是俯视描摹，但表达的事物让人一目了然。由于文字的发展，小篆和楷书的象形程度降低了，原始的绘画式的线条变成了规矩匀称的笔画，但字形还能跟龟的头部、身躯、龟甲、龟足和尾部基本对应。今天把"龜"字简化为"龟"，省去了很多繁复的笔画，书写更为简便，字形也仍然保留着龟的头、甲和尾巴。

"一言九鼎"的"鼎"长什么样

我们常说某个人说话"一言九鼎"，意思是一句话抵得上九个鼎，形容说的话分量很重，作用很大。这里有一个典故。战国时，秦国的军队把赵国的都城邯郸围得水泄不通，形势万分危急，赵国国君孝成王就派平原君到楚国去求援。平原君打算带领二十名门客前去，已经挑选了十九名，还少一个无法确定。一个叫毛遂的门客自告奋勇提出同去，平原君半信半疑，勉强带着他一起前往。平原君到了楚国后，立即与楚王谈及援赵之事，谈了半天也毫无结果。这时，毛遂对楚王说："我们今天来请您派兵援助，您犹豫不决。可是您别忘了，楚国虽然兵多地大，却接连败北，连国都都丢掉了。依我看，楚国比赵国更需要联合起来抗秦哪！"毛遂的一席话说得楚王口服心服，立即答应出兵援赵。回到赵国后，平原君感慨道："毛先生一到楚国，就使赵国的威望高于九鼎大吕。毛先生三寸长的舌头强似上百万的军队啊！"成语"一言九鼎"由此而来。那么，"鼎"又是什么样子的呢？

　　"鼎"本来是一种食器，用来烹食或盛贮肉类，双耳，既有三足的圆鼎，也有四足的方鼎（图4-3），最早的鼎是用黏土烧制的陶鼎，后来用青铜铸造，并逐渐成为权力的象征。

图 4-3 河南省郑州市杜岭街出土的方鼎

"鼎"这个字看起来有些怪异，下面有很多方折的笔画，写起来并不那么顺畅。上面的"目"字又代表了什么？和眼睛有关系吗？也让人费解。在我们现代生活中，"鼎"已经不常见了，所以看到这个字形时会感到奇怪，如果我们回顾"鼎"字的发展历程，答案便一目了然了。

𦥑 𣂪（甲骨文）𣂪（金文）𥃩（战国文字）鼎（小篆）鼎（楷书）

在甲骨文和金文的字形里我们可以看到鼎的几个显著特征——双耳、鼎腹、鼎足，鼎的腹部有方有圆，鼎的足可以省略为两个。"鼎"字上部的"目"其实和眼睛无关，是鼎的腹部及其纹路经过汉字笔画化改造的结果，只是和表示眼睛的"目"字形偶合而已。"鼎"字下部的方折笔画是鼎足拉伸改造的结果。联系出土文物"鼎"的实际形状和古文字中的"鼎"字，就不难理解现代"鼎"字的构形来源了。

3. 人为规定的标记字

　　语言中有一些概念很难描摹，它们有的是抽象的事物，没有具体的形体可以描摹；有的虽然有实在的形体，却只是某个事物的一部分，如果从整体形象中抽离出来，就会让人不知所云。所以在表达这些概念时先民们创造了一种新的方法——人为规定一些记号，用来象征某些事物或指示某些部位，从而体会出某些含义。这个记号通常是一点或者是一个短横，就像我们今天做标记一样。古人称这种造字方法为"指事"。

　　上面这几个形体是什么字呢？是数字"二"吗？答案也许出乎你的意料：第一个字是"二"；而后两个不是"二"，它们分别是甲骨文的"上"和"下"。数字"二"就像是两个并排放置的算筹，也许是先民最初用来计数的小木棒，它们长度一样，所以古文字的数字"二"一定要写成上下两横一样长，并不是我们今天写成上横短下横长的样子。上横短下横长的是古文的"上"字，这又是为什么呢？先民很早就有了"上""下"的空间概念，然而这个概念是很抽象的，必须要有一个参照物才能表达，所以就画了一个长横线作为参照物，在参照物上面画一个短的记号表示上方，同理，在参照物下面画一个短的记号就表示下方了，这就是古文"上""下"二字的造字构想。因为这两个字和数字"二"的写法非常相似，很容易混淆，所以后来就在"二""二"两个字上另加一个竖线以示区别，于是就出现了沿用至今的"上"和"下"。

　　我们常说的成语"本末倒置"，"本"和"末"都和"木"有关。"朩"是"木"的象形字，字形有树根有树梢，表树木义。"本"字在"木"的根部加上一个记号来表示树根，金文写作"朩"，小篆写作

"末"；"末"字在"木"的树梢部位加上一个记号来表示树梢，金文写作"末"，小篆写作"末"。随着语言的发展，"本"和"末"的词义引申扩大，"本"由树根义引申出根本、主要的意思，"末"由树梢义引申出末端、次要的意思，成语"本末倒置"就是比喻把主要事物和次要事物或事物的主要方面和次要方面弄颠倒了。

还是这个"木"，如果在树木的中间部位加个标记（一点、一横或两横），那会造出什么字呢？

根据上面的造字思路类推，这就是指示树木的中间部位，即树干。字形演变为"朱"，因为"朱"借用为表朱红义，后来再加木造出"株"来表示"朱"的树干义。成语"守株待兔"的"株"就是树干、树桩（树干的下面一截）的意思，那只倒霉的兔子撞上树干或树桩才会死的呀！

4. 形义组合的表意字

前面我们已经说过，"文字"的"字"就是房子里面有一个挥舞着双臂的小婴儿，所以有生育繁衍的意思。简单的事物可以用象形的方法直接描摹，一看便知，而随着人类的不断进步，社会生活中还有更多纷繁复杂的事物无法直接描绘出来，这就需要利用现有的形体来构造新的形体。现有形体有的仍然具有象形功能，有的固化了某种意义，把这些具有象形或表义功能的构件相互组合起来，就能产生新的字形，这就是文字学家们所说的"会意"的造字方法。例如"宀"就可以跟其他象形构件或表义构件组合出许多新字。

（甲骨文）宀

"宀"是个象形字，《说文解字》："宀，交覆深屋也。"我们从甲骨文字形也可以看出来这是房屋的象形字，有交叉覆盖的屋顶和用以支撑的立柱或者墙壁，这说明在造字的时候人类已经走过了穴居和巢居的阶段，可以利用草木、泥土或者石块自行搭建房屋了。有了固定的住所，人类就可以避开风吹日晒，减少被野兽袭击的可能。早期的先民选择了群居的生活，大大提高了生存概率。随着人类的进步，房屋也不断更新，质地越来越坚固，装饰越来越豪华，从茅草屋、木屋到石屋、土房，再到后来的砖瓦房、今天的钢筋混凝土高楼大厦，房屋千姿百态。但在构字上，与房子相关的新字产生大都是取最原始的房屋形象（宀）来跟别的构件组合的。

（甲骨文）　　　　　　（金文）家

"家"字，"宀"下的"豕"是"豕"字，也就是猪。猪是重要的家畜，是财富的象征，饲养家猪需要一定的经济实力。在原始社会里有能力饲养猪的可能是一个部族，所以房子里面有猪可以作为一个家族的象征，"家"的早期含义就是家族。

（甲骨文）　　　　　　（金文）宝

"奇珍异宝"的"宝"，繁体字写作"寶"。房子里面有"王（玉）"、有"贝（貝）"、有"缶"。"王"并不是表示首领的"王"，而是玉器的"玉"字。在古文字阶段，"王"和"玉"这两个字很相似，都是三个横笔和一个竖笔，区别是"王"字上面两横距离近，写作"王"，玉字三个横笔间距一致，写作"王"，像一串穿起来的玉片，后来为了避免文字混淆，在玉器的"王"字上加了一点作为记号，就写成了今天的"玉"字。甲骨文的"玨"是两串玉合起来之形，表示很多玉器的意思。在人类早期的经济活动中，贝壳因其坚硬耐磨、光洁美丽、形体小巧便于携带而且个体完整独立，所以曾经长期作为货币使用。相对于我们今天所说的钱，"贝"就是"贝"的象形字。金文字形中增加了一个"缶（缶）"，《说文解字》对"缶"的解释是"瓦器，所以盛酒浆，秦人鼓之以节歌"。缶本来是一种盛

酒浆的容器，后来也可以作为乐器，在上古时代重要活动时经常会出现击
缶奏乐的场面。无论是作为盛放佳酿美酒的食器还是敲击奏乐的乐器，缶
都是富裕丰足的象征。房子里面放着玉、贝和缶，组合起来自然就是珍宝
之义了。同时，"缶"和"宝"在古代的读音相近，"缶"还有标识读音的作用。

（甲骨文）　　　　（金文）　　　　（小篆）宿

"ᶦ"是"人"的象形字，像一个侧面站立着的人形。"圂"是竹席的象
形字，席子上有人字形的纹路。房子里有一个人躺在席子上，就是住宿之义。
在文字的发展过程中，甲骨文和金文字形里的"圂"到了小篆就发生了变化，
写成了"丙"，后来楷书又写成了"百"。

（金文）　　　　（小篆）寒

《说文解字》："寒，冻也。从人在宀下，以茻荐覆之，下有仌。"古文字的
"ᵧ"是初生的小草的象形，写作"屮"，四个"屮"放在一起就是"茻"，表
示很多草的意思。许慎认为"二"是"仌"（古"冰"字）。一个人在房子里，
身上盖着草，下面还有冰，所以整个字形表达的是寒冷之义。

（金文）　　　　（小篆）寇

金文的"ᶦ"像一个侧面站立的人，在头部涂黑加粗起到强调的作用，
写作"元"，表示人头。右边的"攴"字是一只手拿了一个木棒之类的东西，
有击打的意思。房子里面有人手拿器械击打另一个人的头部，这就是侵犯，
所以"寇"字有强盗、侵略的意思。当年日本人侵略中国，我们就把入侵的
日本人叫"日寇"。

5.有音有义的形声字

早期的造字方法以象形、指事和会意为主，随着文字系统的完善，字形和读音的对应关系逐渐固定下来，人们看到某个字的时候会在脑海里自然转换出它的读音。文字是记录语言的符号，而语言是既有读音又有意义的，无论是象形字、指事字还是会意字，虽然它们的意义能够从字形看出来，但是人们无法看出它的读音，使用起来还是不那么便捷，如果能在字形上加一个标示读音的部件就完美了，于是形声字应运而生，而且很快成为汉字的主要构造方法。因为绝大多数事物都可以找到一个意义相关的类属作为形旁，也可以找到语音相同或相近的字作为声旁。这种造字方法能产性强、区别度高、系统性强，识字效率也高，所以后期造字主要用义符声符组合的方法，甚至原有的象形字、指事字、会意字也会用形声方法加以改造或重造。据统计，甲骨文晚期形声字占比不到20%，而小篆字系的形声字则占比在90%以上了。

形声字的声旁在构字时通常是没有意义的，只起提示读音的作用。如"笃"字，《说文解字》解释为："马行顿迟。从马竹声。""竹"跟"笃"古代读音相同，所以起标音作用，马行走迟缓跟竹子没有关系。又如"波"字，《说文解字》的解释是："水涌流也。从水皮声。""皮"在古代读音跟"波"相近，而且以"皮"作声符的"跛""坡""破""颇"等读音也相近，可见"皮"只起表音作用，跟这些字的意义无关。如果把没有意义关联的声旁硬要进行意义联系，就可能闹笑话。宋代政治家、文学家王安石对文字有所研究，著有《字说》一书。但他的《字说》往往把字的声符当义符讲，例如说"笃"是"用竹子鞭打马"，"波"是"水之皮"，如此之类甚多，从而遭到嘲笑和批评。《宋人轶事汇编》里就记载了这方面的一些轶事。如，苏东坡看了王安石的《字说》后，跟他开玩笑说："如果用竹子鞭打马是'笃'字，那么用竹子鞭打犬，有什么可笑的呢？"又拿"波"字取笑说："如果'波'是水之皮，那'滑'就是水的骨头喽？"王安石无言以对。苏东坡是采用归谬法来讥讽王安石的，"笑"古代也写作"𥬇"，按照王安石的思路来解释的话，"𥬇"就是用竹子鞭打犬，这显然没有道理。水勉强可以说有"皮"，但能说水有"骨头"

吗？如果"笑"不能解释为用竹子鞭打犬，"滑"不能解释为水的骨头，那把"笃"解释为"用竹子鞭打马"、把"波"解释为"水之皮"（还有"坡"解释为"土之皮"）就同样是错误的。

又如，有一次王安石问苏东坡："'鸠'字从'九'和'鸟'有什么依据吗？"苏东坡心想，"鸠"不是指读音跟"九"相近的一种"鸟"吗？这么简单的形声字王安石要问，肯定是又要把"九"当义符讲，所以故意说:"《诗经》有云：'鸤鸠在桑，其子七兮。'七个孩子再算上爹和娘，正好是九个啊！"王安石听了很高兴，深以为然。过了许久，方才醒悟过来，原来苏东坡是在戏谑自己。

苏东坡之所以嘲讽王安石，是因为王安石对文字的解释有偏误，他把所有形声字都理解为会意字，难免牵强附会，造成一些显而易见的错误。我们今天解释汉字的时候要弄清楚造字的不同理据类型，有什么理就讲什么理，不要牵强附会，无中生有，成为另一个王安石啊！

当然，形声字的声符并不都是毫无意义的。早期的一些在原字基础上增加声符而形成的形声字，还有后来产生的一些同源分化字，其声符在表音的同时往往还有提示语源意义的作用，这类的声符表义大都需要专业考证，一般人不必太在意，更不能像王安石那样将声符表义普遍化、绝对化。

二、汉字构造的理与智

汉字构造有一定的原则和方法，其中蕴含着古人的思维方式和聪明才智，这种文化基因的传承，对塑造中华民族集体的创造精神具有潜移默化的作用。

1. 汉字构形的特征意识

自然界中有很多相似的事物，常见的四足哺乳动物就有马、虎、牛、羊、鹿等，黄河流域曾经气候湿润，还有大象出没。这些动物在生活中很容易区别，用眼睛一看便知，然而造字的时候不可能完完整整一丝不差地画出来，那样费时费力，一点儿也不经济，如果单纯采用描绘轮廓的方法，这些动物又都有头、躯干、四足和尾巴，写起来很容易混淆，那该如何为它们造字呢？智慧的先民找到了一个既简单又高效的办法——画出这些动物独有的特征，用各自的特征与其他动物相区别，就完美地解决了字形混淆的问题。

我们来看甲骨文和金文的"马""虎""象"这三个字，它们的共同点是描绘了动物的头、躯干、腿和尾巴，而它们的区别性特征也很明显。

"马"的甲骨文字形不仅画出了马头，还特意画出了马的眼睛，相比于其他动物，马是大眼睛，双眼皮，还有长睫毛，在人类的审美看来明亮有神，令人印象深刻。不仅是眼睛，甲骨文的"马"还有飘逸的鬃毛，甚至连尾巴上的长毛都画出来了，这些特征都是其他动物所不具有的，当人们看到这个字就会毫无疑问地认出来这是马。随着汉字的发展，"马"的写法也不断简化，然而马的鬃毛这个最具区别性的特征一直保留在字形中，在书写的过程中被拉直了，变成了"馬"字上部横写的笔画，直到今天的简化字才省略掉了鬃毛，只保留了马的轮廓，写作"马"。虎的体形硕大健壮，人类认为虎凶残威猛，所以在造字时抓住了张开的血盆大口这一显著特征；虎的背上布满黑色的条纹，虎爪厚实锋利，有的字形也表现了这些特征。大象最显著的特征就是鼻子长，"象"字突出了长鼻子的特征。这些特征都被造字者加以利用，简单经济地达到了记录客观事物的目的。

（甲骨文）（金文）（石鼓文）——鹿

马、象、虎的特征找到了，那么牛、羊和鹿呢？这几种动物最显著的区别特征就是它们头上的角。牛角弯曲向上，羊角弯曲向下，鹿角枝杈不齐，各自一目了然，至于四肢躯干就没有那么重要，可以省略简化了。

还有犬、豕、鼠、兔、鸡、燕、龟、蛇、蛙等，几乎所有的动物用字都特征鲜明，彼此各异，共同构成了千姿百态的古文字动物大观园。

2. 汉字构形的方位意识

具体的物象可以直接描摹他们的形态特征，抽象的概念怎么办呢？有一种方法是用几个符号创造一个具体的情境或者建立某种关系来表达，这其中某个形体的摆布位置和方向往往能区别不同的意义，可见古人的方位意识在汉字构造中发挥了作用。

例如语言中有很多反义词，它们意义相反或相对，先民在造字的时候抓住这个特点，巧妙地运用改变部件方向的方法给一组反义词造字，既减少了记忆字形的负担，也使词义更加明显。像行为动作类的词语很抽象，先民在为这类词语造字时经常把人的脚趾作为会意的一个部件，原因就是行动必须依赖脚，而脚趾的方向跟人面对的方向是一致的，可以代表人发出动作的方向。脚趾在甲骨文里用"𣥂"来表示，字形像一只脚。

（甲骨文）（金文）（小篆）——出

（甲骨文）（金文）（小篆）——各

细心的读者可能已经发现了，这两个字的甲骨文非常相似，它们的构成部件是一样的。先民曾经掘地而居，"凵"和"凵"都可以表示古人半穴居的住所。一只朝向坑穴之外的脚表示离开的意思，就是"出"。反之，一只朝向坑穴之内的脚就表示到来的意思，就是"各"，只不过"各"字后来记录的词义发生了变化，不再表示到来的意思了，到来的意思另造"徦"（gé）

表示。

（甲骨文）　　（金文）　　（小篆）——降

（甲骨文）　　（金文）　　（小篆）——陟

"降"和"陟"也是使用这种方法造出来的。"降"表示事物向下运动，在古代它的反义词是"陟"。古文字中"阝"是层层叠叠的山，一座山，两只脚，向上攀登的时候脚是朝上的，下山的时候脚是向下的。所以"降"的两个脚的脚趾向下，就是"降"；"陟"的两个脚的脚趾向上，就是"陟"。后来随着文字的发展，表示脚趾的部件"屮"慢慢变形，这两个字就写成了今天的样子。

不仅是反义词，一些意义相关的词也可以采用改变构件方位的方法来造字。

（甲骨文）目

甲骨文表示眼睛的"目"字是一只眼睛的象形，外面是眼眶，里面是眼珠。人的眼睛最大的功能就是观察事物，与"目"相关的字如：

（甲骨文）见（見）　　（甲骨文）视

这是甲骨文的"见（見）"和"视"字，下面人形不同，上面都突出了眼睛，象人平视有所见。无论是"见"还是"视"，上面的眼睛一定要横着写，表示人在正常状态下观察事物。那么，如果想表示人低头观察事物怎么办呢？造字者选择的方法就是改变目的方位，把表示眼睛的"目"竖起来写。

（甲骨文）　　（金文）臣

竖写的眼睛字形是"臣"，"臣"字现在使用最多的是臣民的意思，似乎与眼睛没有关系，这又是怎么回事呢？别着急，让我们先来看看"臣"作为构字部件在会意字里面的情况。

（甲骨文）　　　　　（金文）临

（甲骨文）　　　　　（金文）监

"臨（临）""監（监）"二字里面都有"臣"这个部件，"臨（临）"的字形是一个人俯身向下，眼睛注视着水或者其他事物。"監（监）"是一个人站在盛水的容器旁边，俯身向下观察自己，在铜镜产生之前，古人是以水为镜的。

从这些古文字我们知道先民用改变构件方位的方法来附加意义，人在低头的时候从侧面看眼睛确实是竖起来的，所以用竖立的眼睛表示低头俯视十分形象。一些包含"臣"部件的字就有从上往下看的意思，这个意思进一步抽象就产生了上级对下级、高位对低位的监督检查之义了，比如现代汉语经常用的"莅临""光临""监视""监察"等等。那么"臣"又是怎么从竖立的眼睛变成臣民的呢？郭沫若给出了解释："以一目代表一人，人首下俯时则横目形为竖目形，故以竖目形象屈服之臣仆奴隶。"

低头俯视可以用竖立的眼睛来表示，那么向远处瞭望怎么表示呢？造字者也用了同样的方法。虽然同样都是把眼睛竖起来，但二者还是有区别的。前者是实在的可以观察到的"竖"，而后者是抽象的"竖"，形容极尽眼力望向远处，就好像今天形容听得仔细用"竖起耳朵"一样。

（甲骨文）　　　（金文）望

甲骨文"望"字有两种写法，第一种写法上半部分象竖立的眼睛，下半部分象站立的人，整个字形象人站立在地面上举目远望；第二种写法与第一种写法相比，在人的下面增加了土块的形象，象人站在土丘上，更加突出向远处瞭望的意味。金文的写法也有很多，或与甲骨文同，或在甲骨文的基础上增加了意符"月"，写作"🐾"，用竖立的眼睛和远方的月亮来提示远望之义。横写的眼睛是平视，竖立的眼睛既可以表示俯视，也可以表示远望，造字者用变换字符方向的方法记录了不同的语义。

再如两个人形相并朝左就是"从"，相并朝右就是"比"，相互背对背就是"北"；"日"在"木"上是"杲"，"日"在"木"下是"杳"，"日"在"木"中是"東"；"木"在"口"下为"呆"，"木"在"口"上为"杏"，"木"在"口"中为"困"；等等。可见汉字构造中，利用方位区别不同的字词是非常重要的手段。

3. 汉字构形的数量意识

《战国策》里记载了这样一个故事。战国时期，魏国的大臣庞葱陪同太子去往赵国做人质。临行前，庞葱对魏王说："大王，如果现在有一个人对您说街上有老虎，您会相信吗？"魏王说："我肯定不相信。"庞葱接着说："如果又有一个人对您说街上有老虎，您会相信吗？"魏王答道："我可能会有点儿怀疑。"庞葱又说："那么如果有第三个人对您说街上有老虎,您会相信吗？"魏王这次回答说："那我会相信了。"庞葱说："街上不会出现老虎，这是个很明显的事情，然而经过三个人的传播，好像就真的有老虎了！现在赵国都城邯郸和我们魏国都城大梁之间的距离，可要比王宫离街市的距离远得多啊，而对我有非议的人远远不止三个，所以恳请大王可以明察秋毫，不要相信他人的谗言啊！"魏王说："你就放心去吧，我心里有数。"于是，庞葱和太子离开了魏国。然而，他们离开没多久，就有人在魏王面前诬陷庞葱。刚开始魏王还不太相信，后来诬陷的人多了，魏王也就信以为真。等到庞葱和太子从赵国回来，魏王果然再也没有召见过他。

这就是成语"三人成虎"的典故。其实"三人"并不是真的指三个人，而是指很多人。老子的《道德经》说"道生一，一生二，二生三，三生万物"，"三"在中华民族文化中有时是一个虚数，常常代表多的意思，比如"冰冻三尺，非一日之寒""垂涎三尺""三令五申"等等。

这种思维也被运用在了造字之中，三个相同的构件放在一起就附加了"多"的意义："人"聚集起来就是"众"，"木"成片种植就是"森"，"石"积累起来就是"磊"，很多"鱼"吃起来味道"鱻（鲜）"，很多"羊"在一起味道"羴（膻）"，"金"多了就是"鑫"，"水"多了就是"淼"，"火"大了就成了"焱"，"土"堆高了就是"垚"，"车"多了就会发出"轟（轰）"的声音……

　　宋代大文豪苏东坡性格爽朗幽默，喜欢和别人开玩笑，民间传说他和史学家刘攽就用"皛"和"毳"这两个字互相开了个玩笑。三个"白"组成的"皛"是很白、皎洁的意思，三个"毛"组成的"毳"是指鸟兽或人类身上的细毛。苏东坡曾说过他喜欢吃白色的饭食，有一天刘攽就邀请他去家中吃饭，说要吃"皛饭"。苏东坡十分好奇这顿饭到底有多么白，便欣然前往，宾主落座之后，刘攽让仆人上菜，只见仆人端上来了一盘白萝卜丝、一碟盐、一碗白米饭。刘攽说："白萝卜、白盐、白米饭，这就是'皛饭'。东坡先生请慢用。"苏东坡知道刘攽和自己开玩笑，便呵呵一笑。吃罢饭苏东坡对刘攽说：我请你明天到我家吃"毳饭"。刘攽也很好奇，问"毳饭"是什么，苏东坡笑而不语。第二天，刘攽早早就到了苏家，两个人相谈甚欢，然而已至中午还不见苏东坡有上菜的意思，刘攽忍不住问："您说的'毳饭'在哪里呢？"苏东坡说："萝卜也冇（方言里'冇'与'毛'读音相近，是没有的意思）、盐也冇、米饭也冇。这就是'毳饭'啊！"说完二人相对捧腹大笑。

　　其实，汉字构形中不只是用三个相同的构件表示多数，两个相同的构件也往往比一个构件的独体字数量多、程度高，四个相同构件的字当然也不会跟一、二、三个的是同一字，所以数量多少也成为先民们构造时的区别手段。如一木为"木"，二木为"林"，三木为"森"；一草为"屮"，二草为"艸"（cǎo），三草为"卉"，四草为"茻"（mǎng）；一口为"口"，二口为"吅"（xuān，喧哗），三口为"品"，四口为"㗊"（jí，众口）。如此之类，都体现了数量意识参与构形的作用。

4. 汉字构形的象征意识

　　在造字的过程中，有些事物虽然有客观实体，但是特征难以用象形的方式描摹，或者只是一种泛指，没有确定的对象；有些事物是抽象的概念，没有具体形象可以描摹……遇到这些问题时，造字的先民巧妙地采用了象征的方法，用简单的点画"写意式"地表达这些事物，不求形似，只求意会。这种象征式的笔画一般都会与描摹具体事物的部件相结合来表意，"虚实相生"，从而让人产生联想，理解字形所表达的词义。

（甲骨文）（小篆）（隶书）——血

单独描摹"血"比较困难，所以先民采用了借助相关事物的方法。""是器皿之"皿"的象形字，表示盛牲血的器具，皿中的圆点就是血块的象征，小篆字形改为用一横画，这一象征符号和"皿"一起就表示"血"的意思。

（甲骨文）（金文）（小篆）——甘

"甘"字是"口"字中间有一横画，这一横画象征口中之物。含在口中不忍吐出之物，必然味道甘甜，这就是先民创造"甘"字的智慧思维。

简单的点画不仅可以象征实在的事物，也可以象征没有实体的气流或声音。

（甲骨文）（金文）（小篆）——曰

"曰"字由"口"上加一横画构成，横画后来也写作""。口是说话的器官，其上横画象征口中发出的气流、声音，所以"曰"字表言说之义。

（小篆）——牟

"牟"是牛鸣之意，声音没有固定的形态可以描摹，所以在""（牛）头之上用一个弯曲的""来象征牛发出的声音。

象征符号是抽象的，充分体现古人利用构字环境展开丰富联想的智慧，所以相同或近似的符号在跟不同的构件组合时往往能象征不同事物，从而大大增强了汉字的符号性和便利性。如一个横画，在"雨"字中象征天，在"立"字中象征地，在"夫"字中象征簪子，在"甘"字中象征食物，在"曰"字中象征语音，在"冃"字中象征门栓，等等，随情应景，功能多样，造化无穷。

5. 汉字构形的类别意识

类别包括归类和分类两方面。归类重在认同，分类重在别异，认同和别异是一件事情的两个观察角度。类别的核心是关系，有关的归为一类，无关的分为异类。在造字构形中，互有关联的字可以归为一类而使用相同的某个构件。例如动词，非常抽象，但生活中常用，怎样为这些动作造字呢？如果每个动作、每种行为都造出互不相干的字，那就会繁杂无序，难以掌握，所以需要根据动作的某种关系归类处理。行为动作涉及主体和客体、状态和方式，还可能包含工具、处所等相关要素。其中最重要的是动作行为的主体，所以先民造字时会很聪明地把动作主体相同的词语联系起来，用同样的形体表示同一主体，然后再跟别的形体组合成会意字或形声字，从而形成表示动作的类别字。例如与手相关的动作、与足相关的动作等。

　　手是人类从事生产生活最重要的器官，先民在给与手相关的动词造字的时候会将手形符号与不同事物相配合，用会意的方法来表现不同的词语。当人们看到字里面有"又"或"爪"（都是古文字单手的简单象形）这个构件的时候，就会联想到与手有关的动作。单手开门为"启"（𢼄），双手拉开门闩为"开"（𨳿），以手握禾为"秉"（𥝅），以手摘叶为"采"（𤓯），以手捕鸟为"获"（𫇭），以手取贝为"得"（𢔶），以手牵象为"为"（𤔃），以手按压人头为"抑"（𠨲），用手抓住前面的人为"及"（𢎘），用手割取战俘之耳为"取"（𠬿），双手解牛角为"解"（𧢲），双手贡册为"典"（𥫣），双手捧酒为"尊"（𢍜），等等，加上"手"（扌）旁构字，加上名词、形容词的话，汉字系统有一个庞大的与"手"（又、爪）相关的类别字群。《说文解字》"又"部收字28个，重文16个；"手"部收字256个，重文19个。当然这并不是全部。

　　"义符＋声符"组合的造字方法是最能体现类别意识的。意义相关的字使用同一个义符归成类，而用不同的声符区别类中的个体；声音近同的字使用同一个声符归成类，而用不同的义符区别类中的个体。这样造字就变得简便快捷，按照义符、声符互联互别的方法，可以需要时临场构造，也可以批量产出。例如与人的腿脚运动相关的词语就采用了义符连类的构造方法，造字者使用"足"作为它们的义符，再附加一个语音相近的声符，就构造出同类的一大批字：跑、跳、跨、践、踏、踩、跺、踢、跟、踪、跪、蹲、跖、蹬……这样把同类的词语系联起来造字，记忆和使用更便捷高效。

　　古人的类别意识是逐渐建立和完善的，汉字的类别体系也是不断丰富和调整的。例如动物的类别开始很细，后来逐渐归纳联系为更大的类，于是"犬"（犭）旁字不一定都属于"狗"，"马"旁字不一定都是"马"，"牛"部字也不一定只限于牛。又如祭祀类的字很多本来是没有归类义符的，后来才陆续加上"示"旁（祭、社、祖等），形成以"示"为义符的祭祀类系统。

三、汉字的特殊功用

　　许慎说："盖文字者，经艺之本，王政之始，前人所以垂后，后人所以识古。"先民们用他们的智慧创造出了多姿多彩的汉字，使得语言能够传于异时异地，为人们的交际提供了便利。人们把文字作为工具，将思想的精髓和经验的积累书之于金石、竹帛、纸张，便形成了文献，文献一代代传承，人类的文明才得以延续和发展。汉字的主要功能是记录语言，产生文献，这种一般的用法大家很熟悉，没有必要全面讲，所以本节只讲一些有趣的特殊用法。因为汉字是一种二维的图形符号，它的"图画式"书写样态有时候会与某些事物的形象偶然巧合，人们可以利用汉字的外形来譬况模拟事物。多数汉字还可以拆分，拆分出来的笔画可以用来计数，拆分出来的部件有的又可以再用象形或者会意的思维进行重新分析，拆分出来的笔画和部件有时候还可以通过变异写法来赋予字词之外的寓意。如此等等，汉字就具有了许多特殊的功用。

1. 外形譬况

　　中国有着悠久的园林文化，如果从殷周时代囿的出现算起，到现在已有 3000 多年的历史，上至王公贵族，下至普通文人雅士都喜好营造园林，皇家园林是帝王宴饮游乐的场所，文人园林则更多是主人审美情趣的寄托。在江苏省扬州市有一座著名的园林——个园，它是与北京颐和园、承德避暑山庄和苏州拙政园齐名的中国名园。

　　为何要以"个"来命名这座园林呢？这要从他的主人说起。个园始建于明代，当时名为寿芝园，清嘉庆二十三年（1818年）两淮盐商黄至筠将寿芝园改建成了家宅园林，名为个园。黄至筠甚为爱竹，园中所植之竹有上百种，万竿千姿，蔚为大观。

（甲骨文）　（金文）　（小篆）　（隶书）

"竹"是个象形字，像竹叶纷披的样子。"竹"字的半边就像是"个"，竹子顶部的每三片叶子搭在一起都像"个"，竹叶之影映在白墙上也是"个"……主人名"至筠"，"筠"亦是竹，"个园"其实就是竹园啊！

在个园的觅句廊有这样一副对联："月映竹成千个字，霜高梅孕一身花。"

这是清代诗人袁枚的两句诗。据《随园诗话》记载，十月的一天，园中一个担粪的仆人在梅花树下高兴地对袁枚说："树上有一身花呢！"袁枚于是写成诗句"月映竹成千个字，霜高梅孕一身花"（图4-4）。意思是在月光的照映下，竹林叶影婆娑，投射在墙壁上就像是千千万万的"个"字，露寒霜重，梅花树孕育了一身的繁花。

这个"个园"的"个"字就是用外形来譬况竹叶的，跟"个"的音义无关。类似的字形譬况在生活中是常见的，如"一字改锥""丁字牌""工字楼""十字路口""之字路""八字脚""米字格""品字屋""王字花纹""回形走廊"等。能够被借用来描摹事物形状的汉字多数结构较为简单，形体特征明显，少数形体复杂的汉字也能被借用，但外部轮廓的特征也是极为明晰突出的，如"金字塔""国字脸""'亞'字形栏杆"等。

用汉字外形描摹事物形状的情况不限于生活中，在典范的文学作品里也不难见到。例如鲁迅的《阿长与〈山海经〉》里写道："但到夜里，我热

图4-4　袁枚诗

得醒来的时候，却仍然看见满床摆着一个'大'字，一条臂膊还搁在我的颈子上。"满床摆着一个'大'字"就是用汉字"大"的形态来描摹长妈妈伸展开双手双脚、仰面朝天的睡姿，与"大"的音义无关。这样的借字形描写，既简洁又直观生动。如果按常规写法描述长妈妈的睡姿，也许可以置换成"却仍然看见长妈妈展开双手双脚，仰面而睡，挤占了大半张床的空间"，但读来趣味性、表达的形象性大打折扣，而且语句显得拖沓冗长。

2. 笔画表意

在商业领域，常规的记数方法存在一些弊端，一是写法过于简单，易被不怀好意之人窜改；二是资金数目无法保密，商业机密极易泄露。为此，商业界创造了一些只有行内人才懂的隐语来示数。据说，仅一至十这十个数字就有一百多种不同的写法，不仅行业之间的隐语不同，即使是同一行业，不同地区的隐语也不同，甚至同一地区同一行业的不同商号和店铺的隐语也有差异。这些隐语有不少就是利用汉字的笔画来实现的。

清末至民国时期的布匹行业曾流行用"主""丁""丈""心""禾""竹""見""金""孩""唐"分别表示数字一至十，其中的原理就是用整字的笔画计数。一个完整的汉字，它的笔画数总和就是对应的数目，这里"主"其实应该用"丶"字，"丶"是古"主"字，因为写作一点的字形容易产生混淆，所以才借用了音同的"主"字。"主"取一"丶"表示数字一，"丁"字两画表示数字二，"丈"字三画表示数字三，依此类推，只需要计算笔画的总数就能知道所表达的数目，而外行人不懂其中奥秘是无法理解其表达的意思的。

我国民间有数九的习俗，用来计算寒天与春暖花开的日期。从二十四节气的冬至日开始算起，每九天算一"九"，数过九个"九"（八十一天）之后，便又是春暖花开、生机盎然之时了。据此，民间还流传着"画九""写九""九九消寒"的风俗。消寒图是记载入九以后的"日历"，它一共有九九八十一个单位，所以才叫作"九九消寒图"，人们每天填充一个单位，希望寒冷的冬日早日过去，企盼来年五谷丰登，饱含迎春的殷殷心意。

　　"九九消寒图"有各种不同的形式，其中之一也是利用文字的笔画，选九个字，每字九个笔画，每天用朱笔填充一画，待到图形填满，便是冬去春来。

　　据记载，清道光帝御制《九九消寒图》（图4-5），用"亭前垂柳珍重待春風"九个字，每字九笔，题曰"管城春满"。清宫每年冬季都要填写这种《九九消寒图》，亦有用"春前庭柏風送香盈室"九字者。这种用笔画计数的方法既达到了计数的目的，又平添了几分游戏雅趣。

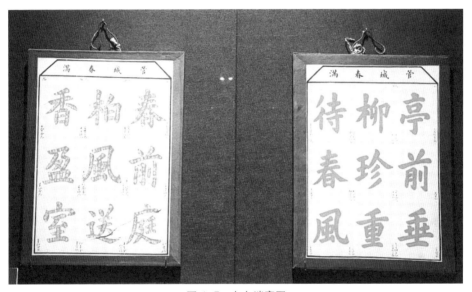

图4-5　九九消寒图

　　有的表数方法是利用汉字的特定笔画数而不是笔画总数。清代学者翟灏在《通俗编·市语》中记载当时估衣铺用"大""土""田""東""里""春""軒""書""藉"九个字表示数字一至九，就是因为这些字里分别包含一至九个"横笔"（包括横折中的横）。例如"田"字因有三道"横笔"而表示"三"，"書"有八道横笔所以表示"八"，依此类推。旧时的典当、古董行业还用"由""中""人""工""大""王""夫""井""全""非"等字分别表示数字一至十，这与各自的音义和笔画总数都无关，而是取决于各字形轮廓中笔画端点的出"头"数。例如"由"中间的竖笔出一个"头"，所以表示"一"，"中"中间的竖笔上下出两个"头"，所以表示"二"，"全"有九个"头"就表示"九"，其余类推。这些用字既私密，又有趣，充分体现出汉字的奇妙和用字者的智巧。

3. 构件表意

　　合体汉字是由构件组成的，构件本来只有构字作用没有表达功能，但实际使用中常常有人利用汉字的构件或某一部分形体来表达字符记语功能之外的一些含义。

　　历史上中原王朝称南方少数民族为"蛮"，称北方少数民族为"狄"。"蛮"字的形旁是"虫"，"狄"字的形旁是"犭"，这种名称其实在用字上暗含贬义，就是利用构件把人家视同虫蛇犬兽。这种用字思维在"瑶族"的名称用字变化上也有体现。相传瑶族的祖先护国有功，其后代常免徭役，故名"莫徭"。元代统治者认为这个不服徭役的民族是野蛮之人，于是改"徭"为"猺"，称其为"猺民""蛮猺"。这种民族偏见是需要克服的。新中国成立后实行各民族平等政策，人民政府正式将"瑶"作为这个民族的名称，"瑶"的形旁"玉"暗含美好之意，表达了新中国对少数民族的尊重和祝愿。

　　太平天国政权也用"犭"旁表达对清朝统治者的不满。清朝咸丰元年（1851年），洪秀全等人在广西金田村发动反对清朝封建统治的武装起义。1853年3月，起义军攻下江宁（今江苏南京）并定都于此，改称天京，建立了与清王朝相对峙的太平天国政权，在文字上也进行了一些改造。"咸豐（今简化作'丰'）"是清文宗奕詝的年号，太平天国的书面文件在记录"咸豐"这一词语时写作"猃玁"。洪仁玕在《诛妖檄文》中写道："天国永兴也，有无数之祥兆；而妖胡将灭也，有莫大之灾氛。故天意灭妖，诛猃玁之丧于黄土；人心归主，正豪杰之宜顶青天也。""咸"和"豐"都可以单独使用，在单用时"咸"和"豐"的写法都没有变化，只有在记录"咸豐"皇帝这个词语时才加上"犭"旁，用意十分明显，等于用字形咒骂咸丰这个"狗皇帝"啊！

女皇造字的深意

　　1982年5月，河南省登封县唐庄乡农民屈西怀等人在嵩山峻极峰附近游玩，无意间在峻极峰北侧石缝中捡到一个长方形的物件。起初，他以为就是一张"果子纸"（当时常用来包点心的"金纸"），蹭掉上面的泥土后发现不是纸片儿，这个东西在阳光下金光闪闪，上面还有字，村里有文化的人说这可能是一件文物。屈西怀捡到宝贝的消息不胫而走，有文物贩子想要出高价买走这件宝贝，但是屈西怀没有答应，他说："它再值钱我也不会卖，一定要把它保护好，一定要把它献给国家！因为人想要致富，劳动可创造，文物失一件，重金难买到啊！"7月10日，屈西怀把这件文物交给了有关部门。1992年10月，这件文物由国家文物局文物鉴定委员会鉴定为国家一级文物，最初命名为"武则天除罪金简"，后改名为"武则天金简"（图4-6、图4-7），现藏于河南博物院，是该院九大镇馆之宝之一。

图 4-6　武则天金简照片　　　图 4-7　武则天金简文字摹写图

　　金简呈长方形片状，正面镌刻双钩楷体铭文："上言：'大周囻主武曌，好乐真道，长生神仙，谨诣中岳嵩高山门，投金简一通，乞三官九府，除武曌罪名。'太岁庚子七匭甲申朔七〇甲寅，小使忠胡超稽首再拜谨奏。"

　　武则天是中国历史上唯一的女皇，她喜好标新立异，相信祥瑞之说，迷信文字的神秘力量。据史书记载，在宗秦客、武承嗣的建议下，武则天称帝后改造过十七个字，希望通过文字来达到巩固政治地位和宣示权力合法性的目的。这通金简上就有五个新造字，分别是囻（国）、曌（照）、匭（月）、〇（日）、忠（臣）。那么，武则天为什么要改这几个字呢？这几个字改过之后又有什么深意呢？

　　"囻"即"国"字。表示国家之义的"国"字本来写作"國"，今天简化为"国"。"國"是一个形声字，外面的"囗"表示国家的范围，里面的"或"标示读音。武则天认为"或"与"惑"读音相近形体也相似，"惑"有疑惑、迷惑之意，"囗"内有"惑"寓意不祥，就打算另造新字。传说有人建议把"或"改成"武"字，以彰显整个国家都是武氏天下；然而又有人说，"囗"像一个牢笼，"武"在"囗"中犹如"人"在"囗"中而成"囚"，寓意亦不祥。于是就造了"囻"字，"囗"内有"八方"，寓意国土广大，天下八方都是女皇统治的疆域。

　　"曌"即"照"字，是武则天为自己名字专造的字。"曌"字由"日""月""空"三个部件组成，乃日月当空照之义。古人认为日为阳，月为阴，男为阳，女为阴。封建社会男尊女卑，女性地位低下，所以女人当皇帝社会普遍难以接受。而"曌"字日月并列，高悬空中，象征男女地位平等，女性同样可以统治国家，这就暗示了女主称帝的合法性。同时也蕴含着统治清明、君临天下之意，彰显了一代女皇的霸气。

　　"匭"即"月"字。"〇"即"日"字。武则天认为"玉兔金乌"为日月中物，所以改"月"字作"匭"，也写作"🉐"；改"日"字为"〇"，楷书也写作"囜"，"乙"象日中金乌之形。实际上这两个字蕴含着嫦娥奔月兔相伴、金乌栖日光灿烂的神话内容。

　　"忠"即"臣"字，武则天唯恐臣下有二心，故造"忠"字，从一从忠，告诫臣子要忠于一人。

武则天改造的这些字，都不仅仅是用来记录语言中对应的那个词的，在整个字表达的词的音义之外，还利用构件表达了特定的言外之意。

4. 变形寓意

为了实现某种特定的表达效果，汉字在对应所记录的词语的同时还可以通过变异正常字形来表达词语之外的信息，比如变换字体字号、改变汉字置向、增损形体笔画、变异汉字形态、综合布局字形等。

"花港观鱼"是杭州西湖十景之一。南宋内侍卢允升在花家山下建造别墅，园内栽花养鱼，池水清洌、景物奇秀，称为"卢园"，后卢园荒废，景色亦衰。清康熙帝南巡时，重新砌池养鱼，筑亭建园，勒石立碑，题有"花港观鱼"四字（图4-8）。

细细观察康熙帝所题四字，发现"鱼"字的写法很奇特。繁体的"鱼"写作"魚"，下面是四点，而康熙所

图4-8　康熙帝"花港观鱼"御碑

题之"魚"下面只写了三点，饱读诗书的一代圣主当然不会写错简单的"魚"字，一定是有意为之。那他为什么要省去一点呢？这要从"魚"字下面的"灬"说起。

（甲骨文）　（金文）　（小篆）　（隶书）

"魚"字是个象形字，上象头，中象身，下象尾，在字形的演变中，下面的尾部演变成了"灬"，而"灬"又恰好与"火"字的变体写法一致，比如"热""烈""煎""熬"下面的"灬"都是"火"，所以就容易让人产生"魚"

字下面也是"火"的错觉。鱼下有火必然会死，观鱼联想到烤鱼，大煞风景！怎么办呢？改火为水！汉字的"水"经常被简化成三点，将"灬"省去一点便成了水，鱼在水中自然欢愉畅快，悠游灵动了。康熙帝有意减笔，避免烤鱼联想，也体现了皇帝宅心仁厚、泽被万物之意。这是汉字变形给后人留下的一段佳话。

图 4-9 是 2022 年北京冬季奥运会会徽，名为"冬梦"。会徽的主体是一个汉字"冬"，点明了奥运会临近中国春节的美好时令。这个"冬"字在正常形态的基础上进行了艺术性变异，既是字也是图。冬字图形展现了滑冰运动员的造型和英姿，流畅的构字线条还像飘舞的丝带，也像举办地起伏的山峦、赛场、冰雪滑道，整个"冬"字图形充满了运动的旋律感和节日的喜庆感。而且以蓝色为主色调，寓意梦想与未来，以及冰雪的明亮纯洁，红黄两色则源自中国国旗，代表运动的激情、青春与活力。这种字形变异将厚重的东方文化底蕴与国际化的现代风格融为一体，呈现出新时代的中国新形象、新梦想，传递出新时代中国为办好北京冬奥会，实现"带动三亿人参与冰雪运动"目标，为国际奥林匹克事业做出新贡献的不懈努力和美好追求。

图 4-9　2022 年北京冬奥会会徽

字形变异可以多种多样，也可以结合其他方式进行。有一种近乎谜语的诗体叫神智体，就是综合汉字的形体大小、位置正反、笔画多少、排列疏密、构件分合等情况来创造的，解读时要把这些字形特征融入诗歌中加以联想增补才能得其旨趣，悟其精妙。

相传这种智巧的诗体是宋代大文豪苏轼首创的。北宋熙宁年间，辽国使臣到访宋朝，这个使臣以能赋诗文自夸，经常拿出一些古怪的诗文来为难宋朝的官员，神宗皇帝很是苦恼，便让多才多艺的苏轼陪同这个使臣。

一日，这个使臣又赋诗一首来诘难苏轼，苏轼淡然一笑，不紧不慢地说："赋诗实乃易事，观诗才是真正的难事呢！"使臣不服，苏轼挥笔写下一首《晚眺》诗（图4-10）请使臣赏读。这个自诩通晓诗文的辽国使臣对着诗文沉吟良久，苦思冥想也不知其所以然，无言以对，急忙告辞离去，从此再也不敢自夸擅长诗文了。

　　究竟是什么样的诗让辽使如此狼狈，百思不得其解呢？让我们一起来看一看吧！

图4-10　苏轼《晚眺》

　　原来这是一首需要"看"的诗，"亭"字写得很长，"景"字写得极短，"畵"是"畫（画）"的另一种书写形式，而"畵"字中间缺少了"人"，这三字连成一句，要读作"长亭短景无人画"。"老"字写得很粗很大，"拖"字横写，"筇"字里的"竹"写得很细瘦，这三字读作"老大横拖瘦竹筇"。接下来，"首"字反着写，"雲"字的中间断开了，"暮"字下面的"日"字是倾斜的，这三字便是"回首断云斜日暮"。最后，"江"字的一竖写得曲折，"蘸"字倒着写，"峰"字之"山"侧着写，这三字就是"曲江倒蘸侧山峰"。这首诗合起来就是：

> 长亭短景无人画，老大横拖瘦竹筇。
>
> 回首断云斜日暮，曲江倒蘸侧山峰。

这首诗就像谜语一样，不仅要理解字义，更需要结合汉字的书写形态来分析解读，仔细玩味才能悟出其中深意，难怪辽使一时哑口无言呢！

第五章

生活中的汉字话题

一、繁体字好还是简化字好

这个问题当然是针对中国大陆而言的。从 20 世纪初新文化思潮提倡简化字开始，有意识有组织的简化字工作已经进行了 100 多年，虽然最初时有些阻力，但总体上是顺利的。

改革开放以后，随着海外交流的扩大，特别是跟港澳台全面接触以后，繁体字再次进入人们的生活，于是前些年有人提出应该恢复使用或识读繁体字，从而引起汉字繁简优劣之争。从草根到名流，从民间到官方，整个华人社会各执其辞。2019 年 12 月 9 日，《人民日报》在官微上做了一个有关中小学有没有必要开展繁体字教学的民意调查，支持和不支持的网友基本五五开。为什么突然会有这么多人主张恢复繁体字？简化字"失势"的症结在哪儿？

1. 恢复繁体字问题的背后

上面的民意调查数据带有一定的迷惑性，为什么呢？第一，在中小学开展繁体字教学并不等于恢复繁体字、禁用简化字，而只是在使用简化字的同时识读一些繁体字，这并不构成繁简字的根本冲突。所以有很多人赞成学习繁体字并不意味着他们反对简化字。第二，就算有一半人赞成恢复繁体字，也只是参与调查的近 30 万人中的一半，而不是全体使用简化字的人中的一半。事实上，不参与调查本身就是一种态度：现在这样很好嘛，搞什么搞？瞎折腾！可见我们不能根据网络的某些调查数据来判断问题，如果就此得出全社会有一半人赞成恢复繁体字，那是荒谬的。

但如果 30 万人中真有 15 万人赞成恢复繁体字，那也不是小问题，得有个合理的解释。我们认为，这 15 万人之所以对恢复或者学习繁体字感兴趣，并不是因为这个问题有多急迫、重要，而是因为：一方面网络时代为人们提供了更多的发声渠道，大家想体验发出不同声音的快感；另一方面是主张恢复繁体字者借用了政治意识和文化观念，从思想道德上绑架了一部分人，使有些人觉得，赞成繁体字、反对简化字，就能显出自己维护传统、有文化，甚至显得自己不是那么"左"，不属于什么什么"派"。这就偏离了问题讨论的正常范围，被糊里糊涂地带了"节奏"。

　　我们这样理解和评价繁简字之争，是根据两个主要事实做出的判断。一个事实是，近年提出繁简字问题和参与争议的大都不是专业人员，提出问题者有海外人士，有"两会"代表，且多为演艺界人士，参与热议的大都是媒体、社会名流和普通大众。而学界的专业人士一般认为简化字没有推翻的必要和可能，因而基本上不参与争论。第二个事实是，主张恢复繁体字者很少从学理上论证，而主要是从文化传承、文化统一方面提出带有政治意识的理由。这些理由其实是很不充分的。

　　例如说承载传统文化的古籍都是用繁体字书写，汉字简化后就割断了文化的传承，今人读不懂古籍就不能了解历史、继承传统。实际上简化字只在社会通用层面推行，古籍整理和学术研究等特殊场合是维护繁体字的，繁体字并没有被消灭，也未失传。古籍经过专家整理和转换为简化字，并不影响其内容的传承，反而更利于普通人阅读理解。用繁体字印行的《论语》和用简化字印行的《论语》就思想内容而言并没有什么区别，怎么就割断了历史，不能传承文化了呢？历史上汉字经历过多次重大变革，从甲骨文到金文，从大篆到小篆，从隶书到楷书，哪次变化都不亚于繁体简体之间的变化，中华文明不也一脉相承下来了吗？现在党和国家非常重视优秀传统文化的传承创新，文化强国的思想深入人心，振兴传统文化的事业方兴未艾，但并没有全面恢复繁体字啊！事实证明通行简化字并不妨碍文化传承。

　　再如说港台和国外华人社团用繁体字，有人说，如果我们用简化字就不利于跟国际接轨，不利于经济繁荣，更不利于国家统一。这种观点也似是而非。首先，国家强盛与否，经济发展与否，交流融合与否，跟使用什么文字没有必然联系。清朝时期使用繁体字，并不比现代中国更强盛。改革开放前，台湾、香港经济实力比大陆强，改革开放后情况扭转了，而各方使用的文字并没有根本性变化，可见决定社会发展和经济繁荣的因素不是文字。其次，世界上有多种性质完全不同的文字，在具备其他条件和需要的情况下彼此都能够有效交流和融合，甚至一个国家内部也可能通行多种文字，为什么同属汉字系统，只是部分字形有繁简差异的港台就不能跟大陆交流融合呢！就国家统一而言，为什么一定要简化字向繁体字统一，而不是繁体字向简化字统一呢！再次，事实上，使用简化字的不只是中国大陆，新加坡、马来西亚等国家都采用了跟中国大陆一致的简化字；从2008年起，联合国使用的中文已取消繁简两个版本，只用简化字；香港、台湾现在也有很多简化字，例如"臺灣"一般写作"台湾"，"遼寧"一般写作"辽宁"，台湾通行的简化字大概在200字以上；而且大陆现代使用的简化字也不都是现代

人生造的，80%以上是历史上早就存在的。比如图5-1清乾隆二十五年（1760年）曹雪芹《红楼梦》手抄本就使用了大量简化字，如"过""于""坏""劝""这""听""体"等。

即使是古代的刻印本，也有许多简化字存在，如图5-2所示元代的一些刻本。

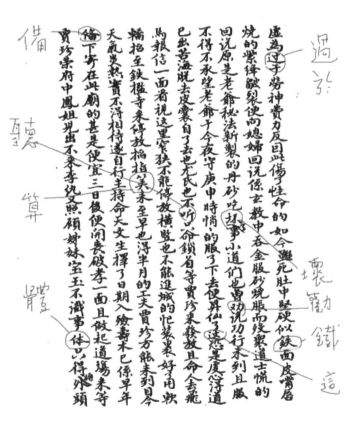

图5-1　清代《红楼梦》手抄本

图 5-2　使用了大量俗体简化字的元代《古今杂剧》与《京本通俗小说》

　　所以如果有人用大陆的简化字来说大陆破坏传统文化，那就是无视上述各种事实，而且用行政手段推行简化字其实是 20 世纪初的国民政府首先提倡的，只是因抗战爆发而没有继续而已，所以简化字不是中国共产党的标签，不应该政治化。如果说繁体字有文化，所以要恢复使用繁体字，那甲骨文、金文可能更有文化，汉字有几千年的历史，究竟应该恢复到哪个时期的文字呢？

　　还有一种非常迷惑人的说法是，汉字简化破坏了汉字的结构理据，使得汉字无理可讲、无规律可循了。这种说法之所以迷惑人，是因为它站在学理的高度，而且确实有少数简化字片面追求书写简便而忽视了构形理据。但汉字发展的总趋势就是符号性不断增强而理据性不断减弱，这得具体情况具体分析，不能以偏概全，从总体上否定汉字简化。就个体字符而言，不只是简化字会丢失理据，很多繁体字到现代也是讲不出理据的，例如"態""減""數"等。相反，有的简化字可能比繁体字理据更清晰，如"态"（从心太声）、"灭"（用东西把火盖住火就灭了）等。可见并非所有的简化字都没有理据，繁体字有繁体字的理据，简化字有简化字的理据，如果追根溯源，繁简字都有理据，所以简化字并不会消灭繁体字的理据和文化，只会在繁体字基础上增加新的理据和文化。大家想必都看过网上流行的一个段子："汉字简化后，亲不见，爱无心，产不生，厂空空，面无麦，运无车，导无道，儿无首，飞单翼，涌无力，有云无雨，开关无门，乡里无郎，圣不能听也不能说，买成钩刀下有人头，轮成人下有匕首，进不是越来越佳而往井里走，可魔仍是魔。"这个段子常被当作简化字无理据、无规律、破坏造字文化的典型。果真如此吗？其实这个段子对许多字的理解或批评不符合学理，也不符合历史事实。

比如"运无车"批评"运"字丢失了原字的"車"，其实原字是用"軍"表示读音，跟"車"没有关系，由于"軍"跟"運"现在读音差别很大，简化为"运"，"云"跟"运"只有声调不同，这样表音更准确，笔画更简单，为什么不可以呢？又如"涌无力"，原字用"勇"表音，跟"力"没有直接关系，而且历史上原本就是用"甬"作声符的，《说文解字》中有"涌"无"湧"，历代都把"涌"字定为正字，"湧"是作为"涌"的异体字在宋代出现的，现在简化掉"力"只是选择了古代更早更简单的一个字形，怎么能算现代简化字之过呢？再如批评"進不是越来越佳而往井里走"就更暴露批评者没文化了，因为原字的"隹"读"zhuī"，《说文解字》认为是"闐"字之省，用来表音的，批评者却误为"佳人"的"佳"了。"闐"字现已不用，改为音近而笔简的"井"不更好吗？其他如"云"字见于甲骨文，"亲"字见于金文，"儿"字见于小篆，都是选用古已有之的简化字，难道古代用就有理现代用就无理了吗？

"爱"字从行书发展而来，北魏《崔勤造像碑》已有类似楷体，古代许多书法家都写过（图5-3），可见"爱无心"并非始于新中国的简化字。

图5-3　古代书法作品中的"爱"

我们不能简单地比较繁简字谁优谁劣，其实简化与繁化本身无所谓优劣，都是汉字发展过程中可能出现的现象。如果硬要评价某种文字，也不能光看理据，即使经过研究比较发现繁体字的理据程度总体上比简化字要高，也不能就此认为繁体字一定比简化字好。文字符号的优劣主要看系统性强不强，字符之间是否具有足够的区别度，是否能够跟语言相适应而准确地记录语言，是否能够便利地书写和使用，能否尽量保持理据只是其中一个方面。

简化字已经简化并成功使用了数十年，个别简化字确实不当，可以恢复也可以重造，但总体上不应用繁体字取代简化字。历史经验表明，任何文字系统都不可能尽善尽美。汉字的发展以自我调节为主，虽然可以人为干预，但都是以改造改良现有文字为目的的，没有任何一个阶段的文字是推翻现行体制而回到从前的某个阶段的。所以提出全面恢复繁体字是不符合历史规律的，是不会得到绝大多数人赞同的，因而是不可能成功的。

2. 推行简化字的得与失

我们不同意恢复繁体字，并不是说简化字就一切都好，完全不能批评和再调整。事实上，主张汉字简化的人也一直在反思，在改进。为了进一步了解现代简化字的得与失，我们可以先看看简化字推行的历史。

近现代救亡图存的热切需要

清末民初，中国被西方列强瓜分，面临亡国灭种危机。为救亡图存，许多仁人志士去欧美和日本寻找富国强兵之道，探求落后挨打的原因。他们认为，中国一切都落后于西方，包括文化和文字。他们对中国文化和文字失去自信，认为中国落后，是儒家思想导致的，提出"打倒孔家店"，废除"读经"，掀起以尊"白话"、废"文言"为宗旨的白话文运动。由"文化落后论"发展到"文字落后论"和"文字亡国论"，连鲁迅都发出了"汉字不灭，中国必亡"的呼喊，中国出现强烈的文字改革思潮。陈独秀、钱玄同（图5-4）、傅斯年等人都曾主张

图 5-4　钱玄同（1887—1939）

废除汉字，改用拼音文字。同时，他们也认识到改用拼音文字这个终极目标并没有那么容易实现，钱玄同认为"改用拼音字母文字需要十年的准备"，他主张在改用拼音文字之前，先"选取普通常用的字约三千左右，凡笔画繁复的，都定他（它）一个较简单的写法"。

当时相继出版了一些简化字的相关书籍。在民间讨论的热潮中，1932年由国民政府教育部公布并出版了国语筹备委员会编订的《国音常用字汇》。1935年，南京政府教育部又采用钱玄同《简体字谱》的一部分，公布了《第一批简体字表》，但于1936年又通令收回了该字表。

这一时期"打倒汉字"的呼声反映了先哲们救亡图存的爱国心和历史责任感，这种昂扬的斗志令人钦佩，但他们在一时找不到其他出路的情况下，将社会落后的原因归咎于汉字则未免过于偏激。今天我们回过头来做冷静的思考，汉字并不是社会落后的真正原因，社会盛衰、国力强弱、人民生活贫富与文字并没有必然的决定性关系。

新中国扫除文盲的历史任务

转眼到了新中国成立，经过多年战乱，国内经济凋敝，百废待兴。而摆在新政府面前的一个现实问题是，全国5.4亿人口中有4亿多是文盲，文盲率高达80%，农村的文盲率更高达95%以上，有的地方甚至十里八村也找不到一个识字的人。文盲，成为新中国发展道路上的拦路虎。扫盲工作要想在短时间内取得成效，文字改革势在必行。

1949年8月25日，时任华北大学校长的吴玉章给中央委员会主席毛泽东写信，提出为了有效扫除文盲，需要迅速进行文字改革。对吴玉章的建议，毛泽东极为重视，把信批转给郭沫若、沈雁冰（笔名茅盾）等人研究。在毛泽东的关心下，1949年10月，中国文字改革协会成立。1952年国务院又成立了"中国文字改革研究委员会"（1954年改为"中国文字改革委员会"）。1956年国家确定文字改革的方针："汉字必须改革，汉字改革要走世界文字共同的拼音方向，而在实现拼音化以前，必须简化汉字，以利目前的应用，同时积极进行拼音化的各项准备工作。"同年国务院公布并实施《汉字简化方案》，试行几年后，于1964年修订发布《简化字总表》。

经过 50 年的不懈努力，汉字普及和扫除文盲工作（图 5-5）取得了显著成效。2000 年第五次人口普查时，我国已经如期实现了基本扫除青壮年文盲的目标。同 1990 年第四次人口普查相比，成人文盲率已由 22.2% 下降到 9.08%。2000 年 10 月 31 日第九届全国人民代表大会常务委员会第十八次会议通过《中华人民共和国国家通用语言文字法》，把文字改革的三大任务——使用规范汉字（简化汉字）、推广普通话、推行《汉语拼音方案》——明确写入其中。

图 5-5　河北定县翟城村参加冬学的学员们

人性最深层的呼唤

文字的形体有繁有简，这种现象历朝历代都是存在的。只是历史上这种繁体和简体通常对应的是正体和俗体。正体是指取得官方地位的书写形式，而俗体则在民间被广泛使用。那么民间为什么喜欢写俗体呢？这个问题涉及人性最深层的共性，那就是——懒！

"懒"当然是表面现象，实际上是效率问题。以汉字"龙"为例：

前者是繁体，一共有 16 画；后者是简体，只有 5 画。就是说，写一个繁体"龙"的时间超过写三个简体"龙"。明末清初学者吕留良就曾说过："自喜用俗字抄书，云可省工夫一半。"直白点解释就是：用俗字抄书省事，可以节省一半时间。

1958 年 1 月 10 日，周恩来总理在《当前文字改革的任务》的报告里说："方案公布后，两年来，简字已经在报纸、刊物、课本和一般书籍上普遍采用，受到广大群众的欢迎，大家称便，特别是对初学文字的儿童和成人的确做了一件很大的好事。河南一位老师向小学生介绍简字，说'豐收'的'豐'字今后可以简写成三横一竖的'丰'字，孩子们高兴得鼓掌欢呼。天津一个工人说，'盡、邊、辦'这三字学了半年了，总记不住，这回简化成'尽、边、办'，一下就记住了。……简体字是要比繁体字好学好写，因此包括工人、农民、小学生和教师在内的广大群众热烈欢迎简字，这是很自然的事。"可见简化字的扫盲效果是喜人的。

根据相关统计数据，《简化字总表》的简化字平均每字减少 5.7 画，方便了汉字的学习和书写。《简化字总表》还消除了一批异体字，减轻了学习者的学习负担。简化字使学习者能用最经济的手段最快地跨越文字障碍，提高交际效率，为其他知识的学习留下更多时间。

不只是学习过程，汉字应用也有个效率问题。假如在高考的考场上，有限时间内写出 800 字以上的作文，允许要么用繁体字写作，要么用简化字写作，那你是愿意选繁体字还是简化字？人同此心，虽然清代官方提倡使用繁体字,但在清朝政府颁发的"内务府"令牌上居然也有人写着简体"务"字(图 5-6),省事啊!

图 5-6 内"務"府和内"务"府

所谓正体字、规范字是评价概念,是可以随时代和官方的变化而变化的。中国政府从历史经验出发,根据现实社会的需要,按照"约定俗成,稳步前进"的原则,顺从民意,把部分民间通行的简化俗字总结整理为规范的正体字加以推行,是合情合理、行之有效的。

简化工作的缺陷

新中国推行的简化字是否就毫无缺陷、不允许调整修订呢?当然不是。事实上专家们已经认识到汉字简化中的一些问题,并在 1986 年重新颁布的《简化字总表》和 2013 年公布的《通用规范汉字表》中做了适当弥补。

简化工作的缺陷主要有如下几个方面:

一是照顾了通行性,而忽略了系统性。同样的偏旁或构件,有的简有的不简,如"觀""歡""權""勸"的"雚"旁简化为"又"(观、欢、权、劝),而"灌""罐""鸛""獾"却不简化;同样的偏旁或构件,有的简化为甲形,有的简化为乙形,如"盧""顱""濾""鱸"的"盧"简化为"卢",而"驢""爐""蘆""廬"的"盧"简化为"户";不同的偏旁或部首使用同样的简化符号,如"僅""權""漢"的右偏旁,"對""鄧""觀""雞"的左偏旁,"樹"的中间,"聖"的上部,"轟"的下部,原为不同形体,却全都简化为"又"(仅、权、汉、对、邓、观、鸡、树、圣、轰)。这样的不一致和无规律就无法利用系统性类推掌握。

二是减少了单个字的笔画，却增加了系统中构件的种量。如"揀""練""煉"简化为"拣""练""炼"，其中的构件"东"是繁体系统里没有的；如果"东"能整体全部替换"柬"，那确实简省了每个字的笔画，也没有增加构件数量。可"柬"还单用，"谏""阑""澜"中的"柬"也没有替换简化，这样一来，简化字系统中仍然有"柬"，却新增加了一个"东"，使系统更复杂了。"專"与"专"、"長"与"长"也属这种情况。

三是同音字替代容易造成用字混乱。如"大象"的"象"与"人像"的"像"合并为"象"，"剩餘"的"餘"和第一人称代词"余"合并为"余"，"瞭望"的"瞭"和"了事"的"了"合并为"了"（以上合并字 1986 年重发之《简化字总表》已调整）。有些甚至并不同音也被替换，造成新的多音字，如"鬥争"的"鬥"与"升斗"的"斗"都用"斗"，"萝蔔"的"蔔"与"占卜"的"卜"都用"卜"，"茶几"的"几"和"幾个"的"幾"都用"几"，"气喘吁吁"的"吁"和"呼籲"的"籲"都用"吁"等。

四是不同的字简化为同一个形体，导致繁简一对多的复杂关系，不便机器自动对应转换。如"出发"的"發"与"头发"的"髮"都简化作"发"形，"内臟"的"臟"与"骯髒"的"髒"都简化作"脏"形，"乾湿"的"乾"、"幹事"的"幹"、"树榦"的"榦"都简化（合并）为"干戈"的"干"形等。

五是有些字减省笔画后容易造成跟别的字形近相淆。如"拔牙"的"拔"和"撥打电话"的"撥"，本来不易弄错，把"撥"简化成"拨"，就跟"拔"形近易混了。其他如"處"简化为"处"与"外"易混，"譽"简化为"誉"跟"誊"易混，"廠""廣"简化为"厂""广"易混，"尋""導""異"简化为"寻""导""异"易混，等等。

六是有些罕用字简化了，而常用字却没有简化。例如"觌""颥""蕆""瘗""翚""桦""鲴""醝""荟""酽"等简化字是非常少用的；而"警""整""壤""霸""嘴""簿""籍""繁""舞""藏"等常用字却没有简化。还有些简化不彻底，只简化了某些部件，整个字仍然繁难，如"镰""缴""赢""癫""鳞""蹒""鹰""骤""灛""戀"等。

上述缺陷有的是无法避免的，有的是可以局部或个别调整的，但不影响简化字的总体思路和效果，通行几十年后，有些已相沿成习，积非成是了。所以在大家基本接受了的今天，简化字系统不宜从整体上推翻而用繁体字全部替换，那样带来的不只是汉字系统和规律的问题，更有社会稳定和经济成本问题。

3. 繁简共存，相得益彰

繁体字和简化字其实不是你死我活的对立关系，而是可以在不同场合各取所需的共存关系。除官方文件和社会通用领域当依法使用简化字外，为研究需要、古籍整理需要、文化学习需要、书法艺术需要，以及特定范围和个人兴趣等，都可以阅读和使用繁体字。二者共存互补，相得益彰。就个体字符来说，有时繁比简好，有时简比繁好，所以该繁就繁，该简就简；就系统来说，最好繁简适中，区别度和简易度协调，既满足表达的区别度，也满足书写的简易度。我们赞同王宁先生的观点：文字的调整应该是"追求系统的优化，而不是片面的简化或繁化"。

共存的繁体字和简化字各有适用的场合，在各自应用的场合中，简化字有简化字的规范，繁体字有繁体字的规范。所以就个人修养而言，日常使用简化字的最好也掌握一些繁体字知识，日常使用繁体字的最好也掌握一些简化字知识。否则当你超越日常想在特殊场合使用自己不太熟悉的繁体字或简化字时，就难免因不规范而闹笑话。简化字方面的笑话相信在港台地区能找到不少，这里说说大陆人使用繁体字的笑话吧。

懂得繁体字知识的人都知道，简化字"里"实际上对应两个繁体字："裏"和"里"。"棉袄里子""里里外外"等词语中的"里"繁体字是"裏"，而"邻里""故里""里程"等词语中的"里"繁体系统也是用"里"，不能用"裏"。但是在不少地方常见到"故裏""千裏"之类的错误写法，如北京某著名高中校园内的公共宣传语把"伏脉千里"错写成"伏脉千裏"，河北省某小区内的装饰浮雕墙把"偉業萬里"错写成"偉業萬裏"。

以上这些都是缺乏繁体字知识而导致的尴尬。可见生活在允许繁简字共存并用的社会里，具备一定的繁体字知识很有必要。即使不能准确使用，至少应该认识一定数量的繁体字，并基本了解繁简字之间的对应关系。

目前的义务教育阶段，在坚持国家法律规定的用规范汉字（简体字）开展教学的同时，也在适度地开展"识繁写简"教育。书法教育方面，教育部印发的《中小学书法教育指导纲要》提出："按照《中华人民共和国国家通用语言文字法》有关规定，硬笔教学应使用规范汉字，毛笔临帖要以经典碑帖为范本。"毛笔临帖基本上是繁体书写的（图5-7）。经典阅读方面，教育部也在《完善中华优秀传统文化教育指导纲要》等文件中要求实施中华经典诵读工程、中华优秀传统文化传承发展教育体系创新计划等，使广大青少年亲近中华经典，在学习经典的过程中接触繁体字文本，认识繁体字。

图5-7　河南省郑州市郑东新区某小学书法社团

总之，我们在坚持规范使用简化字的同时，也应该允许繁体字互补共存，并尽量多掌握一些繁体字知识，以便在需要的时候，在特殊的场合，能够准确识读繁体字和正确使用繁体字。

二、网络中的汉字生态

图 5-8 是歌曲《生僻字》的歌词。来，一起认认这些字：

茕茕子立 沆瀣一气 踽踽独行 醍醐灌顶
绵绵瓜瓞 奉为圭臬 龙行龘龘 犄角旮旯
娉婷袅娜 涕泗滂沱 呶呶不休 不稂不莠
咄嗟 蹀躞 耄耋 饕餮 囹圄 蘡薁 觊觎 龃龉
狻猊麒轩 怙恶不悛 其靁虺虺 腌臜孓孑
陟罚臧否 针砭时弊 鳞次栉比 一张一翕

图 5-8　歌曲《生僻字》歌词

汉字从古至今的总字数多达数万。《康熙字典》收字 47000 多，《汉语大字典》收字 60000 多，1994 年出版的《中华字海》则收字 85000 多。在这些字中，绝大部分都属于上面说的"生僻字"，而常用字只有 3500 个左右。这3500 个左右的常用字覆盖了出版物用字的 99% 以上。

然而在网络时代，不少历史上已经"死去"的汉字却正以某种方式重新获得"新生"。与此相关的一些标新立异的用字现象也在网络上应运而生。正视这些现象，解读动因效果，加以合理疏导，给予适当规范，是我们维护网络汉字生态的正确选择。

1. 古老生僻字——旧瓶装新酒

互联网时代已经让人们见证了太多"奇迹"，一个十分生僻的字，能够在网友的加持下一夜之间火得烫手。

说起由于网络获得重生的古老汉字，就不得不提"囧"字。"囧"字从2008 年开始在中文地区的网络社群间成为一种流行的表情符号，成为网络聊天、论坛、博客中使用最频繁的字之一。"囧"被形容为"21 世纪最风行的单个汉字"之一。"囧"是一张人脸的话，里面的"八"就是两道因悲伤和沮丧而下垂的眉毛，下面则是张口结舌的那个"口"。当一个人说"我很囧"的时候，可以想象他的那副表情完全和"囧"一模一样。而"囧"的发音也和"窘"一致，简直再完美不过。

伴随着它的流行，"囧"已经不再只是一个单纯的汉字，而是发展成为一种网络文化。在百度贴吧里出现了一个"囧吧"，众多人用这个字开设了博客，有的叫"一日一囧"，有的叫"囧猪"，等等；甚至有人开始用它做生意，比如有人用这个字为由头开设了一家奶茶店，还有人给"囧"建了一个专门网站。当然更有《人在囧途》《泰囧》《港囧》等电影。

与"囧"差不多同时火起来的还有"槑"字。"槑"读 méi，古时候是"梅"的异体字。网友把它用成了新会意字，两个"呆"，那就是"比呆还要呆"，"很傻很天真"是"槑"在网络中获得的新意义。

再比如"烎"。如果你问网友，估计没几个人知道这个字读 yín，意思是光明。因为他们在使用这个字的时候基本上是在通过键盘交流，他们用这个字来表达的意义也与光明无关。

"烎"字在网络上被重新启用源于游戏家族，可以说是游戏玩家们创造出的一种全新的文化现象。2009 联想 IEST 大师赛（全称 Lenovo International Electronic Sports Tournament 2009）预选赛中，有一支参赛队伍"烎队"，他们向 WCG（世界电子竞技大赛 World Cyber Games 的缩写）和 EOG（电子竞技公开赛 E-sports Open Game 的缩写）的双料冠军 ehome 队发起挑战。尽管最后烎队输了，但是他们整场比赛表现出的无惧的精神风貌，还是给 DOTA（Defense of the Ancients 的缩写）粉丝们留下了极其深刻的印象，并将该场比赛视为经典。"烎"这个字也由此在游戏玩家中迅速流行起来。"烎"即"开火"，既传神，又达意。在游戏中，"烎"已经成为玩家们"遇强则强，斗志昂扬，热血沸腾，你越厉害我越要找你挑战，希望在竞争或对抗中一比高下"的流行语。

"烎"字继而从游戏推广到整个网络，网友们开始用"烎"字形容一个人的斗志昂扬、热血沸腾，传达出"满状态""霸气""爆豆""彪悍""制霸"等诸多豪气，于是便有了："烎你就像碾一只蚂蚁！""烎你没商量！""不是跟你嘚瑟，寂寞已经过时了，咱玩的是烎！""男人，重要的不是帅，是烎！"一时间"烎"字简直要火爆整个互联网！精明的淘宝商家也嗅到了"烎"文化独特的味道，开始售卖以"烎"为主要元素设计的 T 恤衫。

除上述字外，网络上还有不少流行的生僻字。我们参考中国新闻网做过的整理，略加增删，列出一个表（表 5-1）来，你看能认得几个？

表 5-1　网络活用生僻字表

字形	读音	古义	网络用义
沵	nì	沉在水中，这就是古人版的"溺"。	1. 经常潜水（在论坛聊天室只浏览不发言的行为）。 2. 乐于救火的和事佬。
圐圙	kū lüè	蒙古语。字形是由"口"框住的"四方八面"，可形象地表示其意为"城圈"，即"围起来的草场"。	把两字拆开再重组，网络义表示"四面八方"。
嫑	biáo	方言，不要。	不要。
嘦	jiào	方言，只要。	只要。
砳	lè	象声词，石头撞击声。	同"乐"。
玊	sù	可指有疵点的玉，也可指琢玉的工人。	表示"平凡、庸俗"的意思。
勥	jiàng	读音和意义同"犟"。	魔兽游戏中的流行汉字，表示彪悍。
孖	mā zī	方言词，成双的，成对的。 1. 双生子。 2. 同"滋"，滋生。	可以表示成双成对的，也可以表示山寨克隆。
恏	hào	意思是欲望。	同"好"。
忈	rén	同"仁"，仁爱，亲。	网友们望形生义，用"忈"字比喻不够专心、专一。
夶	gū	生僻汉字。	《功夫熊猫》上映后，这个字成为"有功夫的人"的简称。
燚	yì	形容火剧烈燃烧的样子。	形容繁荣兴盛的景象。
䨻	bìng	生僻汉字，雷声的意思。	网友们用来表示很"雷"的意思。
彴	mó	古同"麽"。	在网络上代指"小"字。
猋	biāo	表示狗奔跑的样子，引申为迅速、飙升的意思。	饭圈文化中，特指"颜狗、追星狗、单身狗"三狗合一。
麤	cū	"粗"的异体字。	表示动粗的意思。
赑	bì	传说中的一种动物，像龟。旧时大石碑的基座多雕成它的形状。	表示用力的样子。

续表

字形	读音	古义	网络用义
犇	bēn	本义指牛惊走，引申为奔跑、急匆匆的意思。	表示"牛牛牛！"的祝福语。
惢	suǒ	1.疑虑。2.善。	可表示多心。
惢	ruǐ	1.古代的一种祭祀。 2.沮丧的样子。 3.古同"蕊"，花蕊。	可表示多心。
孨	zhuǎn	本指孤苦可怜。	在网络上代指拥有"房子、车子、妻子"的现代成功男士。
譶	huà	"话"的异体字。	多嘴多舌，指挑拨离间、说人坏话、搬弄是非。
劦	xié	1.古同"协"，合力，同力。2.急。	网友用为"给力"的意思。
劦	liè	用力不停。	网友用为"给力"的意思。
叒	ruò	古同"若"。1. 顺。 2. 指"若木"。	网友常跟"双""叕"连用指事件多次反复发生。
叕	zhuó	1.连缀。 2.短，不足。	网友常跟"双""叒"连用指事件多次反复发生。

　　网友们在使用这些字的时候往往通过它们的构成部件来表意。复古的生僻字有的会被网络文化赋予新的意义，但也有的生僻字出现在网络中可能并没有什么新义，只是因为字形特别，如几个相同构件叠加或笔画特别多，让现代人觉得新奇有趣。受这种用字倾向的影响，网络上还有新造生僻字或怪字来表达特别含义的。如"凳"发音为 duang，表示加特效的意思，源于演员成龙在一次电视讲话中发过这个音；又如三个"买"组成品字形"𧹊"，读为 qióng，表示不停地买就会把钱花光。

　　网友们喜欢用这些生僻字，很大一部分原因是因为它们能"见字识义""见字表义"，既形象生动又含蓄曲折，而且可以表现汉字的原生态思维，具有返璞归真的潜意识追求。

　　有人怀疑，这些字词的流行，是否会带来生僻死字的复苏，从而打乱现代汉字的成熟系统？其实这种担心大可不必，总的来说，被网友们"挖"出来或"造"出来的生僻字数量并不多，不足以动摇汉字的整体，而且一段时间之后，其中有些字也会随着大家兴趣的减弱淡出人们的视线。毕竟网络流行的特性就是火得快，热度退得也快。

2. 谐音字——规范还是容忍

不知你有没有这样的感受，就是网上看不懂的词越来越多了（图 5-9）。看看下面这些词，你都知道它们的意思吗？

菇凉 汉纸 河蟹 稀饭 洗具
杯具 神马 鸭梨 木有 夺笋
内牛满面 人参公鸡 怎么肥四
就酱紫了

图 5-9 网络词"你造吗"

如果你都知道，那么恭喜你，说明你紧紧追随着年轻人的脚步。如果你不知道，也不必着急，说明你已经足够成熟稳重，不会再去盲目跟风一些标新立异的表达。

上面这些词或来源于拼音输入法的打字错误，或来源于某处方言的发音，或是捏合两个字的读音而来，它们的共同特点就是通过声音表意，我们称之为网络谐音字。

不管你对网络谐音字是接受还是否定，都不能否认它已经成为年轻人中非常普遍的一种表达方式。网络谐音字除了用汉字汉语外，还能经常见到用谐音汉字表外语词和用数字谐音汉字词或外语词。

汉字谐音外语词。如：狗带（go die）、北鼻（baby）、卖糕的（my-god）。

数字谐音词。如：7456（气死我了）、9494（就是就是）、4242（是啊是啊）、880（抱抱你）、3166（日语词"再见"）。

网友们还用这些网络谐音表达制作了各种图片和表情符号，使网络表达变得更加生动形象。

网络谐音字词或调侃，或励志，一经使用便以其特异和另类吸引了众多浏览者的眼球。这些网络谐音字词在丰富了人们的表达的同时，对语言使用规范也提出了极大的挑战。网络时代，想要推行强制规范恐怕很难。

那么，如何对这种现象进行积极正确的引导，是未来很长一段时间相关部门要着力思考的一个问题。

3. 火星文——创造还是破坏

2020 年 7 月 23 日，负责执行中国首次自主火星探测任务的“天问一号”探测器在海南文昌航天发射场由长征五号遥四运载火箭发射升空。“天问一号”探测器的成功发射也意味着我国航天技术的又一次突破。央视网在微博用一种特殊的方式庆祝了这一成功（图 5–10）。

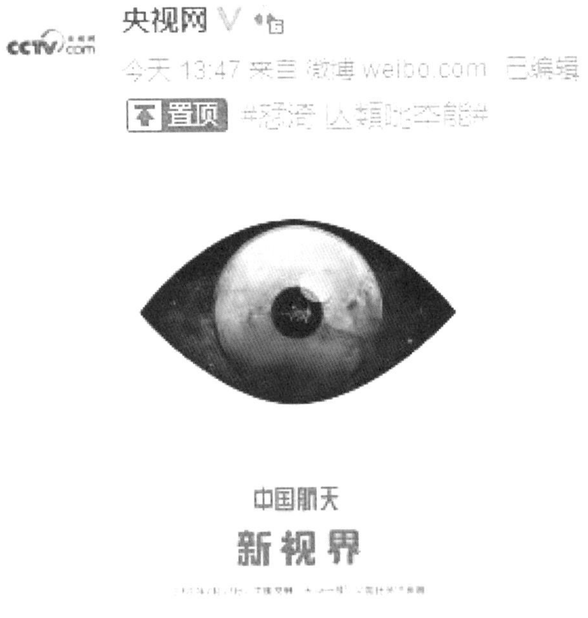

图 5–10　央视网微博

上图中有一句典型的火星文，翻译过来就是：好奇，人类的本能。

由于怎么看都像是乱码或打错的字，过去火星文在网络上被称为“脑残体”，真是“殺ㄢ特聽孒想打仒”（杀马特听了想打人）。

据考证，“火星文”起源于中国台湾地区。一些上网族最初为了打字方便，用注音文替代一些常用文字在网上交流，达到了快速打字兼可理解内容的效果。很快，一些台湾网友觉得这种文字另类醒目，便把这种输入方式发展开来。互联网的发展为火星文的快速推广起到了推波助澜的作用，网络也成了火星文发展的创业试验田。随着《劲舞团》等网游在大陆的流行，这一潮流通过网游等渠道进入大陆，一部分网友开始延续这种独特的文字，并自创了适合简体中文发挥的输入方式，比如"偊喷歨"（男朋友）、"荔口耐"（很可爱）、"伱傃谁"（你是谁）。后来，火星文又通过 QQ 资料及聊天快速传播，成为许多年轻人的共用语言。

火星文的特点是用乱码般的字扰乱汉字阅读者的第一印象，将简单的文字复杂化。当使用人群和新生词组形成一定规模后，出现了一些热衷软件开发的网络高手制作出火星文专用软件。转换软件的出现使得火星文具备了密码功能，火星文成了一个群体保护隐私的方法。

想要阅读和欣赏火星文，得先解码一下它的构造。

火星文最常见的"变身方式"是疯狂添加偏旁部首。例如：

　　　梛 yǐ 还，亼蘱緗 qǐ 了被□鯉奴支巤茵恐懼

这类字的阅读非常简单，把所有的偏旁部首都自动忽略掉，就差不多可以认出来了。上面一句话说的是"那一天，人类想起了被火星文支配的恐惧"。

火星文另一个常见的"变身方式"是左右结构汉字的拆写。例如：

　　　㇄ア苟禾リ國鎵笙死苁　豈因禍諨 ъ í 趨 Z ㄥ í ⁔

要注意的是，火星文从不做无谓的拆写，拆写追求的是整个句子的视觉美感。所以，不可能让拆写后的字完全保持原样。上面这句中就是将某部分替换为相似的日文。上一句话解码为"苟利国家生死以 岂因祸福避趋之"。类似用法还有：

　　　ゼ马，我茇錢るゆ

　　　（妈，我没钱了）

除了增加偏旁部首、拆分左右结构，拼音、数字、英文等符号也是火星文中的常见元素。例如：

　　　ぶNo懂□疂仗茵緟鱗淪為↓等亽

　　　（不懂火星文的终将沦为下等人）

再如：

　　¤ 橀祛 dē 我亻尓 α ī 理 Ъ ù 理，庨天 dē 我亻尓高攀 Ъ ù 啓 ¤

（过去的我你爱理不理，今天的我你高攀不起。）

这里出现了"dē""αī"和"Ъù"这些有标注音调的拼音元素。然而，仔细观察就会发现，事情并不简单，这里并没有直接使用基本款的"a""b"，而是希腊字母"α"和西里尔字母"Ъ"。在火星文的推崇者看来，这样的方式使得火星文更有艺术感和内涵。

火星文受到年轻群体推崇的原因，在于它在创造一种通用文字的同时，还让每个人都能拥有自己的 freestyle！

（你有 freestyle 吗）

←№ η ι 楃 f r e e s τ γ ζ e ǒ 马～→☆

〞鲵有 f я ë ë s τ γ し ë 嗎ぐ

⋮Ｙ ò ひ 宥 f я ĕ ĕ s τ γ し ĕ 鎷 ⋮

ご 妳有 f r ε ε s τ γ l ε 嗎）

…………

同样一句话却有千万种表达方式，你可以用简体、繁体、英文、数字、日文、符号，甚至是冷门的希腊字母和西里尔字母，你还可以随机在句子前后插入喜欢的符号。你写下的每一句火星文，都是你的独一无二，让每个人在理解与被理解的同时，还能保持自我与个性。

随着 2021 年 5 月 15 日"天问一号"成功着陆火星，已经淡出人们视野的火星文又在网上火了一把。北京日报微信公众号更是发文《潜心学习多年的火星文，终于派上用场了！》，集中展示了如下一些火星文词句（图 5-11）。

图 5-11　北京日报微信公众号中的火星文

三、姓名中的汉字文化

新学期伊始，"zǐxuān"小朋友们又要入学了（图5-12）。

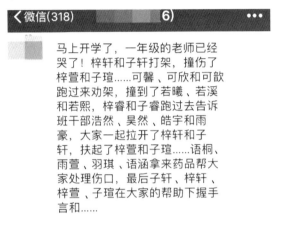

图 5-12 最"热"的"zǐxuān"

2016年某商业公司整理发布了我国第一份"姓名大数据"，这一民间报告当年引发了网友们的普遍关注和热议。2018年以来，公安部户政管理研究中心依托全国人口信息管理系统，对全国不含港澳台地区的户籍人口的姓氏、名字和新生儿姓名用字等情况进行统计分析，发布全国姓名官方报告。《人民日报》2019年1月30日用《刚刚，2018年全国姓名报告公布，你的姓名上榜了吗？》为题进行了报道。

随着全国姓名官方报告的推出，姓名用字吸引了越来越多的流量，图5-13为2019年年初《二〇一八年全国姓名报告》发

图 5-13 《二〇一八年全国姓名报告》发布

布的界面。报告一经发布，立刻登上热搜。

1. 你认识"zǐhán""zǐxuān"吗

从 2016 年第一份"中国姓名大数据"发布以来，"梓""子""涵""轩"等字就一直领跑新生儿姓名榜，成为最受欢迎的用字。在当年的榜单中男宝、女宝取名用字最热的 5 个音（表 5-2）分别是：

表 5-2　2016 年宝宝名字最热的 5 个音

男宝	zǐ	hào	yǔ	chén	xuān
女宝	yǔ	zǐ	xīn	hán	xuān

排名前 100 的男宝热名用字中，这 5 个音占了将近一半；前 100 女宝热名用字中，超过三分之一的字被这 5 个音涵盖。同音热字一定程度上虽然规避了视觉上的重名，但是带来的结果却是更为集中的听觉上的重名（表 5-3）。

表 5-3　2016 年女宝、男宝热名榜 TOP30

2016 年女宝热名榜 TOP30						2016 年男宝热名榜 TOP30					
1	梓萱	11	瑾萱	21	梦琪	1	浩然	11	子墨	21	俊杰
2	梓涵	12	思涵	22	钰涵	2	子轩	12	博文	22	致远
3	诗涵	13	可欣	23	梓萌	3	皓轩	13	一诺	23	天佑
4	可馨	14	紫萱	24	芷萱	4	宇轩	14	子涵	24	明轩
5	一诺	15	若曦	25	艺涵	5	浩宇	15	子睿	25	梓涵
6	雨萱	16	紫涵	26	若萱	6	梓睿	16	睿	26	俊豪
7	欣怡	17	雨涵	27	依依	7	梓轩	17	雨泽	27	昊然
8	子涵	18	雨彤	28	若熙	8	浩轩	18	铭轩	28	一鸣
9	晨曦	19	欣妍	29	艺馨	9	俊熙	19	宇航	29	皓宇
10	子萱	20	若溪	30	诗琪	10	梓豪	20	子豪	30	梓宸

以上是基于 2015 年全国新生儿 540 万个姓名提取的数据。不知你是否有这种感觉，榜单几十个名字一眼望过去，让人傻傻分不清。仿佛批量生产的"网红脸"，乍一看都很漂亮，看多了脸盲。

为什么"zǐhán""zǐxuān"这么受欢迎呢？

从家长自身来看，现在家长都很重视起名，都想给孩子取一个好听又独特的名字，但是很多家长在起名时过于看重寓意稳妥，而这些美好的寓意集中在希望孩子快乐、聪明、事业有成上，这就使得孩子的名字用字比较集中，选择范围非常狭窄，缺乏特色可言。

另外，家长不知道该给孩子起什么名字的时候，往往都会第一个想到上网搜索。商家把握这样的商机，用"生肖取名宜忌"和"男孩女孩好名字"等帖子吸引流量，而这些帖子互相抄袭，内容大同小异。

"生肖取名宜忌"的核心手法是把人跟生肖动物的习性简单粗暴地画上等号。比如羊爱吃草，生活在树林田间，名字中就要用带草字头或者木字旁的字。很多家长抱着"宁可信其有"的心态，纷纷掉入彀中。比如，2015年是农历羊年，新生儿爆款名 TOP30 中，女宝名字的"花花草草"感就很强，超过一半的名字中都带有草字头或者木字旁。而当年男宝名字上升最快的前 10 大"黑马名"中，带"羊"音的就有 7 个！大量的爆款名应运而生。

2018 年到 2020 年的数据显示，热门字仍然比较集中（表 5-4~ 表 5-6）。热门字在读音、寓意、风格等方面高度雷同。读音方面，遍地都是 yīchén、yǔtóng，和前两年的 zǐxuān 如出一辙。寓意方面，则普遍倾向于幸福、快乐这些狭小的领域，缺少体现家国情怀、墨客风韵、山水逸致的用字。

表 5-4　2018 年新生儿姓名户籍登记使用最多的 50 个字

1	梓	2	宇	3	子	4	涵	5	泽
6	雨	7	佳	8	浩	9	欣	10	轩
11	嘉	12	思	13	睿	14	晨	15	文
16	博	17	一	18	俊	19	宸	20	妍
21	怡	22	铭	23	诗	24	辰	25	语
26	熙	27	奕	28	然	29	诺	30	彤
31	萱	32	皓	33	琪	34	依	35	悦
36	沐	37	艺	38	馨	39	雅	40	航
41	鑫	42	豪	43	钰	44	梦	45	阳
46	家	47	瑞	48	桐	49	乐	50	若

表 5-5　2019 年新生儿名字使用最多的 50 个字

1	梓	2	子	3	宇	4	泽	5	涵
6	晨	7	佳	8	一	9	欣	10	雨
11	嘉	12	思	13	轩	14	睿	15	浩
16	铭	17	宸	18	辰	19	文	20	博
21	诗	22	奕	23	妍	24	语	25	诺
26	然	27	俊	28	怡	29	沐	30	熙
31	依	32	钰	33	悦	34	锦	35	阳
36	艺	37	琪	38	皓	39	鑫	40	彤
41	雅	42	萱	43	瑶	44	乐	45	煜
46	航	47	馨	48	安	49	桐	50	若

表 5-6　2020 年新生儿名字使用最多的 50 个字

1	梓	2	子	3	宇	4	辰	5	一
6	宸	7	泽	8	嘉	9	欣	10	佳
11	奕	12	轩	13	晨	14	涵	15	思
16	诺	17	雨	18	语	19	睿	20	文
21	妍	22	安	23	博	24	怡	25	依
26	浩	27	沐	28	铭	29	诗	30	玥
31	俊	32	然	33	彤	34	乐	35	皓
36	琪	37	瑶	38	悦	39	艺	40	桐
41	熙	42	煜	43	阳	44	锦	45	伊
46	昕	47	恩	48	可	49	若	50	萱

为了让大家今后在给宝宝取名的时候能够尽量避开雷区，本书对 2018—2020 年最热门的新生儿名字也做了整理（表 5-7、表 5-8）。

表 5-7　2018—2020 年新生儿女宝热名榜 TOP10

排名	2018	2019	2020
1	梓涵	一诺	一诺
2	一诺	依诺	依诺
3	欣怡	欣怡	欣怡
4	诗涵	梓涵	梓涵
5	依诺	诗涵	语桐
6	欣妍	欣妍	欣妍

续表

排名	2018	2019	2020
7	雨桐	雨桐	可欣
8	梓萱	佳怡	语汐
9	可馨	佳琪	雨桐
10	佳怡	梓萱	梦瑶

表 5-8　2018—2020 年新生儿男宝热名榜 TOP10

排名	2018	2019	2020
1	浩宇	浩宇	奕辰
2	浩然	浩然	宇轩
3	宇轩	宇轩	浩宇
4	宇航	宇航	亦辰
5	宇泽	铭泽	宇辰
6	梓豪	子墨	子墨
7	子轩	梓豪	宇航
8	浩轩	子睿	浩然
9	宇辰	子轩	梓豪
10	子豪	梓睿	亦宸

2020 年的宝宝中每 227 个人中就有一个叫 yīnuò，每 256 个人中就有一个叫 yīchén。这些孩子未来非常可能在幼儿园、小学"偶遇"到同名的小朋友，两两尴尬。姓名的本质是称呼的代号，"姓所同也，名所独也"，重名率这么高，指代作用势必会大大减弱，给学习、社交、工作带来不必要的困扰！

2. 怎么这么多人名不认识

除了热字热音的集中外，近年孩子们的名字还出现了另一种极端的现象。来看看下面这份班级名册，估计你也和上课的老师一样头疼，怎么有这么多字不认识啊？

学生们的名字里，生僻字越来越多，原本准备点名的语文老师赵老师因为不认识学生的名字，几乎当场"尬死"。

赵老师班上有名女生名叫"刘翾翯"，作为班主任，第一次上课他原本想点名，但眼光一扫，花名册上的"刘翾翯"三个字就有两个字不认识，点名只得作罢。

找了个借口回到办公室后，赵老师连忙翻出字典查找。知道"翾翯"读音为 xuānhè 后，他才背着手慢悠悠地回到教室里，开始了点名，念出刘翾翯的名字时，站起来示意的刘翾翯投来了敬佩的眼光。

"你的名字取得好，希望你人如其名：展翅飞翔，做人高洁。"说这话时赵老师明显感觉自己底气不足：这两个字，自己两分钟之前才认识。

有记者查看了某校近千名一年级新生，发现名字中含生僻字的学生有30人左右，其中"浘（mǐ）、淦（gàn）、爻（yáo）"等字连许多老师都不认识，这30人中，至少超过10人的名字是请算命先生取的。

之所以要给儿子取名为"浘"，苏浘的父亲解释，因为找人算过，孩子五行缺水，而且要一个八画的字配，后来大家翻了字典又征求了算命先生的意见，定下了"浘"字。

也有生僻字是学生家长自己取的，刘翾翯的名字就是妈妈给取的。对于名字的由来，身为教师的妈妈称是家人查字典、古书所取。"和那些叫明啊强啊的相比，显得家长也有点水平嘛。"

对于请算命先生等取名中有生僻字，有学者指出，"取生僻字名字，顶多就是心理暗示，名字并不能改变命运"。相关部门也特别提醒，极少数人的名字因为使用冷僻字、异体字，参与社会生活时常会带来麻烦和不便。

从事互联网教育行业的周昍昪（xuānbiàn）太明白这种不方便了。大学录取通知的信封上，收件人是两个问号，户口本是手写的，公积金存折上是乱码……但凡需要办事，"来，您去公安局盖个章"。几年前，他一度没办法开通快捷支付，用不了微信支付。"收到了红包也取不了钱。"他无奈地说，"我怀疑公司年会一直抽不到奖，是因为我名字压根儿就没被录进去。"

随着 2011 年启动的"中华字库"工程的推进，生僻字取名带来的问题似乎有望得到解决。据媒体报道，北大方正电子有限公司已于 2015 年着手"中华字库"中第 17 包"当代人名地名用字搜集与整理"工作，收集人口信息中约 3000 个未编码的生僻字，可有效解决用生僻字取名无法录入、显示的问题。

"中华字库"工程本预计 5 年内完成，但目前仍在进行中，可见其难度之大。鉴于此，这里友情提示大家：登记姓名在体现个性化的同时，还是应当注意使用《通用规范汉字表》中的汉字。

3. 这届家长真的"没文化"吗

如果你认为跟古人比，当代家长实在是太没文化，给孩子取个名字不是频频撞车，就是要找算命先生，那你就大错特错了。如果从历史的维度考察中国人的姓名，这届家长可能是最有文化的了。不信，你先看看古人是怎么取名的吧。

认字不够，数字来凑

事实上，近代以前，平民百姓大多只有小名，有身份地位的人才有大名。

人们今天能在史书中看到的名字，不是达官显贵，就是读书人。其中的名字自然听起来都比较有文化。但是当我们把视线下移到平民百姓，就会发现，古人的名字远不如想象中的"高大上"。

《明太祖实录》中记载朱元璋的姓名："姓朱氏，讳元璋，字国瑞。"但实际上，明太祖在发迹之前不叫"朱元璋"，他的本名叫朱重八。

为什么叫"重八"？这就要从当时民间取名的规矩说起。

宋元时期，民间无官者多不取名字，而是以数字代替。加上当时社会底层文化程度不高，识字不多，用数字取名大概也省去不少麻烦。

那么数字从哪里来呢？后世史家大概有这样几种猜测：或按出生时间的数字取名，或按出生时父母年龄相加的数字取名，或直接按兄弟排行取名。根据这些猜测，有研究者认为，"重八"也就是八十八，其实就是他出生时父母年龄相加之数；当然"重八"也可能是按照兄弟排行所取的名字，毕竟有文献记载，朱元璋的几位兄长分别叫"重四""重六""重七"。而朱元璋的祖父名叫朱初一，很可能是按出生时间取的名字。

不管"朱重八"的名字属于哪种情况，有一点是可以确定的，那就是，在中国历史上很长一段时间，数字都是平民百姓取名的一种重要方式。

不避俗、不避丑

平民百姓取名字用数字比较好理解，但是你可能想不到的是，古代不少贵族的名字也是不避俗、不避丑。

一提起先秦，很多人立刻会想到《诗经》《楚辞》，会想到诸子百家、百家争鸣，感觉那个时候的人个个都很有文化。然而翻翻历史文献才发现，那个时候很多人的名字取得任性而直白，比如晋成公的名字叫"黑臀"，他是"春秋五霸"之一的晋文公之子。楚公子"黑肱"是楚共王之子，他的爷爷就是"不鸣则已，一鸣惊人"，最后饮马黄河、问鼎中原的楚庄王。黑肱字子皙，"皙，白也"，看来我们的老祖宗早在两千多年前就已深谙"缺啥补啥"的道理啊。郑庄公的名字叫"寤生"，翻译成现代汉语就是"难产"，放到现在，谁会这么给孩子起名字呢！

这样的取名方式之后长期存在于中国民间，还衍生出一套讲究：给孩子取个丑名字，不易夭折，好养活。

以名排辈的传统

中国人的名字在很多时候还起着排辈的作用。

汉高祖刘邦本名刘季，他的两位兄长分别叫刘伯、刘仲。按通俗的说法，这哥仨的名字其实就是刘老大、刘老二、刘老三。这是较为朴素的排行方式。随着历史发展，以姓名排行愈加复杂。这其中最具代表性的就是朱元璋给自己的子孙规定的起名方式——不仅每一支子孙拥有固定的辈分字，名字中的最后一个字还要按照五行相生的顺序，使用固定的部首。朱元璋觉得用这样的方式，就能够保证老朱家的气运绵延不断。

朱元璋一共有二十六个儿子，他规定儿子们取名时都必须带上"木"，像朱标、朱樉、朱棡、朱棣、朱橚、朱桢等等。根据五行相生原则，木生火，他的孙子一辈取名字就要用上"火"字，比如朱允炆、朱高炽等。

朱元璋的想法是好的，但是他忽略了一点，那就是老朱家的后代子孙实在是太多了，而且皇室又非常注重避讳，下一辈不能和上一辈同名，所以到了明朝中期的时候，老朱家取名字就成了一个大难题，每个新生儿出生，都要绞尽脑汁取名字；再到后来，朱家子孙已经放弃了寻找生僻字取名字的做法，干脆自创汉字，这样一来就出现了一件怪事。

在元素周期表（图 5-14）传入中国后，中国人开始并不知道该如何翻译这些元素，但是当专家发现朱元璋家谱，真是眼前一亮，嘴都乐歪了，金字旁的生僻字一找一大把，举几个例子大家来感受一下：朱公锡、朱慎镭、朱同铬、朱同铌、朱寘镧、朱效钛、朱弥镉、朱諟钒，老朱家某一代人的名字都用金字旁，竟然和元素周期表对上号了，不得不说朱元璋当年的一个奇葩规定，结果歪打正着，解决了元素周期表的翻译问题。所以看点快报 2020 年 2 月 28 日发表了一篇有趣的网文:《无忧趣说历史：what？朱元璋是"元素周期表之父"！》。

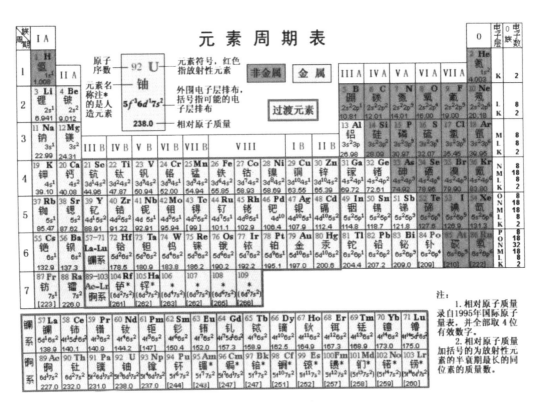

图 5-14　元素周期表

4. 人名用字的时代性

中国人的姓名用字具有鲜明的时代性。

从历史的维度看，名字终究是一个时代的反映。比如魏晋时期，玄学兴盛，"道""玄""元""真"等字眼便常常出现在人名中；南北朝是民族大融合的时期，北朝人起名随意率真，如赵黑、闾大肥、傅竖眼等等；南朝佛教兴盛，时人的名字中多见"佛""慧""法""僧"等字。

近代以来，时代潮流在名字中体现愈加明显。《二〇一八年全国姓名报告》中曾对 20 世纪以来不同年代使用最多的 10 个名字进行了统计（表 5-9），让我们一起来看看都有哪些名字上榜。

表 5-9　不同时代热名 TOP10

1959 年以前		1960—1969		1970—1979		1980—1989		1990—1999		2000—2009		2010—2019	
男	女	男	女	男	女	男	女	男	女	男	女	男	女
建国	秀英	军	秀英	勇	丽	伟	静	伟	静	涛	婷	浩宇	欣怡
建华	桂英	勇	桂英	军	艳	磊	丽	超	婷	浩	欣怡	浩然	梓涵
国华	秀兰	伟	英	伟	敏	勇	娟	涛	敏	杰	婷婷	宇轩	诗涵
和平	玉兰	建国	玉兰	强	芳	涛	艳	杰	婷婷	鑫	静	子轩	梓萱
明	桂兰	建华	萍	刚	静	超	燕	鹏	丹	俊杰	悦	宇航	子涵
建平	秀珍	建军	秀兰	建军	霞	强	敏	磊	雪	磊	敏	皓轩	紫涵
军	凤英	平	玉梅	涛	红梅	鹏	娜	强	丽	帅	佳怡	子豪	佳怡
平	玉珍	建平	红	斌	燕	军	芳	浩	倩	宇	雪	浩轩	雨涵
志明	玉英	强	丽	波	红	波	丹	鑫	艳	浩然	颖	俊杰	雨欣
德明	兰英	斌	敏	辉	英	杰	玲	帅	娟	鹏	雨欣	子涵	一诺

20 世纪五六十年代的爆款名字概括归纳起来就是充满革命气息和泥土芬芳。新中国成立时，为了纪念这一具有重大意义的历史时刻，"建国""建华""国强""志华"扎堆儿。据不完全统计，全国有 98 万人叫"建国"，其中有超过 29 万出生在 60 年代前后。而在 1900 到 1909 年的十年间，全国也才只有 17 位"建国"。开国大典也显示出巨大的能量，全国陆续有 40 万名"国庆"永久地把个人与新中国绑定。

抗美援朝时期，"抗美""援朝""卫华""保国"成了出镜率最高的名字。或者说，它们已经不再是名字，而是一种激励全民的号角。

20世纪70年代、80年代、90年代，取名盛行单字。估计你在中国大地任何一个城市的大街上喊一声"张伟"，都会有人回头应答。歌手大张伟原名张伟，而他只是30万分之一。能与"张伟"一较高下的还有全国29万"王伟"们、27.7万"王芳"们、26.9万"李伟"们和25.8万"李娜"们（表5-10）。要知道，冰岛一个国家的人口也才33万左右。

表5-10　中国重名最多的姓名

	中国重名最多的姓名			中国重名最多的名	
1	张伟	299025	1	英	41000153
2	王伟	290619	2	华	35266889
3	王芳	277293	3	玉	34243152
4	李伟	269453	4	秀	32120854
5	李娜	258581	5	文	29623154
6	张敏	245553	6	明	28531253
7	李静	243644	7	兰	25703851
8	王静	243339	8	金	22224840
9	刘伟	241621	9	国	22112399
10	王秀英	241189	10	春	22103501

仔细分析，这一时期单字名流行的原因，与父母们想用这些看上去极为简单甚至有些土气的字眼表达望子成龙的意愿，有着密不可分的关系。这一时期的名字中开始强调个人奋斗、坚强伟大，男娃一定要"伟""凯""勇""杰""帅"，女娃就一定得"娟""芳""丽""英""娜"。

八九十年代港台文化流行，"琼瑶风"遍吹，人名中开始注入风雅的文化元素，也见证了单名的最后余晖，"浩""婷""雪"开始进入榜单。

进入21世纪后，"涛""浩宇""浩然""婷""欣怡""梓涵"等文艺范儿的名字大受欢迎。也是在这一时期，叠字开始流行起来。想想你的身边有没有叫"丹丹""丽丽""玲玲"的朋友？

近年，"双姓制"的悄然兴起值得关注。

这里说的"双姓制"有两种含义。

第一种含义是指有的孩子随父姓，有的孩子随母姓。随着计划生育政策的调整，一些家庭生育了俩娃，于是父母选择一个娃随父姓，一个娃随母姓。比如一对夫妻有俩宝：大宝是男孩儿，随父姓，叫王子潇；二宝是女孩儿，随母姓，叫苏子涵。

第二种含义是指"父姓＋母姓"形式的新双姓。如父亲姓翟，母亲姓杨，孩子取名叫翟杨晓敏。1990 年底，这一数据只有 11.8 万。到了 2018 年底，这一数据快速增长到 110 万！

有人认为"双姓制"现象的增加体现出"子随父姓"观念的一定松动，但是我们看到在"双姓制"的第一种情况中，通常随母姓的都是女孩儿，或者换句话说随父姓的必然是男孩儿；"双姓制"的第二种情况中，几乎不会出现"母姓＋父姓"形式的新双姓。种种迹象表明，即使说"子随父姓"观念真的有了一定的松动，这种松动的程度也是非常小的。将"双姓制"看作对母亲一方的尊重，可能更合适一些。但是不管怎么说，这都算是时代的一种进步吧。

第六章

汉字传播

　　汉字诞生于中原地区，在基本成熟之后，就开始向周边由近及远地传播。除母语基本相同、政治体制基本相同的华夏民族不同地区外，也逐步传播到了跨文化的少数民族地区和境外国家。少数民族地区不是固定的，有的原来也是不同部落或邦国，后来才融合到中华民族大家庭。境外国家从历史渊源看，大致可以分为两个大的范围：一是"汉字文化圈"，即历史上曾以汉字作为正式文字并长期使用过的国家；二是"一带一路"沿线国家，即历史上曾通过陆上和海上"丝绸之路"跟中国有过经济文化交流的国家。

　　跨文化传播的基本特征是母语不同和政治体制不同，传播地原来一般没有文字，接触到汉语汉字以后，通常分三个阶段吸收消化汉字。第一个阶段是原样接收汉语汉字，即学说汉语，书写汉字，像汉族人一样使用汉语汉字。这时被传播和接受的汉语汉字基本上保留原样。第二个阶段是借用汉字或仿造部分汉字配合记录本民族语言，这时的所谓"汉字"只是形式上的汉字，字音或字义已经不是原来的汉语音义了。如日本的"万叶假名"、越南的"字喃"等。第三个阶段是利用汉字的元素（部件或笔画）和汉字的构造方法重新创造本民族自己的文字，这时的文字只是跟汉字相关，受到汉字影响，实际上已经不是汉字了。如"西夏文""谚文"等。

　　跨文化汉字传播总是伴随着汉籍文献和文物传播的，接受传播后，传播地也会产生新的汉字文献和文物。了解和研究汉字传播离不开汉字文献和文物。

一、汉字走进少数民族地区

　　清嘉庆九年（1804年），学者张澍回到家乡甘肃武威养病。一日秋高气爽，张澍闲来无事，约了几位友人到城中的大云寺游玩。大家一边畅谈一边游赏，不觉已经来到大殿后院。突然，张澍的目光被一个造型奇特的亭子吸引住了，它四周被砖泥封得严严实实。询问了一番，没有人知道它是什么时候、出于什么原因被封的。凭借金石学的素养，张澍觉得这应该是一个碑塔，里面可能立着石碑。于是他叫来僧人，想打开砖石一探究竟。僧人却惶恐地说："千万不可打开，据说这里封藏着灵物，一旦泄露会给武威城带来灾祸啊！"张澍对这种鬼神之说颇为怀疑，同时也对碑塔愈发好奇。于是他发誓道："拆除封砖与寺中诸位僧人无关，若有灾祸，请全部降临到我一个人头上！"或许是被他勇于探求真相的精神触动，僧人应允了张澍的请求。

　　打开砖石，一通石碑赫然出现在眼前。张澍忙上前辨认，上面的文字方方正正，由横竖撇捺之类的笔画组成，和汉字差不多，乍一看似可识读，但仔细辨认，却一字不识。"这不会就是招致灾祸的符文吧？"人们议论纷纷。张澍则镇定地说："再打开后面的砖石，碑的背面定有释文！"随着砖一块块拆下，石碑上的汉字逐渐显露出来。原来这是一则纪念重修护国寺的碑铭（图 6-1），张澍注意到，碑文末题款处刻着"天祐民安五年"的字样。"天祐民安"，这并非历代中原王朝的年号。张澍翻检史籍，终于确认这是《宋史》中记载过的西夏国的年号。根据碑文的记述，这座寺庙为东晋十六国时前凉国王张天锡所建，原名宏藏寺，武则天天授元年（690 年）

图 6-1　凉州重修护国寺感通塔碑铭（局部）

改名大云寺，西夏天祐民安五年（1094 年）重修时被称为护国寺。纪念碑上无人能识的文字，就是消失已久的西夏文。就这样，张澍成为明确识别出西夏文的第一人。但非常可惜的是，由于当时信息的闭塞，很长时间内，这一重要的发现都不为掌握着汉学研究话语权的西方学术界所知。

事实上，当时人们能见到西夏文的地方，不只有这一处。在北京的居庸关长城脚下，有一座雕花精美的汉白玉云台，本是一座佛塔的基座。在云台门洞的内壁上，刻有六种文字所书写的经文、建塔记等内容。其中五种文字是人们已知的，即梵文、汉文、藏文、八思巴文、回鹘文，只剩下一种奇怪的文字无人认识。直到 19 世纪末，国际学者们还在反复讨论这种文字，其中英国学者伟烈推测是女真文。1898 年，法国学者德维利亚注意到重修护国寺碑，经过对比，确认居庸关云台上的这种神秘文字也是西夏文。这时距张澍的发现已经过了近一个世纪。

在此之后，更多西夏文材料被发现。20 世纪初，俄国的科兹洛夫率领科考队来到内蒙古黑水城遗址，经过挖掘，一大批珍贵的西夏文献重见天日。他们将数不清的文物带回俄国，从此打开了西夏学研究的大门。

西夏文的发现和最初的研究，伴随着近代中国的风雨飘摇。那么这种引起国内外学者无限兴趣的神秘文字是如何产生的？它与汉字究竟有着怎样的关系？这一切要从汉字传播出发去认识。

现在，我们坐上飞机，几小时就能穿越整个中国，来一场说走就走的旅行，并不太担心语言交流问题。这是因为如今广袤的中华大地上，各个地区、不同民族的人都使用着同样的文字——汉字。即使相隔千里，方言殊异，通过汉字，人们也能畅通无碍地交流。中华民族之所以能够长期处于大一统的状态，汉字的统合作用居功甚伟。但汉字的统合作用是逐渐实现的，对上古时期的人们来说，由于交通的不便和文化的隔阂，不是哪儿的人都会说汉语认汉字的。

河南殷墟甲骨文告诉我们，最晚在殷商时期，中国已经形成了成熟的文字。但这种文字当时主要在黄河中下游的中原地区通行，与今天辽阔的中国版图相比，其范围还相当局限。而与"中原"相对的"四夷"则多有自己的语言甚至原始的文字，华夏大地上的文化传统纷繁多元。

不过汉字之光一旦点亮，必然会由近及远，逐渐照亮边荒。从春秋战国时代到汉代初期，汉字逐渐从中原传播至南方的荆楚、百越，西南的巴蜀以及东北、西北等地区，最终华夏大地大部分地区实现了"书同文"，民族的向心力和文化的凝聚力越来越强。汉字一步步走入四方少数民族亲戚家，成为中华各民族共同使用的文字，并在亲戚家生根发芽，甚至繁衍后代。汉字对中华各民族产生了深远的影响，是融合民族共同体的强力黏合剂。

1. 汉字在南方地区的传播

商代以前，中国的南方是三苗和百越人的天下，许多不同的民族在那里生活。他们虽然与中原地区有交流，但仍保有鲜明的地域特色，风俗信仰与中原迥异，使用的语言也和中原不同。

长江中游的江汉平原是荆楚之地。浩渺的云梦泽、茂密的山林，孕育出了神秘而浪漫的文化。楚人崇尚巫鬼，情感热烈，充满想象。《楚辞》里那些瑰丽的意象和独特的语词，就是楚地语言和文化的鲜明反映。

商周以来，中原王朝的势力逐渐扩散到楚地，楚人开始学习中原的语言"雅言"。"雅"就是"夏"的意思，就是指中原的华夏民族，记录雅言的汉字也随之传播开来。至少在西周后期，汉字已经在楚国上层社会通行了。

除了学习使用汉语，楚人有时也借用汉字记录楚地方言词语。比如楚人称"虎"为"於菟"（wūtú）。鲁迅先生有一首很著名的诗，其中就用到了这个词："无情未必真豪杰，怜子如何不丈夫。知否兴风狂啸者，回眸时看小於菟。"后两句意思是说威风凛凛的老虎也会温柔地看顾自己的幼崽。

到了春秋战国时代，楚地产生了一种婀娜婉转、修长秀丽的汉字字体，有时上面还会用鸟虫之形加以装饰，这种独特的艺术字体，叫作"鸟虫书"。这大概与楚地崇拜凤鸟、虫蛇盛行相关。精美的青铜器配上错金雕刻的鸟虫书，显得高贵华丽，充满荆楚独特的浪漫气息。这种字体还向周围播散，影响到曾、吴、越、蔡等地（图6-2）。就这样，汉字在传播中与当地的文化碰撞融合，丰富了自身的形态。

图 6-2　曾侯乙编钟错金铭文

长江下游是吴越文化的发源地。这里虽与中原早有交往，但受中原文化影响不是很大。当地人有"断发文身"（图6-3）的习俗，与中原"身体发肤，受之父母，不敢毁伤"的传统迥然相别。相传，周文王的伯父泰伯本来应当继承王位，当他看到父亲想将王位传给小弟继而传位给侄子周文王，就主动让位于小弟，迁徙到了江南的吴地，甚至随顺当地习俗，也剪短了头发，并在身上文以花纹。

图6-3　春秋青铜鸠杖上断发文身的越人形象

最初，吴越的语言也与中原不同。大家可能听过这样两句优美的诗句："山有木兮木有枝，心悦君兮君不知。"它出自《越人歌》。但很多人可能不知道，最初这并不是一首汉语诗。它的作者是一个越人船夫，是用古越语吟诵的，经过翻译才形成了今天我们所见到的文本，并且广为流传。

随着交往日益密切，中原语言文字不断从北向南播散，在吴越地区全面开花。江西吴城出土的商代文物上，已经刻有和甲骨文相似的字符。例如图6-4陶器上刻画的，据学者考证，应该就是"戈"字，甲骨文作"𢦔"。

图6-4　江西吴城商代遗址出土陶器上的刻画符号

这一地区出土的春秋战国时代青铜器上的汉字铭文越来越常见，说明汉字在当地已经广泛使用。在这些青铜器中，最著名的当数"天下第一剑"越王勾践剑（图6-5）了。这把铸造于两千多年前的宝剑，20世纪60年代出土时竟然毫无锈蚀，寒光凛凛，锋利无比。它上面用精美的鸟虫书体刻着"越王勾践自作用剑"八个字，更显得高贵华美。

　　更远的闽越、南越和西瓯，大致相当于今天的福建、广东、广西一带，在很长时间内被视为蛮荒之地，汉化得更晚一些。秦统一中国，

图6-5　越王勾践剑

削去闽越王王号，闽越之地纳入秦朝版图。秦始皇派赵佗征服岭南，开始对南越进行统治和管理。随着公文的往来、经济文化的交流和汉人的大量迁入，汉字逐渐在这些地区传播开来。秦灭亡后，赵佗在南越自立为王，又攻占了桂林、象郡，在广大的岭南地区推广中原的礼制，促进汉越融合，汉字成为当地通行的文字（图6-6）。

图6-6　广州南越王墓出土玺印——文帝行玺

　　广西地区自古以来是多民族的聚居地，生活着壮族等少数民族的先民。随着中央政权的管辖以及与汉人杂居相处，壮人逐渐学会汉语汉字。魏晋南北朝中原动荡，更多避乱的汉族士人来到岭南，在当地讲学，掌握汉语汉字的壮族知识分子越来越多。唐宋以来，壮族开始借用汉字或仿照汉字创造新字来记录自己的语言——壮语。

　　我们要知道，语言和文字是两套不同的符号系统，是两码事。相同的语言可以使用不同的文字来书写，反过来，相同的文字也可以书写不同的语言。因此，用拉丁字母能拼写出汉语的词语和句子，我们所熟悉的汉语拼音就是这么来的。同样地，汉字也能够用来记录其他的语言。

　　用汉字记录民族语言最常用的办法就是借字记音。例如壮族借用"该柱"表示"买卖"的意思，"皮往"表示"兄弟、姐妹"的意思，借用近似读音的汉字表示壮语中的词，但意思和汉字本义没有关系。这种对汉字的借用，扩展了汉字的职能。就这样，汉字在少数民族亲戚的家中"住"了下来。

　　壮族还大量创造新字。古代已经有学者注意到了广西地区大量存在的方俗字。南宋时的周去非在《岭外代答·俗字》中记载："广西俗字甚多。如𡘫，音矮，言矮则不长也；𡘜，音稳，言大坐则稳也；奀，音倦，言瘦弱也；歪，音终，言死也；𡚏，音腊，言不能举足也；仈，音嫩，言小儿也；姝，徒架切，言姊也；闩，音檁，言门横关也；岙，音磈，言岩崖也；氽，音泅，言人在水上也；汆，音魅，言没入水下也；乱，音胡，言多髭；砰，东敢切，言以石击水之声也。"其中不少是仿照汉字创造的方块壮字。

　　新造的方块壮字长得和汉字差不多，这是因为它们主要利用已有的汉字和构件（图6-7）。也就是说，这些新字虽然是汉字系统中原本没有的，但其基本的构字元素和构形方法大都能够在汉字中找到。例如"畓"是一个形声字，使用了汉字中最常见的构形模式。这个字是"田"的意思，下面的"田"是义符，上面的"那"提示壮语读音。"餷"是由"晚""饭"拼合而成，就是"晚饭"的意思，这是一个会意字。"屳"是双声符字，是"白米"的意思，"山"和"三"两个构件都来自汉字，读音相近，都用来提示字音。这一构形模式在汉字中虽然比较少，但也不是没有。"㞘"是"泉"的意思，"布"表音，

"口"则是提示该字为借音字的记号，这种构形方法也源于汉字，是汉字记录外来音译词时常用的构形方式，在汉译佛经中经常见到。例如人们熟悉的六字真言"唵嘛呢叭咪吽"就是这样的字。

不仅是壮族，中国南方其他少数民族，如苗族、瑶族、侗族、布依族、哈尼族等也都有类似的新造字。通过混合使用汉字和新造字，少数民族就可以较为顺畅地记录自己的语言了。这种用字现象，是汉字为适应地方特殊词汇产生的新用法和变异，在广义上属于汉字的特殊部分。

图 6-7　方块壮字文献

2. 汉字在西南地区的传播

　　巴蜀地区位于中国西南。由于地理阻隔，上古时期，这里的文明发展相对独立，孕育出了奇异灿烂的文化。著名的三星堆文化便是其中的代表，那些造型独特的青铜人像、青铜神树、黄金面具等等，无不令人印象深刻（图6-8）。更值得注意的是，上古时期的巴蜀可能还存在着自己的文字（图6-9）。这一地区出土的一些先秦文物上刻有特殊符号，有学者认为这些符号具有文字性质。

图6-8　三星堆遗址金面具青铜像　　图6-9　巴蜀地区出土战国虎纹铜戈上的符号

　　商周以来，中原的语言文字不断影响着巴蜀。春秋战国战乱动荡，巴蜀与秦、楚两国毗邻，接触更加频繁，汉人不断迁入，汉字在当地流行开来。秦统一巴蜀后，在当地推行秦文字，加速了巴蜀地区的民族和文化融合。到了汉代，巴蜀与中原联系更密切，四川盆地大部分地区变得与中原没什么两样了。

　　位于西南边陲的云南地区，西汉已在此设郡。政令传达、经济文化交流都要借助汉字，必然会促进汉字在当地的传播，出土文物印证了人们的推测。在西汉滇王墓中，我们看到了很多汉字文物（图6-10）。到了东汉，云南地区的汉文碑刻和中原已没什么差别，说明当时这里已经有相当一部分人掌握了汉字和汉语。

　　到了唐宋时期，云南地区先后建立了南诏和大理政权，继续沿用汉字为官方文字。不少南诏和大理文人创作的格律诗歌和碑铭文章流传至今，语句工整典雅，不亚于中原。

图6-10　西汉滇王墓出土的滇王之印

　　有意思的是，在使用汉字过程中，云南地区还出现过一些特殊的用字现象。在第四章我们介绍过，武则天在位时创造了一批新字，称为"武周新字"。武则天退位后，"武周新字"很快被中原地区弃用了。但出土的宋代时期大理国文献中，却仍经常出现一个"武周新字"——"圐"。"圐"本来是代替"国家"的"国"字，但大理国赋予了它特定的内涵："圐"专门用来指称大理本国，而在指称云南地区以外的宋朝政权等其他国家时，则使用普通的"國"字。这种用字的区分，意在强调自身政权的优越性和独特性。由此可见，民族地区不只是被动地接受汉字，还会创造性地使用汉字。

古代云南地区生活着彝族、白族等许多少数民族的祖先，他们都有自己的语言。在熟悉了汉字汉语之后，他们开始借用汉字记录自己民族语言中的词语。比如《新唐书·南诏传》中记载的南诏国官职名称有"坦绰""布燮""久赞"等，都是彝语官职名的音译，汉字在这里只是记音的符号。

大理市喜洲镇庆洞村圣源寺内壁上，原来有一块汉字白文书写的石碑，上面刻着明代时大理白族诗人杨黼创作的长诗《词记山花·咏苍洱境》。其中的一段是这样的：

夏云佉玉局山腰，春柳垂锦江道途。四季色花阿园园，风与阿触触。

诗句虽然都是汉字书写的，但我们读起来却似懂非懂，这是因为其中有一些字与其在汉语中的读音和意思并不一样，是借用汉字记白族词语的音。比如"佉"是白语"系腰带"的意思；"阿触触"是白语"一阵阵"的意思。诗中还有另一种记录民族词语的方法："夏云""春柳""四季"等在这里都表示汉字本来的意思，但是读法和汉语中不同，需读成白语中对应词的读音。

白族也仿照汉字创造了一些新字，不过数量并不多。这是因为白族和汉族历来关系密切，语言比较接近，汉字一直是当地的官方文字，白族人汉语汉字水平比较高，因此他们更倾向于利用已有的汉字，并且注意用字的规范。

3. 汉字在北方地区的传播

在中国北方，南北朝以前，匈奴是最主要的少数民族。或战争，或和平交往，使匈奴和中原频繁接触，汉字逐渐传入匈奴。

图 6-11 中这枚战国时的玉印，上面刻有"凶（匈）奴相邦"汉字铭文，为战国晋系文字，当是匈奴人所使用的。到了汉代，汉王朝与匈奴有战有和，双方常有书信往来，匈奴对汉字更加熟悉。后来，匈奴分裂为南

图 6-11　匈奴相邦印

匈奴和北匈奴。南匈奴和汉人杂居而处，有一部分匈奴贵族能熟练使用汉字，对汉文化的掌握已经和汉人没什么区别了。比如十六国时前赵的建立者刘渊就是匈奴人，他自幼熟通经史，博览群书，和汉族的儒生简直没什么两样。

在东北地区，上古时生活着肃慎、东胡、濊貊（huìmò）、夫余等民族，他们与中原一直有着密切的联系。春秋战国时期，汉字已传入东北，吉林出土的战国青铜器上就刻有汉字。汉代时，夫余人的一支在东北建立了高句丽国，直接把汉字作为本族文字使用。著名的《好太王碑》就是高句丽王所立，全文共 1700 余字，完全用汉字汉语书写，保存了丰富而珍贵的史料（图 6-12）。唐代时，靺鞨（mòhé）人在东北建立渤海国，全面使用汉字汉语，推广汉文化。渤海国与唐朝有隶属的朝贡关系，经常派遣唐使和留学生到唐朝学习。唐代诗人温庭筠以"车书本一家"来形容渤海国与唐朝的关系，就是说两国车同轨、书同文，处于统一的大家庭中。

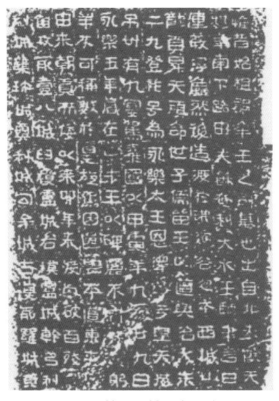

图 6-12 《好太王碑》拓本（局部）

五代十国时，东北一支原本不为人知的民族异军突起，走上历史舞台，最终统一中国北方，建立了强大的王朝。这个民族就是契丹（图6-13）。

图6-13　胡瓌《卓歇图》（局部）中的契丹人形象

契丹人是上古东胡的后代，为鲜卑族的一支，原本过着游牧和渔猎生活。他们最初没有自己的文字，仅依靠刻木记事。隋唐时期，契丹归附中原王朝，与汉人杂居而处，开始了汉化进程，汉字也自然地成了他们通用的文字。

契丹人建立辽国后，推崇汉文化，皇族改用汉族的姓名，皇帝采用汉服和礼制，还设立国子监和太学，讲授儒家经典。宋代虽然军事实力不强，却是中国古代文化的高峰。宋朝的诗文在契丹广为流传，特别是大文豪苏轼的作品。有一次，苏辙出使辽国，一路上总是遇到契丹人向他打听苏轼的情况。苏辙于是作诗一首寄与哥哥："谁将家集过幽都，逢见胡人问大苏。莫把文章动蛮貊，恐妨谈笑卧江湖。"幽默地调侃苏轼文名太大，连辽人都纷纷来问候，将来没法低调地退隐田园了。

学习汉文化使契丹迅速发展壮大，但契丹人对汉文化的情感是复杂的。他们既吸收汉文化又希望保持民族性。拥有自己的文字是一个民族文化强大的重要标志，同时，汉字直接记录契丹语也多有不便。这是因为契丹语属于阿尔泰语系，与汉语差别比较大。汉字又是表意文字，很难准确地记录契丹语的音节和词汇。在这样的背景下，契丹开始尝试在汉字基础上创制契丹文字。

契丹采用了与前面提到的方块壮字不同的造字策略。他们没有个别性地创造新字，而是系统性地新造民族文字。契丹文字也受到汉字影响，采用了汉字的构造方法和基本元素。不过，它并不直接使用已有的汉字构件，而是对其加以改造，因此看起来与汉字差别很大。

契丹文有两套，首先创制出的是契丹大字。这种文字和汉字一样是表意文字，据记载有 3000 多个字符，主要是通过截取汉字一部分并在笔画上进行增减变化而来。例如契丹文"盉"，是在汉字"天"的基础上增加笔画，契丹文"禹"是在汉字"馬"的基础上减省笔画。图 6-14 中的这枚银钱上刻的就是契丹大字，它并非辽国一般的流通货币，而是某种典礼中的压胜钱。

图 6-14　辽上京出土的契丹大字银币

契丹语单词大都是多音节的，具有词尾变化，用表意文字还是不够简便，因此稍晚又产生了契丹小字（图6-15）。这是一种拼音文字，据学者统计，一共只有三四百个原字，每个原字就是一个记音符号。原字形体多是截取汉字一部分再增减笔画而来，例如契丹小字"兯"字形是从"益"省减而来，表示 i 的音，和"益"读音一样。有时还直接使用一些独体汉字充当纯粹的记音符号。以这些原字为基础，在二维平面上加以组合，就形成了一个合成字，可以表示一个词。这样二维的方块构形与汉字是一样的，而与西方拼音文字的线性书写方式不同。契丹小字更适合契丹语，也更简便，"数少而连贯"，因此更为通行。

图6-15 契丹小字《道宗皇帝哀册》及册盖

在字体上，契丹文也受到了汉字的影响，除了有近似汉字楷体的一般字体，还有篆体，可以用于庄重的场合。

正当契丹在文明进程中不断探索前行时，在辽国北方，另一个民族悄然壮大，并最终取代辽国，入主中原。这个民族就是女真。

女真族是古老的肃慎后代，原本以渔猎为生，没有自己的文字。女真首领完颜阿骨打建立金朝，灭辽和北宋后进入中原，全面学习汉民族的礼乐制度，汉字开始加速在女真人中传播。当时，女真贵族学习汉字蔚然成风，今天所见女真贵族墓志铭，多是汉字书写的，可见他们对汉字的熟悉和认同。

有的女真人甚至能熟读经史，精通琴棋书画，金主完颜亮就是其中的代表。相传他看到描绘南宋都城临安繁华景象的画，顿生跃马江南、一统南北的雄心，挥毫作诗一首："万里车书尽会同，江南岂有别疆封。提兵百万西湖上，立马吴山第一峰。"其汉文水平可见一斑。另外，金国是一个多民族国家，不只有女真人，当不同民族的人聚在一起时，常会遇到语言不通的情况。这时，人们就会使用汉语汉字作为沟通的媒介。

女真建国后，也不满足于使用汉字，开始创制自己的文字。女真文字和契丹文一样，也有两套。据史书记载，金天辅三年（1119 年）首先颁行了女真大字，天眷元年（1138 年）又创制了女真小字。但今天我们见到的女真文字究竟是大字还是小字，学界还没有完全一致的看法。女真文字以汉字为原型，也受到了契丹文的影响。女真文形体很多是在汉字基础上增减笔画变化而来，有的是表意字，一个字能表示一个多音节的词；有的是表音字，一个字表示一个音节。

金朝政府设立官学推广女真文，用女真文翻译经史文献，还设立了相关科举科目。图 6-16 描摹的是一块女真文石碑上的文字。这块石碑发现于黑龙江省哈尔滨金上京古城遗址，据专家考证，这里原来是金朝官方设立的一所女真文学校。石碑上的内容对应的汉语是"文字之道，夙夜匪解"。"夙夜匪解（同'懈'）"是《诗经·大雅·烝民》中的句子，被翻译和刻立在这里是用来劝勉女真学子勤奋读书的。

同一时期仿照汉字创立民族文字的，还有西北地区的党项族。党项族是中国古老少数民族羌人的一支，原本在青藏高原游牧为生，逐水草而居，文明程度

图 6-16　金上京女真文劝学碑（摹写）

比较低，也没有自己的文字。唐朝时，吐蕃崛起，不断挤压着党项人的生存空间，他们向唐朝发出归附的请求。开放包容的唐太宗接纳了党项人，并邀请其首领至长安游览。大唐的灿烂文明和恢弘气度深深震撼了党项人。随着归附和内迁，党项与大唐关系日益密切。他们开始学习汉民族的生产方式、礼仪制度、儒家典籍，而这些都离不开语言文字的学习。党项与中央政权的往来文书以及当地的书面交际都使用汉字，汉字成为当地的通用文字。

党项首领元昊建立西夏后，开始致力于民族文字的创立。他任命大学者野利仁荣创制西夏文（图 6-17），并于 1037 年颁布全国。西夏文共 6000余字，有意突出特色，不用一个汉字。然而从方正的形体到横竖撇捺等基本的笔画，再到构形的方法，无不渗透着汉字的精神。当时西夏周围各民族的文字模式不尽相同，吐蕃、回鹘的文字是表音体系的文字，汉字、契丹大字则是表意体系的文字。西夏选择了表意的模式，字形呈方块二维平面状，这明显是受到汉字的影响。

图 6-17　西夏文残碑

西夏文有单体和合体两类。单体字基本没有象形性，只是抽象人为规定的符号。例如"人"写作"夂"，"小"写作"⺍"。合体字主要有形声、会意两类，和汉字相似。这些构形方法反映出党项人对汉字构形的深入了解。

西夏文创制后，西夏政府设立专门机构推广西夏文，讲授内容主要是西夏文译写的儒家经典，以培养西夏文和汉文都精通的人才。由于政府的大力推广，西夏文推行很快。在内蒙古黑水城遗址，出土了大量西夏文的佛经、儒家经典等文献（图 6-18）。

图 6-18　国家图书馆藏西夏文《大方广佛华严经》

与此同时，西夏的汉文献也同样丰富，说明当地双字双语并用并重。正如西夏著名的西夏文、汉文双语字典《蕃汉合时掌中珠》序言中所说："今时人者，蕃汉语言可以具备。不学蕃言，则岂和蕃人之众；不会汉语，则岂入汉人之数。"

民族文字的产生，是各民族政治经济文化发展到一定高度的体现。表面来看，创制民族文字，弘扬民族文化似乎在与汉字和汉文化分庭抗礼，但实际上，这正是汉字传播达到一定程度后的结果。在吸收学习汉字及汉文化的基础上，很多少数民族发展出具有相当文明高度和民族特色的文化，最终汇入华夏文明的浩瀚长河，为汉字文化增添了绚烂的色彩。

从学习汉字，到借用汉字书写自己的民族语言，再到形成民族文字和汉字式文字，汉字以其无限魅力吸引着周边民族，使其学习和仿效。共通的文字有利于跨越地域方言的障碍，便于政令传达，维系中华民族统一。这种文化的力量甚至能够超越政治力量。文字每传播到一地，就带去文明的火种，滋养着不同地域和人群的文化，同时也加强着双方的理解与认同。正是在这样的过程中，中华民族逐渐形成和壮大。

汉字，流淌着中华民族的血脉，凝聚着中华民族的力量。一个个方块字，记录着中华民族上下五千年的光辉与灿烂、欢笑和泪水，彰显着中华儿女的智慧与自信、包容与友善。她是我们共同的财富，永远的骄傲。

二、汉字文化圈

唐贞元二十年（804 年）八月的一天，一艘木制帆船出现在福建赤岸的港口，打破了港口的平静。木船似乎在海上漂泊了很久，布满了风吹雨打的痕迹，船上的人看上去既兴奋又难掩疲惫。

这是一群不速之客。他们既不是往来的客商，也不是出海的渔民。海港守官前去查问，得知这是日本派出的一个遣唐使团，为首的遣唐使叫藤原葛野麻吕。一个月前，他们经日本天皇准许，从日本九州出发出使大唐。然而不幸的是，船队在海上遇到风暴，一行四艘船被吹散。这一艘虽然侥幸脱险，但偏离了原来的航道，在海上漂荡了一个多月，最终到达福州沿岸。那时，从未有日本的遣唐使在福州登陆过，船上的人也难以证明自己的身份——他们的国书印信都在被吹散的另一艘船上。

守官满腹狐疑，不敢轻放众人上岸。正当大家一筹莫展之时，船上一位随行的留学僧站了出来，代替大使写就《为大使与福州观察使书》，呈与福州主官。这是一篇典雅华丽的骈文，其中详细叙述了九死一生的渡海经过："频蹙猛风，待葬鳖口，攒眉惊汰，占宅鲸腹。随浪升沉，任风南北，但见天水之碧色，岂视山谷之白雾。"又诚恳真挚地表达终于到达大唐时"过赤子之得母，越旱苗之遇霖"的喜悦，请求主官通融，准予入境。这封书信不仅文采斐然，而且书法飘逸灵动。而它竟出自一位年轻的日本僧人之手，这不禁令福州观察使阎济美惊叹不已，也加深了对众人的信任。就这样，一行人终于踏上了大唐的土地。

这位日本留学僧人就是著名的弘法大师空海。他俗姓佐伯，出身豪族，从小学习儒家经典，奠定了深厚的汉文功底。几年后，为了寻求真正的解脱，佐伯决心出家。在修行过程中，他感到佛经中的很多教义以及梵文真言难以理解，故立志入唐求学，最终获准随遣唐使前往中国。

除了佛法精湛，空海还擅长诗文，在唐留学期间，与中国诗人多有唱和。他的书法也颇受称赞，由于篆、隶、楷、行、草各种书体俱佳，被誉为"五笔和尚"。

两年后，空海学成回国，不仅带回了大量的佛经、佛教绘画、法器，还带回了不少诗文集、书法、绘画等艺术作品。他设坛弘法，开创了真言宗，被视为日本第一高僧。他的书法在日本被视为王羲之、王献之后的第一人，代表作《风信帖》是日本的国宝。他还编写了日本现存最早的汉字字书《篆隶万象名义》，保留了语言文字方面珍贵的材料。

空海为日本文化做出了巨大贡献。同时，他也是汉字文化圈国家友好交往的代表，在历史长河中，还有许许多多像他这样的人，承担了文化使者的角色，共同促进着汉字和汉文化的域外传播。

两千年来，汉字承载着文化，像水一样从中国流布海外四方，形成了广大的"汉字文化圈"，范围包括东亚和东南亚的日本、朝鲜、韩国、越南等国家。这些国家在历史上不仅长期使用汉字，而且在文化精神、思维方式、审美艺术、民俗礼仪等方面都有跟汉字文化相通的地方。那么中国的汉字是如何传播到这些国家，又对这些国家产生过怎样的影响呢？

1. 汉字在越南

越南是中国的近邻，从古至今，两国一直有着密切的往来。越南北部和中部地区，中国古代称其为交趾，属于百越中的骆越，从上古时就与中原文明有千丝万缕的联系。《墨子》中记载尧治天下时曾"南抚交趾"，《吕氏春秋》也提到大禹"南至交趾"，这些虽然不能完全视为信史，但一定程度上反映出中原文明与越南地区很早就有接触。秦始皇统一岭南后，设立桂林、南海、象三郡，其中象郡的管辖范围大致包括今广西西部、越南北部和中部。秦亡后，秦将赵佗在三郡地区建立南越国，后为汉武帝所灭。汉朝接着在这里设郡，其中交趾、九真和日南三郡就位于越南北部和中部地区。就这样，越南作为正式的行政区划，纳入中原王朝管辖范围之内，一直持续到唐代。

所谓正式的行政区划，意即不是附属国之类的形式，而是以郡县制直接管辖的中国领土，和中原的州县没有区别。因此这一时期在越南历史上被称为"千年北属时期"。

交趾地区多崇山峻岭，山高谷深，与外界联系十分不便。因此，秦汉之时，这里的经济文化发展远落后于中原。当地人有自己的语言，但没有自己的文字。中央王朝政治上的管理，以及中原移民的不断迁入，将中原的生产方式、典章制度、语言文化带到了这片土地。政令上传下达需要统一的文字，汉字自然确定了官方正式文字的地位。以汉文典籍为主要内容的文教活动也在当地展开。

到了汉末三国时期，中原战火纷飞。但当时担任交州（汉末改交趾为交州）太守、绥南中郎将（监督管理交州七郡）的士燮（xiè）却能保境安民，使当地免于战乱，和平发展40多年。士燮热爱经学研究，尤其精于《左传》《尚书》。他还礼贤下士，当时来交州躲避战乱的学者名士有刘熙、许慈、薛综、牟子、康僧会等一大批。士燮创办学校，请学者讲授"四书五经"等儒家经典，交流学术，著书立说，传播中原文化，促进了汉字汉语推广。士燮虽然仅仅是一位地方太守，在群星璀璨的三国时期并不那么引人注目，但在越南地区备受推崇，被越南人誉为"士王""南交学祖"，去世后入帝王庙和文庙，享祀不绝。

隋唐时期，朝廷继续对交趾地区进行管辖。隋唐王朝在当地发展教育，越南人和中原人一样可以参加科举，入朝为官。他们精通儒学，创作诗文，引领了学习汉文化的风气。这一时期，越南地区形成了汉越两种语言、一种文字的状况。

在汉文化长久的影响下，越南人已经把汉字视为"本国字"，汉字渗透到了越南的方方面面，成为越南文化的一部分。因此，公元10世纪越南成为独立王朝后，仍旧以汉字为官方文字。

越南历代政权仿照中国开展儒家教育，设国子监，置五经博士，开科举取士，考试内容主要以中国的典籍为基础。在这样的背景下，从州府到乡村，均有官私学校进行汉字和汉文典籍教育，知识分子用汉字汉语进行创作。越南的史书主要用汉字编著，汉字汉语书写的文学作品也很丰富。

19世纪的阮朝时期，越南人在学习和使用汉字基础上，对汉字进行整理和研究，开始编纂具有本国特色的汉字字典辞书。例如黎直撰《字学训蒙》，用四字一句的诗歌体解释汉字，对字的形音义详加辨别；还有《字典节录》《字学四言诗》《字学求精歌》《难字解音》等，都是说解汉字的著作。

随着汉字在越南的传播，越南人尝试借用汉字或新造汉字式文字来记录越南语，逐渐形成本民族的文字——"字喃"。"喃"字本身就是一个字喃，是在汉字"南"的基础上加口字旁形成，就是"南"的意思，"字喃"就是越南民间土俗字的意思。最初，人们只是借用汉字记录同音的越语词。例如8世纪末越南将领冯兴被尊称为"布盖大王"，"布盖"就是越南语的音译。到了13世纪，字喃已经趋于成熟完善。越南永富省安浪县的《报恩寺碑记》，刻于公元1209年，上面有22个字喃，其中有新造形声字6个，借用已有汉字记录越语的假借字16个。这是目前所见最早的字喃材料。

字喃最初主要用于记录人名、地名，后来也用于书写诗词文章（图6-19）。陈朝的阮诠仿照韩愈《祭鳄鱼文》，用字喃作《驱鳄鱼诗》，开创了用字喃进行文学创作的先河。此后字喃文学创作越来越多，字喃的构形和使用也更加完善。

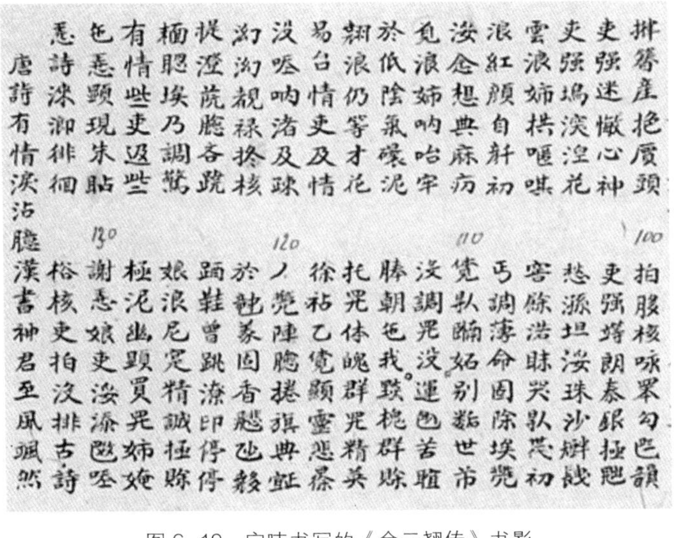

图6-19　字喃书写的《金云翘传》书影

那么字喃到底是一种什么样的文字呢？我们先了解一下它所记录的越南语。越南语和汉语有相似之处，都是孤立语，没有复杂的形态变化，多为单音节词。但是二者的语序有所不同。比如字喃就是越南语的表达方法，形容词放在后面，跟我们正好相反，按我们的习惯应该叫作"喃字"。越南语中汉语借词特别多，约占其词汇总量的70％。比如"越南社会主义共和国"用今天的越南字写作"Nước Cộng hòa Xã hội Chủ nghĩa Việt Nam"，用字喃则写作"渃共和社會主義越南"，其中"共和、社会主义、越南"都是汉语借词，字喃就直接用汉字记录了。只有Nước是越南固有词，是"国家"的意思，字喃使用一个新造形声字"渃"。

字喃是在汉字基础上创造的方块字。一部分字喃直接借用已有的汉字。有的使用汉字本来的形音义，像"共和、社会主义、越南"，意思和汉语中一样，发音与汉语只是略有不同，就像是一种方言的发音。有的只借汉字的音来记录越南的词，不管它本来的字义，例如字喃"半"是"卖"的意思，读作bán。还有少部分是训读字，即不改变汉字的意思，但是读越南语固有词的音。另外一部分字喃是利用汉字已有的字形或偏旁部首，采用形声、会意等方法新造的。采用会意方法创造的字比较少。如"全"由"人"和"上"会意而成，是"头目"的意思。"个"由"人"和"下"会意而成，是"下人"的意思。大部分字喃是采用形声的方法构造而成，用两个汉字拼成一个新字。另外，字喃还有一些特殊的构造方法，在汉字基础上加"口"或"〈"，提示这个字只是记音字。如"吥"，读作"代"，是"教导"的意思。"凥"读作"尼"，是"这个"的意思。

字喃产生后，并没有完全取代汉字。汉字仍居于正统地位，被称为"儒字""圣贤之字"，而字喃则被视为粗俗之字，有时用于辅助汉字学习。越南将《三字经》《千字文》等改编为汉喃一体的教科书，如《三字经演音》《三千字解音》等，用字喃注释对译汉语的字句，来进行儿童识字教育。又有学者编纂汉喃字典，如《指南玉音解义》《嗣德圣制字学解义歌》等，以字喃解释汉字。

19世纪末，越南沦为法国殖民地，法国开始对越南文字进行拉丁化改革。

目前，拉丁化的拼音文字是越南官方文字，日常生活中，人们一般不再使用汉字和字喃。不过，汉字对越南的影响并没有完全消失。在越南名胜古迹、家庭祠堂里都能见到汉字的身影。越南庆祝春节时，还会贴"福"字和对联，求安祈福。汉字仍然是中越两国共同的文化记忆。

2. 汉字在朝鲜半岛

位于朝鲜半岛的朝鲜和韩国，今天使用的文字看起来和汉字没什么关系，不过我们应该知道朝鲜半岛有过使用汉字的历史。在韩国古装剧里或韩国化妆品包装上，我们还能看到汉字。绝大多数韩国人，包括我们所熟悉的韩国明星，其实都有汉字姓名，而且就印在他们的韩国身份证上。如果我们到韩国旅游，在街头、名胜古迹和博物馆的文物展览中也能看到汉字的身影。一些招牌、海报上常有汉字元素；一些仪式场合，如婚礼、开业典礼、传统节日庆典上，经常有汉字条幅（图 6-20）。这些都是汉字在这片土地上留下的印记。而关于韩国是否要恢复汉字之类的报道现在还时常见诸报端。那么在历史上，汉字在朝鲜半岛有着怎样的地位，产生过怎样的影响呢？

图 6-20　韩国贴对联庆立春

朝鲜半岛在地理上与中国山水相连，一直是中国的友好近邻。中国很早就与朝鲜往来，《山海经》中已有对朝鲜的记载："东海之内，北海之隅，有国名曰朝鲜。"朝鲜半岛北部地区与中原联系更为密切，接受汉文化影响比较早。春秋战国时代，燕国、齐国与朝鲜有贸易往来，也有中国人从汉地流动至朝鲜，汉字因此被带到了那里。朝鲜半岛出土了不少齐国、燕国货币明刀币，上面刻有汉字。汉武帝设置乐浪郡等四郡，管辖范围到达朝鲜半岛北部和中部，加速了汉文化在当地的传播。在朝鲜平壤的乐浪郡遗址，出土了不少刻有汉字的瓦当、印章、铜镜等（图 6-21）。这些是今天朝鲜半岛所能见到的最早的汉字材料。

图 6-21　乐浪郡遗址出土的"乐浪礼官"瓦当

大约汉代时，汉字开始传播到朝鲜半岛南部地区。当时东亚最先进的汉字及其承载的汉文化备受朝鲜人仰慕，他们开始全面接受和学习汉字汉语。在此后的 1000 多年时间里，一直到朝鲜创制自己的民族文字前，汉字一直是朝鲜半岛唯一的文字，也是正式的官方文字，国家重要的文献都用汉字书写，文化教育的内容都是汉文典籍，文人的诗文创作也都使用汉字。

魏晋南北朝时期，朝鲜半岛上的新罗和百济与中国往来频繁。位于朝鲜半岛西南部的百济与中国隔海相望，积极学习汉文化，他们建立了儒学教育制度，设立"博士"讲授中国的经史典籍。公元 375 年，百济以晋朝人高兴为博士，用汉字撰写了百济史书《书记》。百济曾多次派遣使者来东晋、南朝的首都建康（今江苏南京市），请求赐予儒家经典和佛教文献等书籍，还请求派学者前往百济讲学。在这样的背景下，百济有一部分人熟练掌握了汉字汉语，汉字成为百济正式使用的文字。

新罗位于朝鲜半岛东南部，秦汉时期，一些来自中国的移民踏上这片土地，把文字带到这里。高丽时期编纂的史书《三国史记》记载，新罗沾解王五年（251 年），有一位叫夫道的人因能写会算而著名，他写的文字只能是汉字。新罗与中国直接的往来稍晚，南朝梁时才开始派遣使者，但凭借高明的外交策略后来居上。到了唐代，新罗在唐朝支持下统一了朝鲜。新罗统一后，全面吸收唐朝的文化，在公元682年模仿唐朝设立国学，讲授《论语》《孝经》等儒家经典，另外还特别重视《文选》的学习。作为文化载体的汉字，自然得到了更广泛的传播。新罗又大量派遣留学生到唐朝学习，有的甚至在唐朝参加科考并做官，其中最有名的是崔致远。他在唐参加科举并考中进士，为官十年之久。崔致远工于诗文，他的诗文集《桂苑笔耕》广为流传，被誉为朝鲜汉文学的开山之作。2020年2月韩国大邱暴发新冠肺炎疫情，在中国驻韩大使馆的援助物资运输车上印的"道不远人，人无异国"（图6-22），就是出自崔致远的《双溪寺真鉴禅师碑铭》。

图6-22　新冠肺炎疫情期间中国援助韩国抗疫物资车上的标语

　　公元10世纪，高丽王朝统一朝鲜半岛，依旧重视汉文化学习。这一时期，大量中国书籍传入高丽。宋朝初年原本禁止书籍出境，但后来却单独对高丽开禁。高丽除了请求宋朝赐书，还高价从商人手中买书，获得了“九经”、《史记》《资治通鉴》《册府元龟》《太平御览》等丰富的典籍。同时，随着印刷术的发展，高丽也自己刊刻汉文书籍，汉字在更广泛的人群中得到普及和传播。

朝鲜时代，汉字在当地已经使用了上千年，朝鲜人对汉字的掌握和理解更加深刻，开始结合本民族情况编撰自己的汉字字典辞书。例如崔世珍的《训蒙字会》是专为方便朝鲜儿童学习汉字而撰写的启蒙读物，开篇写道：“天地霄壤，乾坤宇宙。日月星辰，阴阳节候。”四字一句，押韵排列，模仿中国传统蒙书《千字文》，但更适应朝鲜汉字使用的特点。朝鲜人创作的字书还有《全韵玉篇》《第五游》《字类注释》等，各具特色，从中可见作者对汉字独到的理解。朝鲜时代文人除了进行汉文和汉诗创作，还在中国影响下，进行小说创作，其中有相当一部分是用汉字书写的。15 世纪金时习创作的《金鳌新话》，模仿《剪灯新话》，是朝鲜汉文小说的奠基之作。朝鲜著名的汉文小说还有《九云梦》（图 6–23）、《春香传》、《玉楼梦》等。

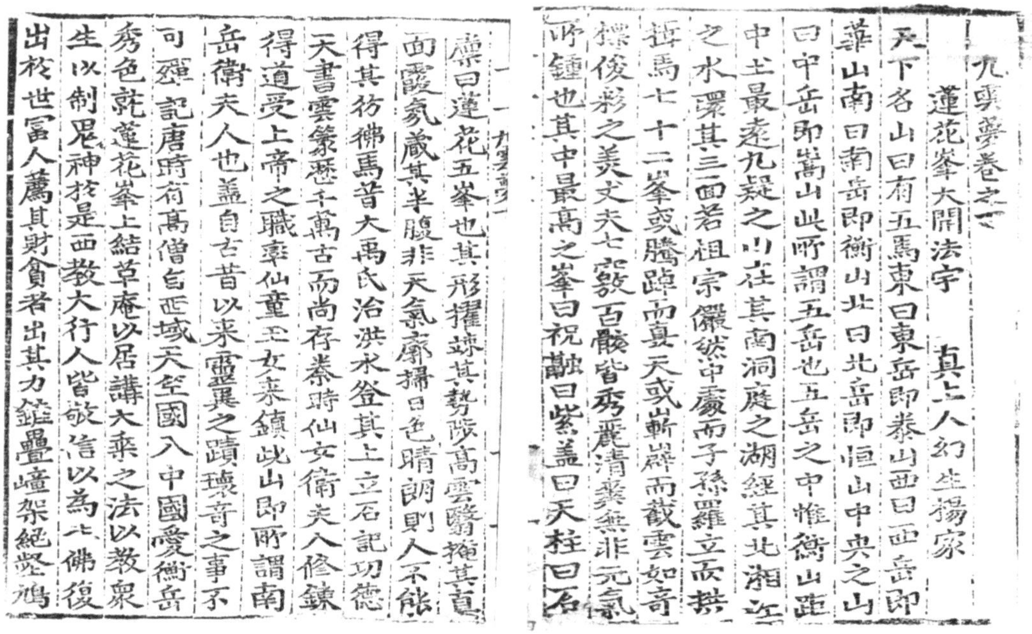
九雲夢卷之一
蓮花峯大開法宇　真上人幻生楊家
天下名山曰有五焉東曰東岳即泰山西曰西岳即
華山南曰南岳即衡山北曰北岳即恒山中央之山
曰中岳即嵩山此所謂五岳也五岳之中惟衡山距
中土最遠九疑之山在其南洞庭之湖經其北湘江
之水環其三面若祖宗儼然中處而子孫羅立而拱
揖焉七十二峯或騰踔而矗天或嶄嶭而截雲如奇
標俊彩之美丈夫七竅百骸皆秀麗清爽無非元氣
所鍾也其中最高之峯曰祝融曰紫蓋曰天柱曰石
廩曰蓮花五峯也其形擢竦其勢陡高雲翳掩其眞
面霞氣蔽其半腹非天氣廓掃日色晴朗則人不能
得其彷彿焉昔大禹氏治洪水登其上立石記功德
天書雲篆歷千萬古而尚存秦時仙女衛夫人修鍊
得道受上帝之職率仙童玉女來鎭此山即所謂南
岳衛夫人也蓋自古昔以来靈異之蹟瑰奇之事不
可殫記唐時有高僧自西域天竺國入中國愛衡岳
秀色就蓮花峯上結草庵以居講大乘之法以教衆
生以制鬼神於是西教大行人皆敬信以為生佛復
出於世富人薦其財貧者出其力鉅疊壇架絶壑鴻

图 6–23　《九云梦》书影

朝鲜人在全盘接受汉字汉语的基础上，也开始尝试用汉字记录本民族的语言，产生了一种按照朝鲜语语法和词序使用汉字的方法，称为"吏读"。早期吏读只是改变词的顺序，汉字的意思不变。例如朝鲜清州郡出土的《壬申誓记石》：

　　今自三年以后，忠道执持，过失无誓。

用汉语顺序来说应当是：

　　誓（曰）：自今三年以后，执持忠道，无过失。

新罗时代，朝鲜地区民间流行一种民谣，叫作"乡歌"。乡歌中口语词很多，也借用汉字记录，这种书写形式叫作"乡札"，属于吏读的一种。例如乡歌《薯童谣》是这样写的：

　　善化公主主隐

　　他密只嫁良置古

　　薯童房乙

　　夜矣卯乙抱遣去如

翻译成汉语，大概意思是：

　　善化公主

　　偷偷嫁人

　　每到夜晚

　　抱薯童去

其中"隐""只""置"等是借用汉字记朝鲜词的音。"密""嫁""夜""抱"等是取汉字的义而读朝鲜的音。

同一时期，朝鲜还出现了一种叫作"口诀"的书写形式，就是在汉文之间插入特定汉字或者汉字的偏旁、笔画来表示朝鲜语中的虚词，从而帮助人们根据朝鲜语的语法理解和读诵汉文。例如朝鲜蒙书《童蒙先习》中有这样一段内容：

　　天地之间，万物之中（厓），唯人（伊）最贵（为尼），所贵乎人者（隐），以其有五伦也（罗）。

其中"厓""伊""隐"表示的是朝鲜语中的助词，"为尼""罗"表示词尾，其余部分完全就是汉文。

通过上面的介绍，我们能感到，用汉字记录朝鲜语并不是特别方便。朝鲜的世宗大王对此深感忧虑："国之语音，异乎中国，与文字不相流通，故愚民有所欲言，而终不得伸其情者多矣，予为此悯然。"因此，在公元1444年，他颁布了本民族的文字——训民正音（图6-24），就是今天韩文的前身。

图6-24　《训民正音》书影

韩文看起来复杂，但本质上就是一套拼音系统，每一个基本书写符号都表示一个音素，合起来拼成一个字符，记录一个音节。韩文采用了二维方块的拼合模式，而非像英语一样的线性模式，这应该是受到了方块汉字形体的影响。

人们称这种文字为"谚文"，就是通俗文字的意思。与之相对的就是被视为正式文字的汉字。谚文书写识记简便，大大促进了文化的普及。不过，《训民正音》受到了不少士大夫的反对甚至贬斥。汉字在朝鲜使用历史太悠久了，朝鲜对汉文化非常尊崇，甚至以"小中华"自居。因此，人们仍以汉字为正统。

政府颁布公文、文人创作作品仍用汉字，朝鲜的科举也仍以汉文经书和诗文为内容，这一直持续到近代。

　　韩国废止汉字，是二战之后的事了。此后汉字在当地的影响大大削弱。但是历史不能轻易被人为割断。韩文中汉语借词大约占到60%，同音词很多，单纯用表音文字容易造成误解。因此在必要时，韩文中会以括号标出一些词对应的汉字。目前韩国中小学教育中仍会学习一些基本的汉字。随着中韩关系的日益密切，中国国际影响力的增强，韩国人学习汉语的热情越来越高。汉字像一条纽带，连系着中国与朝鲜半岛，从过去走向未来。

3. 汉字在日本

　　对于日文，大家可能并不陌生。我们小时候看的日本动漫，平时购买的日本进口商品上，都能看到日文的身影。日文中存在的大量汉字，还有一些似汉字又非汉字的字符，让我们备感亲切，不禁生出疑问：日本为什么会使用汉字？这些汉字是怎样记录日语的？那些与汉字相似的符号又是怎么回事呢？

　　中国与日本是一衣带水的邻国，隔海相望。两国最早的往来起于何时，汉字最初在什么时间传入日本，可能很难确切地考证了。不过，根据文献记载，中日两国应该很早就有往来。据《后汉书》记载，东汉时日本曾正式派使者朝见光武帝，光武帝赐予印绶。出土的文物佐证了文献的记载。日本福冈出土了一枚"汉委奴国王"金印（图6-25），就是汉朝赐予的。

图6-25　　"汉委奴国王"金印

日本还出土了不少汉魏时期带有汉字铭文的中国货币、铜镜和兵器等，这些可能是最早踏上日本土地的汉字。不过，对于当时绝大多数日本人来说，他们并不能很好地理解这些文字，而更多将其视为一种符号或装饰。

在中日交往方面，朝鲜半岛的百济发挥了中介作用。"渡来人"——从朝鲜半岛或中国通过渡海到日本的移民，是汉字在日本最初传播的重要力量。日本史书《日本书纪》记载，西晋太康六年（285 年），有一个叫王仁的百济人，为日本带去了中国的典籍《论语》《千字文》，并担任太子的老师，讲授这些经典。这是对汉字传入日本最早的明确记载。到了南朝梁武帝时，百济人段杨尔又将《诗经》《尚书》《礼记》《周易》《春秋》带到了日本。这些"渡来人"在日本朝廷负责文书工作，教贵族练习汉字、学习汉语，极大地推动了日本对汉文化的学习。

到了隋唐时期，统一王朝的宏大气象与灿烂文化深深吸引着周边国家，中日交往更加密切。公元 645 年，日本孝德天皇发起大化改新，全面学习模仿唐朝的政治经济制度，模仿唐朝的国子监建立大学寮，以东渡日本的汉人或留学唐朝的日本人为教师，教授汉文儒家经典。日本频繁派遣隋使、遣唐使以及留学生、学问僧到中国学习，再将先进的文化带回日本。能识文断字的日本人越来越多，汉字及其承载的汉文化在日本播散开来，在这片土地上生根发芽。

书籍的流传是汉字在日本传播的重要媒介。据统计，平安时代，日本的汉籍已多达 1500 多种。传入日本的汉籍中，包括大量中国字典辞书，例如《说文解字》《字林》《玉篇》《尔雅》《方言》等，为日本人学习和理解汉字提供了帮助。在中国字书的影响下，日本人也对汉字进行研究，结合日本实际编纂自己的汉字字典辞书。例如高僧空海依据中国的字书《玉篇》编纂了《篆隶万象名义》（图 6-26），是日本现存最早的一部汉字字书。后来又产生了汉和词典，如《新撰字镜》《类聚名义抄》等，用日本的"假名"来解释汉语字词。

图 6-26　《篆隶万象名义》书影

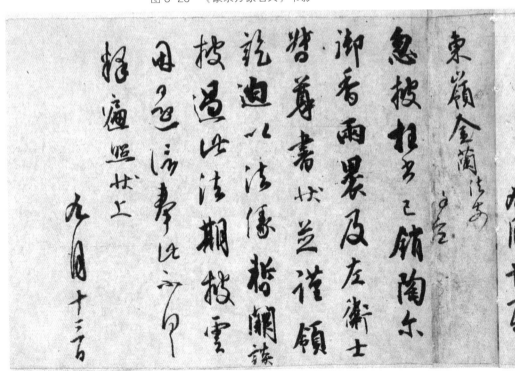

图 6-27　空海《风信帖》

　　日本原本只有自己的语言，没有自己的文字。汉字传入后，被当作日本的官方文字使用，长达 500 年之久。日本各种官方文书都用汉字书写，直到江户时期，日本在书写官方文件时，仍然把汉语文言视为正统。

　　在日本人眼里，汉字不只是实用的工具，更是文化，是艺术。日本贵族阶层十分推崇和欣赏中国的诗文作品，并且模仿着用汉字汉语写诗作文。日本最早的汉诗集名叫《怀风藻》，编纂于天平胜宝三年（751 年），作者主要是皇帝、贵族、官吏、儒者、僧侣等，诗风模仿六朝诗歌。到了平安时期，日本流行的汉诗典范变成了唐代诗歌，尤其推崇白居易的诗。一直到江户时期，日本文人还会创作汉诗。例如著名小说家夏目漱石就是一位汉诗大家。

　　中国独特而璀璨的书法艺术也传到了日本。王羲之、欧阳询、颜真卿等大书法家最受日本人喜爱。在他们的影响下，日本也产生了不少书法大家。平安时期的嵯峨天皇、空海（图 6-27）、橘逸势，被誉为"三笔"。后来，日

本逐渐形成具有自身特色的"和样"书法风格，以被誉为"三迹"的小野道风（图6-28）、藤原佐理、藤原行成为代表。

日本与其他国家和文明虽有来往，但相隔浩瀚大洋，有一定的距离，因此形成了独特的民族精神。他们乐于学习外来优秀文化，同时又并非机械照搬，而是转化融合，为我所用。在汉字的学习上也是如此。日本在熟悉汉字之后，很快开始尝试用汉字记录日语。

公元5世纪，日本已经出现了对汉字日本化的用法。日本和歌山县桥本市隅田八幡神社所藏的铜镜，其边缘环绕着48个汉字铭文。其中"意柴沙加"（oshisaka）、"开中费直"（kawachinoatai）等都是日语词。埼玉县稻荷山古坟出土的"金错铭铁剑"，刻有115个汉字，其中"获加多支卤"几个字是日本雄略天皇名字的音译。

东京国立博物馆收藏着一座7世纪的菩萨半跏像，上面的汉字铭文是这样的：

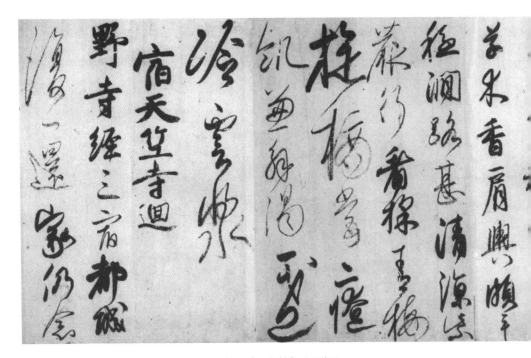

图6-28　小野道风《玉泉帖》（局部）

岁次丙寅年，正月生十八日记，高屋大夫为分韩妇夫人，名阿麻古，愿南无顶礼作奏也。

末尾的"奏"并非汉语中的"演奏""禀奏"等意思，而是日语动词"作る"的补助动词，表谦敬意。

用汉字记录日语具体有哪些方法呢？概括来说，主要有"音读"和"训读"两类。"音读"即只利用汉字的字形和读音，不管它的字义，用汉字记录日语中读音相同或相近的词语。比如日语的樱花是"sakura"，《万叶集》就写成"散久良"，如果用唐宋时的字音来读，和日语发音很接近。"训读"是指只利用汉字的字形和字义，不管原来的字音，用汉字记录日语中意思相关的词，但用日语发音朗读。早期日本很多作品是采用这两种方式书写的，例如《万叶集》中的一首天皇御制歌写道：

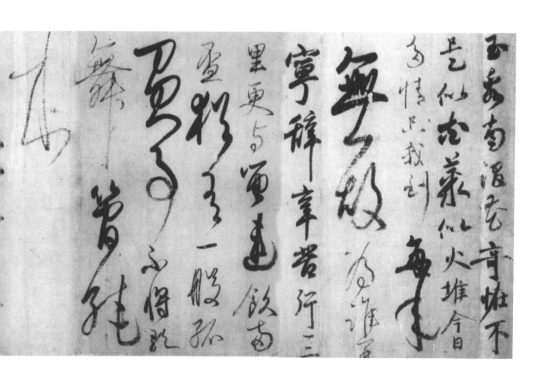

　　　　笼毛舆，美笼母乳。

　　　　布久思毛舆，美夫君志持，

　　　　此岳尔，菜采须儿，

　　　　家吉闲，名告纱根。

翻译家钱稻孙翻译成汉语为：

　　　　筐儿也，拿的好筐儿；

　　　　签子也，拿的好签子。

　　　　在这山冈上，挑野菜的小娘子，

　　　　你家住在哪里？你叫什么名字？

　　这首诗中，有的汉字借用记音，如"毛舆""根"是日语中感叹词的音译，"布久思"是挖掘工具名的音译，这就是所谓的"音读"。有的是借用字义，如"笼"指"筐子"，"菜"指"野菜"，和汉语中意思相近，但读作日语词的音，这就是所谓的"训读"。用"音读"或"训读"来记录日语的形式被称为"假名"。与之相对，使用汉字本音本义的叫"真名"。由于《万叶集》中这样的用法最有代表性，故称为"万叶假名"。其实，不只是《万叶集》，《古事记》《日本书纪》等著作中都有这种假名。日本出土的 7 世纪木简上，也使用万叶假名记录日语。

　　不过，万叶假名和今天的日文看起来并不相像，它是怎么一步步演变成今天这个样子的呢？想必大家也能感受到，像万叶假名这样使用汉字记录日语，虽然一定程度上解决了语言和文字脱节的问题，但仍然很不方便。日语中多音节词很多，"音读"的方法要用好几个汉字音译一个词，书写起来比较复杂。"训读"则不容易规范和识读，因为意思相近的词很多，很难准确一一对应。而且汉字作为一种外来的文字，学习和掌握难度比较大，这必然会阻碍文化的普及。因此，日本人在万叶假名的基础上开始进一步探索。

　　汉字草书的传入为日本提供了新思路。字形草化后书写简便，因此，日本在草书基础上创造了专门标记日语音节的符号系统——平假名。"平"是"一般、普通"的意思，强调其通俗和非正式性。平假名以一个固定的草体汉字作为纯粹的记音符号，对应一个日语的音节，如"散"草化为さ，对应 sa，"久"草化为く，对应 ku，"良"草化为ら，对应 ra。有了平假名，"樱花"就不用写成"散久良"了，写成"さ（sa）く（ku）ら（ra）"就可以了。利用平假名，书写日语词变得简单多了。在古代，文化水平较高的男性多使用汉字，而通俗简便的平假名更多为女性所使用，故又被称为"女手"。到了 10 世纪后，日本出现了《枕草子》《源氏物语》等用平假名书写的名著，标志着这种文字已经走向成熟。

除了平假名，日本还产生了另一套记音符号——片假名。这也是从汉字派生出来的。"片"是"片段，部分"的意思，是指这种文字是从汉字形体省略而来。例如"サ"源于"散"的一部分，表示日语音节 sa，"ク"源于"久"的一部分，表示日语音节 ku，"ラ"是汉字"良"的前两笔，表示日语音节 ra。"樱花"如果用片假名书写，就是"サ（sa）ク（ku）ラ（ra）"。古代日本人学习汉文典籍时，用这种省简的汉字在正文旁边做标注，以方便理解和用日语朗读，后来逐渐发展成了片假名。而古代学习汉文经典的主要是男性，因此片假名又被称为"男手"。

通过这些在汉字基础上的再创造，日本人终于能够自由记录自己民族的语言了。但是假名产生后，并没有完全取代汉字的地位。很长时间内，日本人认为假名不是正式文字，只是汉字的辅助。

近代以来，汉字在日本的使用范围大大缩小，但并没有被完全取消。二战后，日本曾经考虑完全废除汉字。但是调查发现，国民识字率高达 97.9%，说明汉字并没有想象的那么难学。另外，日语中大约有一半是汉字词，同音词大量存在，完全用拼音文字很可能造成误解，汉字则能很好地区别同音词。目前日本仍使用 2000 多个常用汉字。今天的日语中，多种文字共存，人们一般用汉字书写实词和汉语借词，用平假名书写词尾和助词，用片假名书写音译外来词，形成了日文多元化的风格。

如今，汉字在日本仍有着广泛的影响。日本的天皇仍使用汉字年号，例如目前在位的德仁天皇，年号为"令和"。

汉字在日本大街小巷随处可见，街道上的招牌、交通标志上都常见汉字的身影（图6-29），甚至不懂日语的中国人，也能大概猜出日文的一些意思。

图6-29　日本街景

日本每年还会举办"年度汉字"评选活动，选择一个最能代表当年日本公众焦点的汉字（图6-30），充分体现了汉字言简义丰、底蕴深厚的特点。

汉字的传播，使亚洲汉字文化圈国家有过漫长的"书同文"历史，由此产生了不少独特而有趣的现象。1905年，越南的革命家潘佩珠远赴东京，与同在日本的梁启超、孙中山以及日本政治家大隈重信、犬养毅等讨论时政。几位政治家有三位只会说本土语，仅有两

图6-30　日本2020年度汉字——密

位会说英语，并无共通口头语言，但在没有翻译的情况下，竟然能够顺畅地交流。这是怎么做到的？原来，他们采用了一种独特的交流方法——笔谈。我们知道，古代东亚各国的文人阶层都自幼习读儒家经典。随着时间的推移，他们逐渐以自己的语言读诵汉语文言，发音和读法变得各不相同，但是书写下来的字句却始终保持着大致相同的样貌。正因如此，不同国家、语言不通的人们坐在一起，仅借助文房四宝书写汉语文言，就能畅所欲言，沟通无碍。这种汉文笔谈最早可追溯至隋唐。在拼音文字中，这样的现象鲜有所闻，不能不让人感叹汉字的独特魅力。

古老而神奇的方块汉字，是语言的书写符号，更是历史文化的符号；是中华文化的精华，更是东方文明的象征。作为汉字文化圈共同的文字基础，汉字见证着各国的深情厚谊，搭建起文化交流的桥梁，连系着情感沟通的纽带。山川异域，风月同天。汉字，让我们跨越国界和语言，即使远隔万里，仍能心意相连。

三、"一带一路"上的汉字

20 世纪 80 年代，在河南洛阳龙门，考古专家意外发现了一座唐代的古墓。墓中的陪葬品十分丰富，有高大艳丽的唐三彩、工艺精细的瓷器、玲珑的玛瑙珠……在众多的器物中，一枚小小的金币吸引了人们的注意。这枚金币正面是一个头戴王冠的男像，两侧画着十字架，背面是长着翅膀的胜利女神像，旁边还刻有外文字母。这显然并非中原之物。金币被发现时，握于墓主人右手，而他左手握着的，则是一枚唐朝的"开元通宝"钱币。为何一枚外国货币会出现在中原的墓葬之中？对于墓主人来说是否有什么特别的意义？

墓中保存完好的石刻墓志为我们揭开了谜底。原来，墓的主人名叫安菩，他并非汉人，而是来自异域的粟特人。粟特是活跃在古代丝绸之路上的重要民族，安菩原来所在的安国，位于今天乌兹别克斯坦境内的布哈拉，是粟特人建立的一个小国。安菩的父亲是一位首领，在唐太宗贞观年间，他率领部众归附唐朝，被封为五品京官和"定远大将军"。后来，安菩继承了父亲的封号，为保卫大唐边疆立了不少战功。与汉民族的交往使安菩一家改变了很多，他们掌握了汉字汉语，这从他们的名字就能反映出来。据安菩墓志记载，他的曾祖叫钵达干，祖父叫系利，这明显是外文名的音译。而他本人则使用汉文名，姓安，名菩，字萨，这源于中土佛教中的"菩萨"一词。他的儿子名为金刚、金藏，也是汉文名。

正史中并没有关于安菩的记载。不过他的儿子，也是这座墓的修筑者——安金藏，却在史书中留下了浓墨重彩的一笔。安菩死后，安金藏并没有继承他的封号，而是进入宫廷，成为太常寺的一名乐工。粟特人能歌善舞，乐舞风靡大唐，安金藏可能是负责安国音乐演奏方面的人员。当时，唐睿宗李旦被武则天废为皇嗣，虽为武则天之子，但备受猜忌，一般大臣都不敢与之来往。只有少数像安金藏这样地位不高的乐工能陪在他身边。没过多久，有人诬陷李旦有谋反之心，武则天命心狠手辣的酷吏来俊臣彻查。李旦身边的人大多受不住酷刑，准备诬告李旦，只有安金藏没有屈服。面对来俊臣的审问，安金藏大呼："如果您不相信我说的，那我就剖开胸膛来证明皇嗣没有谋反！"说罢，他拿出一把利刃，猛地划开自己的腹部，一下昏死过去。安金藏的举动震惊了所有人，也使李旦重新获得了武则天的信任。李旦即位后，不忘安金藏救命之恩，提拔他为右武卫中郎将。李旦之子唐玄宗李隆基登基后，更是极力表彰安金藏，封他为代国公。

一位西域来的小乐工，竟成为唐朝皇帝的救命恩人。这背后折射出了当时丝绸之路上不同国家和民族密切的往来。

安金藏为父亲安菩修筑的这座墓葬，也是中原文化与丝绸之路沿线国家文明互鉴的生动反映。墓中大量的唐三彩颇具胡风，深目高鼻的胡人牵着骆驼，传神地再现了丝路商旅穿越茫茫大漠的情景。那枚外国金币与唐代铜钱同时握在墓主人手中，寄托着对故乡的追忆，同时又反映出对中华文明的融入。而墓中信息量最大的墓志，则完全是用汉字撰写的。墓志盖上有"大唐定远将军安君志"9个楷书大字（图6-31），志文则用流畅的行楷书写。

从沉睡中苏醒的文物向人们述说着珍贵的历史记忆。今天，丝路上友好交流的故事还在继续上演。而汉字也随着丝路文明的交流，传播到更广的天地。

图 6-31 安菩墓志盖

1. 丝路要有"汉字桥"

"全世界都在学中国话，孔夫子的话越来越国际化。"进入 21 世纪以来，随着中国国际影响力的不断增强，汉字和汉语越来越多地受到世界关注。我们先来看一些数据。据教育部 2020 年统计，中国以外正在学习中文的人数约有 2500 万，累计学习和使用中文的人数达 2 亿。"十三五"期间，全球参加 HSK 等中文水平考试的人数达到 4000 万人次。全球 4000 多所大学、3 万多所中小学、4.5 万多所华文学校和培训机构开设了中文课程。全球有70 个国家将中文纳入国民教育体系，在俄罗斯、爱尔兰等国家，汉语已经被列入高考科目。

作为联合国六种正式工作语言之一的中文，还在 2010 年拥有了自己的节日——联合国中文日，时间是每年中国农历谷雨节气这天，这是为了纪念"中华文字始祖"仓颉（图 6-32）。相传，仓颉创造文字感动上苍，降下一场不平常的雨，落下无数谷米，这天就被称为"谷雨"。多年来，联合国中文日已经成为人们了解汉字汉语和中国文化的一个窗口。

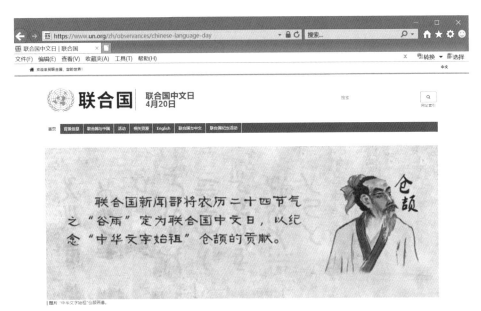

图 6-32　联合国中文日网站

　　"一带一路"的建设，更进一步推动了"汉语热"和"汉字热"。2013 年，习近平主席出访哈萨克斯坦和印度尼西亚时先后提出共建"丝绸之路经济带"和"21 世纪海上丝绸之路"，即"一带一路"（The Belt and Road）倡议，得到了沿线国家和地区的广泛响应与支持。历史上，中国和亚欧非洲各国人民在共同的努力和合作下，开辟了陆上丝绸之路和海上丝绸之路。丝路绵延万里，传续千年，既是经济贸易通道，也是人文交流通道，推动了世界文明进程。"一带一路"根植于古代丝绸之路的历史沃土，继承传统丝路开放包容、兼收并蓄的精神，并赋予其新的时代特质。

　　"一带一路"建设中，各国政策沟通、贸易往来、工程建设、文化交流等都离不开语言文字，这让更多人了解和接触到了汉字汉语。因此"一带一路"沿线国家对于中文寄予了更高的期待。在中亚、东南亚很多地方，学会中文意味着有机会获得更多的就业机会和更高的工资，这大大激发了人们对中文的热情。据国家语言文字工作委员会组织编写的《中国语言文字事业发展报告（2020）》统计，截至 2019 年底，汉语孔子学院总部已在 162 个国家和地区设立孔子学院 550 所，设立孔子课堂 1193 个。其中，"一带一路"

沿线有 56 个国家共设立了 167 所孔子学院和 172 个孔子课堂。又据教育部《2018 年来华留学统计》介绍，来华留学生方面，亚洲学生的数量排名第一。留学生超过半数来自"一带一路"沿线国家。学习中文的人越来越多，但"一带一路"沿线国家能够熟练使用中文的人与实际需要之间仍然存在着不小的差距。加强国际中文能力建设任重道远，潜力无限。

日本汉字教育振兴协会会长石井勋说过："没有一种文字，像汉字那样有系统性和逻辑性，汉字是世界上唯一一种只需用眼睛看就能思考，即使口语不同，也能理解的文字。将来，汉字可能成为全世界的通行文字之一。""一带一路"倡议为汉字走向世界提供了新的机遇，在丝路上搭建起"汉字桥"，能够为各国交流合作、文明共进提供强大助力。

事实上，自古以来丝绸之路上经济、政治、文化等各方面的交流，一直伴随着语言文字的交流，在不同时代，汉字在沿线地区有着不同程度的流传和使用。"一带一路"沿线的国家和地区多人种、多民族汇聚，语言文字面貌纷繁多样。有的民族和国家长期受汉文化影响，使用汉字或借鉴汉字创制本族文字，前文已经有所介绍。但是还有更多地区使用着与汉字汉语完全不同的语言和文字，不过这并未彻底阻挡汉字远行的脚步。知古鉴今，我们不妨走进历史画卷，追溯漫漫黄沙中和渺渺碧海上汉字走过的旅程，从更广的视角来看看"一带一路"上的文字交流。

2. 陆上丝路的汉字传播

提起丝绸之路，想必大家脑海中会浮现出这样的画面：一望无垠的大漠，辽阔而苍凉。驼铃声悠悠响起，一列商队在夕阳的余晖中缓缓前行，投下长长的身影……丝绸之路，这条连接东西方的著名国际通道，东起西安（后东移至洛阳），经过河西走廊，通过新疆，到达中亚、西亚，最远抵达欧洲。它连接了古代世界主要的大国，各异的文明在此交汇。

伴随着往来的使者和商人，汉字逐渐在丝路上流传。丝绸之路沿线的西域、中亚、西亚地区自古多民族杂居，既有黄种人，也有白种人，通行着多种语言文字。这些语言大都与汉语不属于同一语系，文字则主要受印度婆罗米字母或西亚阿拉米字母影响，与汉语汉字差别很大。因此，汉字在这里传播的情况与汉字文化圈颇为不同。让我们由近及远，一同来探寻汉字在丝路上留下的足迹。

河西走廊是丝路上汉字传播的第一站。张骞出使西域后，汉武帝为了抵抗匈奴，在甘肃设酒泉、张掖、武威、敦煌四郡。河西走廊一带原来生活着月氏、羌、匈奴等不同民族。随着大量汉族军民在此驻军屯垦，汉字汉语在此传播开来，并逐渐影响到周围民族和人群。近代以来，这里出土了许多汉代的简牍，主要是屯戍的汉人写的。这些汉字简牍以屯戍相关的公私文书为主，涉及日常生活各个方面，内容十分丰富。比如敦煌出土的一块木简上写着"九九八十一，八九七十二，七九六十三"等文字，就是当时的乘法口诀"九九术"，与今天的"九九表"没太大区别，只是倒过来从"九九八十一"开始。这些汉简中还多次出现《仓颉篇》《急就篇》等文本，是汉代时教儿童学汉字的启蒙读物，反映了当地汉字教育活动的开展。到了魏晋时期，中原战乱动荡，甘肃的凉州则相对安定，很多名士来此避难，进一步促进了汉文化的传播。

从河西走廊向西，汉字进一步扩散到新疆一带。汉唐时期，这里流行着佉卢文、婆罗米文等多种文字，与此同时，这里也发现了很多汉字材料。汉字在当地也产生了广泛影响，形成兼用汉字和胡书的文字面貌。

距敦煌不远的巴里坤，位于新疆东部，出土了东汉时的碑刻《任尚碑》《裴岑纪功碑》（图6-33），使用隶书书写，是汉人抗击匈奴的记功碑。

沿丝绸之路再向西走，来到梦幻神秘的楼兰古城。这是西域的一个古国，

图6-33　《裴岑纪功碑》拓本

后来又名鄯善，东汉时在这里置西域长史府，汉字成为当地通行的文字（图6-34）。公元 3 世纪，这里开始使用佉卢文，这是源于印度地区的一种拼音文字。当地形成了汉字和佉卢文兼用的局面。这里出土的魏晋简牍和残纸中，有用汉字书写的《左传》《论语》《战国策》等典籍残卷，同时也有佉卢文的简牍。在一枚佉卢文木牍的封检上，印着一方"鄯善都尉"的篆印，鲜明体现了当地双文并用的状况。

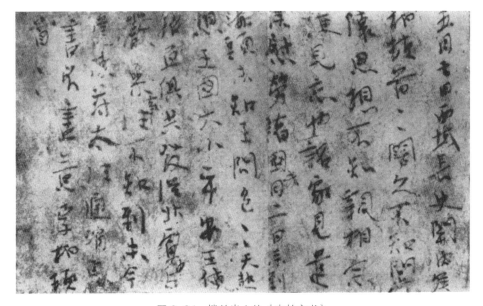

图 6-34　楼兰出土的《李柏文书》

距楼兰不远的吐鲁番地区，秦汉之际为车师国，南北朝时汉人在此建立高昌国。当地多民族杂居，其中有不少是粟特人。吐鲁番广泛使用汉字，当地出土的吐鲁番文书，保存了晋代到唐代珍贵的写本文献材料。这些文献以汉字为主，有官方和私人文书、儒家典籍、汉字蒙书等，同时也有用粟特文、突厥文、回鹘文、吐蕃文等书写的文书，说明当地流行着多种文字。吐鲁番出土过一块隋代的织锦，上面有"胡王"两个字，还绣着牵骆驼的人，穿着小袖束腰胡服，描绘的正是丝绸之路上的场景（图 6-35）。

图 6-35　高昌吐鲁番阿斯塔那 18 号墓 "胡王" 锦

　　丝绸之路在西域分南北两道。沿北道往西有龟兹国，位于今天的库车。龟兹语属印欧语系，先采用一种印度婆罗米字母记录，又称龟兹文或吐火罗文，后来又采用回鹘文字。汉代时，随着与中原的交流增加，当地开始接触和使用汉字。汉字作为第二文字，在这里一直有重要的影响。这里发现了著名的东汉《刘平国摩崖石刻》，用隶书书写，记载了龟兹左将军刘平国带领若干汉人和羌人开通丝路的事迹，说明龟兹当时多民族杂居，有人使用汉字。今天的新疆沙雅县位于古龟兹国境内，这里出土了 "汉归义羌长" 铜印（图 6-36），印文用篆文书写，应该是汉朝政府颁给当地羌人首领的。

图6-36　汉王朝颁赐西域羌族首领"汉归义羌长"官印

汉末至两晋南北朝时，龟兹仿照汉五铢钱铸造货币，一面刻有篆文"五铢"，一面刻龟兹文，双文合璧，生动反映出当地文化交融的面貌（图6-37）。

图6-37　龟兹汉龟二体钱

丝绸之路南道上的尼雅河畔，是精绝国的故地。精绝国是汉代时丝路要道上的一个绿洲城邦小国，这里先用汉字，又用佉卢文。当地出土了很多精美的汉字锦，上面织有"延年益寿""大宜子孙"等吉语（图6-38、图6-39）。类似的汉字锦在楼兰、高昌、和田等地墓葬也很常见，不少墓主人服饰为异域风格，说明并非汉人。将这些汉字锦作为陪葬品，体现了他们对汉文化的熟悉和热爱。

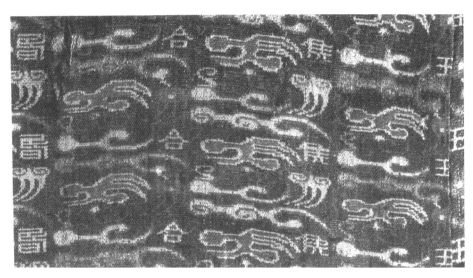

图 6-38　尼雅出土的"王侯合昏千秋万岁宜子孙"锦被（局部）

图 6-39　尼雅出土的汉代"延年益寿长葆子孙"锦（局部）

　　在当地一座汉代墓葬中，出土过一件色彩明艳的锦护臂，神奇的是，上面有"五星出东方利中国"的字样（图 6-40）。其实这里的"中国"并非指现在的中国，"五星"也不是指中国国旗上的五星，这句话本是一句天象占卜的吉言，不过这样的预示巧合饶有意趣。

图 6-40　"五星出东方利中国"锦护臂

再往西来到位于和田地区的于阗国。这里的语言属于印欧语系，不过汉代时这里已经有汉字的使用。公元2世纪左右，于阗受印度影响使用过佉卢文，后来又受印度婆罗米字母影响创造了于阗文，同时仍兼用汉字，形成了双语双文的状况。东汉末年，于阗铸造了一种钱币，上面刻有马的图像，故称"马钱"（图6-41）。钱币一面刻着佉卢文字母20字，一面刻有小篆"重廿四铢铜钱"。

图6-41　于阗汉佉二体钱

唐代于阗文书中有汉字、于阗文、梵文、藏文、粟特文、察合台文等多种文字。有的文书如契约、辩状等兼用两种文字书写。整理这些文书的专家注意到，在一些正式的文书账簿背面，保留有当时于阗人练习汉字的痕迹（图6-42）。

更远的中亚乃至西亚也有汉字痕迹。

碎叶城是唐朝在西域设的重镇，也是丝路上重要的城市，位于中亚吉尔吉斯斯坦首都比什凯克以东。20世纪80年代，当地农民种田时无意中挖出一块

图6-42　于阗文书背面《兰亭序》习字

石头，上面能清晰看出有 41 个汉字，经专家鉴定，这是唐代一个叫杜怀宝的戍边官员为父母铸造的佛像基座（图 6-43）。这里还发现了大量带有汉字的瓦片，以及唐朝货币"开元通宝"等汉字文物。

图 6-43　杜怀宝造像碑基座及摹本

今巴基斯坦、乌兹别克斯坦境内的夏迪亚尔、吉拉斯、特尔班、罕萨等，曾经都是丝绸之路上的重要地点。这些地方都有汉字石刻出土，是人群沿丝绸之路迁徙跋涉留下的痕迹。

叙利亚的巴尔米拉位于丝绸之路西端，这里出土了汉代时的汉字锦残片，上面"子""孙""寿""年"等字依稀可辨，它的纹样与楼兰等地出土的类似。汉字以丝绸为载体，竟然来到了如此遥远的土地上。

纵观陆上丝绸之路上汉字的传播历史，经济和政治的交往是其主要动因。西域、中亚、西亚地区一直是多种文明交汇的地带，由于丝绸之路建设，商业贸易的繁荣，汉语逐渐成为贸易活动重要的语言之一，商人们为了做生意，往往学习基础的汉语汉字。汉语也是各国与中原王朝沟通的通用语，因此，丝路沿线很多国家和地区都有掌握汉语汉字的人。为了方便沟通，各国还设置翻译官，主要由掌握多种语言的胡人担任，加强了语言文字和文化的交流。

宗教交流也促进了汉字向丝绸之路上其他民族和人群的传播。据记载，天竺僧人摄摩腾是最早来到中国的僧人。东汉明帝时，他在洛阳白马寺译出第一部佛经《四十二章经》，说明他对汉字汉语应当有所掌握。同时来到中国的还有竺法兰，《高僧传》明确记载："少时便善汉言，憎于西域获经，即为翻译。"可见在当时的西域地区，外族人能够有机会接触和学习汉字汉语。

事实上，丝绸之路上语言文字和文明交流是双向的。其他语言文字反过来也影响了汉字。比如"石榴""苜蓿""葡萄""狮子""玻璃"等很多新词来源于西域各国，进入中原后，人们还专门为某些借词创造了新字记录。在丝路文化交流中，汉字自身也变得更加丰富。

3. 海上丝路的汉字传播

中国有着漫长的海岸线，是个名副其实的海洋大国。古代中国的对外贸易和文化交往不仅可以通过陆上交通，还可以扬帆入海，破浪远航。海上丝绸之路以中国东南沿海诸港口为始发点，前赴海外各地。向东可直通朝鲜半岛及日本，向南可经今东南亚、斯里兰卡、印度等地，抵达红海、地中海以及非洲东海岸等地。

汉字在海上丝路的传播情况也各有特色。其中朝鲜半岛、日本和越南深受汉字影响，前文已经介绍过了，下面主要看看汉字在东南亚越南以外地区的传播。

在今天东南亚的一些地区，经常会见到汉字元素。例如马来西亚吉隆坡街头时常能见到汉字招牌，当地不少人会说汉语，使人仿佛置身中国。这是怎么回事呢？

在历史上，东南亚受到过不同外来文化的影响，包括中国、印度、阿拉伯文化等。最初东南亚国家一般都没有自己的文字，而是借用外来文字。除了越南主要借用汉字外，大多数国家受印度影响，在婆罗米字母基础上创制本民族文字，如孟文、骠文、占文、高棉文、卡威爪哇文等。13 世纪后，印度尼西亚、马来西亚、菲律宾等地又采用了阿拉伯字母。

东南亚地区与中国经济文化往来一直密切。汉代已有中国与东南亚国家往来的记载。例如《后汉书·南蛮西南夷列传》记载："日南徼外蛮夷究不事人邑豪献生犀、白雉。"据学者研究，"究不事"就是柬埔寨，"徼（jiào）外"是边塞之外的意思，"邑豪"为人名。《后汉书·孝顺孝冲孝质帝纪》记载："日南徼外叶调国、掸国遣使贡献。"叶调国在今印度尼西亚，掸国则位于缅甸，今天缅甸仍有掸族、掸邦。伴随政治和经济往来，中国文化包括汉字自然也或多或少影响到东南亚地区。例如位于苏门答腊岛、马来半岛的室利佛逝（三佛齐），占据海上丝绸之路要道，宋代时与中国往来密切。当地使用马来文，同时也使用汉字。南宋赵汝适《诸蕃志·三佛齐国》记载："国中文字用番书，以其王指环为印；亦有中国文字，上章表则用焉。"

随着贸易的繁荣，不少海上丝路沿线国家的人来到中国。广州和泉州作为海上丝绸之路起点，是最重要的港口城市，与很多国家地区通商，包括东南亚的安南国（越南北部）、占城国（越南中部）、真腊（柬埔寨及泰国南部）、蒲甘（缅甸），南亚的天竺、细兰（锡兰岛），西亚的大食、大秦，非洲的勿斯里（埃及）等。频繁的外贸往来，使广州、泉州聚居了许多不同国家的人，成为国际大都市。政府在外国人的聚居地建立蕃坊、蕃巷，还设立蕃学，专门招收侨民子女，以汉字汉语和汉文化为主要的教学内容。

不过，汉字在东南亚地区产生更为广泛的影响，是随着中国移民活动开始的。随着海上丝路的繁盛，中国与东南亚经贸往来日益频繁。从五代开始，就有福建人定居东南亚，距今已有千年历史。明朝郑和七次下西洋，有五次都驻扎于今马来西亚的三宝山。后来，不少随郑和船队而来的华人留居在这里安家立业，故三宝山又称中国山。至今三宝山还保留了一万多座明清时代华人的坟墓，目前所见最早的汉字墓碑是明天启二年（1622 年）所立。

鸦片战争以前，"下南洋"的华人以经商谋生者居多。鸦片战争以后，欧洲在东南亚的殖民者招募大量华人劳工，导致了移民高潮，华人的辛勤劳动极大推动了东南亚经济社会发展。

经济往来是中国与东南亚国家交往的重要方面，也是汉字汉文化影响东南亚地区的主要途径。这鲜明反映在东南亚地区货币的汉字元素上。唐宋时期，中国国力空前强大，陆上和海上丝路繁荣，中国货币在整个亚洲充当着国际货币的角色，东南亚、印度乃至波斯湾、北非等地都出土过中国铜钱。唐宋的钱币在东南亚影响尤其巨大，曾在印度尼西亚、马来西亚、泰国、越南等一些地方作为主要货币流通，一直到近代殖民时期之初，印度尼西亚还在使用中国的圆形方孔钱。宋代社会文化艺术水平很高，铜钱上的汉字书法形态多样（图6-44），有篆书、隶书、楷书、行书、草书等，一种钱同时有两三种书体形式，可谓是实物的汉字书法大全。汉字借助钱币这一载体，进入东南亚人民的日常生活。

图6-44　宋代铜钱上丰富的字体形态

后来东南亚又仿照中国方孔圆钱的样式铸造自己的货币。例如13世纪印度尼西亚爪哇仿铸的铜钱和锡钱，钱文是使用汉字书写的包含北宋年号的"咸平元宝""景德元宝"等。19世纪以前，东南亚地区华人公司自行铸造的钱币上面有用汉字书写的吉语或公司名称。19世纪到20世纪，东南亚殖民政府发行的纸币和硬币上也使用汉字。英国海峡殖民地发行的货币上有中文、英文、马来文三种文字，其中汉字标记列于正中最上方，印有银行名"叻屿呷国库银票"以及币值"××大圆"，华人俗称"叻币"。荷兰人所统治的印度尼西亚称荷属东印度，发行纸币背面有汉字书写的说明。葡萄牙殖民地东帝汶，发行纸币上用汉字书写银行名和面值（图6-45）。法属印度支那，包括今越南、老挝和柬埔寨三国，其发行货币背面印有汉字（图6-46）。货币上使用汉字和华人华侨在这些地区经济贸易方面的重要作用密不可分。

图 6-45　东帝汶纸币　　　　　　　　　图 6-46　法属印度支那纸币

　　近代以来的移民高潮使东南亚成为海外最大华人居住区，据庄国土《东南亚华侨华人数量的新估算》（《厦门大学学报》2009 年第 3 期）统计，东南亚华人华侨总人口超过 3348.6 万，约占全球华人华侨的 73.5%，约占当地总人口的 6%。华人华侨在东南亚各国所占比重非常大，新加坡的华人占比超过 3/4；在马来西亚，华人是第二大民族，约占总人口的 1/4。大量华人在这些地区生活，使用汉字汉语，必然会影响当地其他民族和人群。伴随着风雨和曲折，汉字在东南亚地区不断传承和传播。

　　马来西亚很早就有华人经商和生活，早在葡萄牙统治马六甲时期，当地已有数百华商。许多华人与当地人通婚，华人男子与马来女子结合成家庭，其男性后代称为巴巴（峇峇），女性称为娘惹，形成新的华人社区，促进了汉文化与马来文化的融合。19 世纪后期，随着殖民经济的发展，新一批华人涌入马来西亚，他们更注重对中华文化的坚守和传承。马来西亚第一所华文学校五福书院创立于 1819 年，是一所旧式私塾。20 世纪初，马来西亚开始兴办新式华文学校，大多使用来自中国的教科书。马来西亚独立后，虽然政府抑制华文学校，但是在当地华人共同的努力下，华文学校坚持生存了下来。马来西亚成为东南亚华文教育最完整的国家，拥有从小学到大学各个阶段的华文学校。

　　新加坡是以华人为主体的移民国家，最初移民多是下层民众，随着当地经济的发展，19 世纪末 20 世纪初，一些具有较高文化水平的华人来到新加坡，兴起"办学兴儒"运动，在当地开办华文学校，以"四书五经"和《三字经》《千字文》之类童蒙读物为主要内容,进行传统儒家教育,还编写了《浅易千字文》《新出千字文》等适合新加坡华人教育实际的童蒙读本。20 世纪后，受到中国新文化运动影响，新加坡也开始进行新式语文教育，采用来自中国的语文教科书如《新国文》等作为教材。新加坡独立后，英语、汉语、马来语、泰米尔语均被列为官方语言。但由于政府高度重视英语，华文教育发展受到了很大限制。一直到 20 世纪 80 年代，随着中国经济的发展，新加坡从领导人到民众对中文的热情才逐渐恢复。目前中文被纳入国民教育体系，日益受到新加坡人的重视。

印度尼西亚华人数量最多，达 1000 多万。在 20 世纪初，印度尼西亚创办了很多华人学校，开展中文教育。然而 20 世纪 50 年代之后很长一段时间内，印度尼西亚在全社会禁止使用汉语汉字，关停上千所华文学校。直到 20 世纪 90 年代以来，随着中国与印度尼西亚恢复外交关系，中国国力日益增强，印度尼西亚才重新允许放开华文教育。

东南亚其他地区的华文教育也有着类似发展过程，在 20 世纪经历过低潮，但随着中国改革开放和国际影响力增强，特别是"一带一路"的建设，汉语汉字在东南亚复兴，逐渐从华人内部的语言传承发展到非华人全面学汉语汉字。目前,东南亚大多数国家都已将汉语和汉字纳入了国民教育体系，东南亚各国华文学校中非华裔学生的比例越来越高，其他学校也广泛开设华文课程，孔子学院得到迅速发展。

那么，作为当今海外使用华文人数最多的东南亚地区，他们平时所使用的汉字和我们一样吗？与中国相比，东南亚的汉字使用既有相同的一面，也有特殊的一面。东南亚地区原本使用繁体字，20 世纪 70 年代以后，受到简化字影响，新加坡、马来西亚和泰国也推行简化字。新加坡教育部 1968年成立简化汉字委员会，1976 年发布《简化字总表》修订本，所收简化字与我国简化字完全相同，书写上也采用横排方式，并且采用与我国一致的汉语拼音。马来西亚教育部于 1973 年成立简化汉字委员会，1981 年正式颁布《简化汉字总表》，所收简化汉字与我国也完全相同。泰国原本规定华文学校一律不许使用简化汉字教学，但在联合国以简化字为汉字标准后，于1983年同意所有华文学校以简化字教学。不过，东南亚地区广泛存在着简繁混用的现象。例如马来西亚的中文报纸通常大标题使用繁体中文，内容使用简化汉字。

放眼全球，拼音文字是世界的主流，表意的汉字显得独树一帜。不过，汉字在丝绸之路的传播让我们看到，在流通着拼音文字的地方，汉字仍然能在经济、政治、文化因素的推动下，得到广泛的使用，具有顽强的生命力。今天，随着中国综合国力日益增强，"汉语热"方兴未艾，汉字也再次收拾行囊，踏上"一带一路"新的征程。古老又鲜活的汉字重新焕发光彩，与世界其他文字交相辉映，共同点亮人类文明。

结 语

　　中华文明之所以灿烂辉煌，是因为有汉字在不断发光。

　　汉字不仅是中华文明的重要元素，而且是传承中华文明和传播中华文化的重要符号。汉字源远流长，闪耀恒久生命之光；汉字构造理性，闪耀智慧创造之光；汉字内涵丰富，闪耀文化传承之光；汉字职用灵活，闪耀功能超常之光；汉字沟通方言，闪耀民族统合之光；汉字书写美观，闪耀匠心艺术之光；汉字传播广泛，闪耀文化互鉴之光。

　　汉字起源于中原，河南是汉字的故乡，也是中华文明的摇篮。从远古发展至今，汉字的恒久生命力、智慧创造力、文化传承力、超常表现力、民族凝聚力、艺术鉴赏力和跨文化影响力汇聚为照亮中华文明的巨大火炬，足以令中华儿女引以自豪，并充满文化自信。在中华民族的伟大复兴进程中，汉字担负着传统文化发扬光大的历史使命，同时也是开启现代文明和走向国际化大门的钥匙。汉字及其蕴含和附带的各种文化元素在新时代依然生机勃发，魅力无限！

　　汉字之光，将长伴中华文明之路，并与世界文明互鉴共享。文脉不绝，永久辉煌！